파이썬
딥러닝
파이토치

파이썬 딥러닝 파이토치

초판 1쇄 발행 | 2020년 10월 8일
초판 3쇄 발행 | 2022년 12월 20일

지 은 이 | 이경택, 방성수, 안상준
발 행 인 | 이상만
발 행 처 | 정보문화사

책 임 편 집 | 노미라
교정 · 교열 | 안종군

주   소 | 서울시 종로구 동숭길 113 (정보빌딩)
전   화 | (02)3673-0037(편집부) / (02)3673-0114(代)
팩   스 | (02)3673-0260
등   록 | 1990년 2월 14일 제1-1013호
홈 페 이 지 | www.infopub.co.kr

I S B N | 978-89-5674-857-3

Python

Deep Learning
PyTorch

파이썬
딥러닝
파이토치

이경택, 방성수, 안상준 지음

정보문화사
Information Publishing Group

머리말

4차 산업혁명 시대로 접어들면서 빅데이터, 머신러닝, 인공지능이라는 용어가 등장했습니다. 인공지능 분야는 단기간 내에 수많은 발전을 이뤘습니다. 필자는 이런 시기와 맞물려 인공지능 공부를 시작했고, 그동안 어렴풋이나마 알고 있었던 지식은 공부를 하면서 점점 퍼즐이 맞춰지기 시작했습니다.

이 책은 인공지능을 처음 공부하는 사람에게 인공지능에 대한 개념은 무엇이고, 다른 용어들과의 차이점은 무엇이며, 어떻게 공부해야 하는지를 제시합니다. 필자가 인공지능을 공부하면서 헷갈렸던 부분과 꼭 알아야 하는 내용을 집중적으로 다뤘습니다. 각 챕터마다 초보자들이 따라 해볼 수 있게 구성했으며, 최신 인공지능 분야와 트렌드에 대해서도 간략하게 소개했습니다.

필자는 컴퓨터 특성화 고등학교를 졸업했음에도 코딩을 하지 못하는 이른바 '코알못'이었습니다. 평생 프로그래밍을 할 일이 없다고 생각했던 필자가 인공지능을 연구하고 있는 가장 큰 이유는 인공지능에 대한 호기심 때문입니다. 인공지능과 데이터 분석을 공부하면서 느끼는 것은 이 분야의 실력은 '관심과 열정의 크기에 비례한다'는 것입니다. 컴퓨터 실력과 수학 지식이 조금 부족하더라도 누구나 열정만 있다면 데이터 과학자 또는 인공지능 연구가가 될 수 있다고 생각합니다. 이 책이 인공지능에 관심이 있거나 공부를 시작하는 사람들에게 도움이 되기를 바랍니다.

이 책의 코드를 실행하면서 인공지능에 대한 개념을 정립하고, 다양한 데이터를 분석해보면서 실전 감각을 익히길 바랍니다. 이론과 실전은 항상 다르기 때문입니다. 스스로 뭔가 해보지 않으면 실력이 늘지 않습니다. 이와 반대로 관심을 갖고 공부한다면 투자한 모든 시간이 자신의 지식과 경험이 될 것입니다.

이 책을 보는 방법

이 책은 딥러닝 기술에 초점을 두고 작성됐으며, 딥러닝 기술을 구현하기 위해 파이썬 프로그래밍 언어를 활용했습니다. 파이썬 프로그래밍 언어에 익숙하지 않은 분들은 이 책을 읽기 전에 파이썬 프로그래밍 언어를 어느 정도 습득한 후에 읽어보는 것을 추천합니다. 그렇다고 파이썬 프로그래밍의 고급 스킬을 요구하는 것은 아닙니다. 프로그래밍 언어의 기본적인 수준을 요구하는 수준이기 때문에 부담을 갖지 않아도 됩니다.

이 책을 읽으면서 개념에 대해 이해하고, 코드를 작성해보면서 실제로 어떻게 구현되는지 체감해보는 것을 추천합니다. 읽은 내용이 이해되지 않더라도 코드를 실행해보면 개념을 이해할 수 있습니다. 단, 코드를 작성할 때 복사 및 붙여넣기를 이용하는 것보다는 직접 손으로 타이핑하면서 코드를 작성하는 것을 추천합니다. 또한 단순히 코드만 옮겨 적지 말고, 해당 코드가 무엇을 의미하는지 정확하게 이해하고 넘어가는 것을 추천합니다. 내용을 자세히 살펴보고 이해해야만 개념을 정확히 이해할 수 있다고 생각합니다. 궁금한 내용이 책에 없을 때는 직접 찾아보면서 지식을 습득하는 것이 좋습니다.

실습 파일은 정보문화사 홈페이지(infopub.co.kr) 자료실이나 github.com/Justin-A/DeepLearning101에서 다운로드할 수 있으며, 책에 대해 궁금한 사항은 github.com/Justin-A/DeepLearning101/issues에서 해결할 수 있습니다.

목차

머리말   iv

이 책을 보는 방법   v

PART 01

파이토치 기초

01 파이썬 또는 아나콘다 설치하기   002

   1.1   파이썬 공식 홈페이지에서 다운로드하기   002

   1.2   아나콘다를 이용해 파이썬 다운로드하기   004

   1.3   공식 홈페이지에서 파이썬 설치하기 vs. 아나콘다를 이용해
파이썬 설치하기   005

   1.4   가상 환경 설정하기   005

   1.5   주피터 노트북 설치 및 실행   008

02 CUDA, CuDNN 설치하기   010

   2.1   CPU vs. GPU   010

   2.2   CUDA 역할 및 설치하기   011

   2.3   CuDNN 역할 및 설치하기   013

   2.4   Docker란?   014

03 파이토치 설치하기   015

04 반드시 알아야 하는 파이토치 스킬   016

   4.1   텐서   016

   4.2   Autograd   023

PART 02

AI Background

01	인공지능(딥러닝)의 정의와 사례	030
1.1	인공지능이란?	030
1.2	인공지능의 사례	030

02	파이토치	035

03	머신러닝의 정의와 종류	037
3.1	머신러닝이란?	037
3.2	머신러닝의 종류	037
3.3	머신러닝의 구분	038
3.4	지도학습 모델의 종류	040

04	과적합	046
4.1	학습할 샘플 데이터 수의 부족	046
4.2	풀고자 하는 문제에 비해 복잡한 모델을 적용	046
4.3	적합성 평가 및 실험 설계(Training, Validation, Test , Cross Validation)	047

05	인공 신경망	050
5.1	퍼셉트론	050
예제 2-1	사람의 손글씨 데이터인 MNIST를 이용해 Multi Layer Perceptron(MLP) 설계하기	059
5.2	신경망 모형의 단점	072

06	성능 지표	074

PART 03

Deep Learning

01 딥러닝의 정의   078

02 딥러닝이 발전하게 된 계기   078

03 딥러닝의 종류   079

04 딥러닝의 발전을 이끈 알고리즘   080

    4.1   Dropout   080

예제 **3-1** 사람의 손글씨 데이터인 MNIST를 이용해 Multi Layer Perceptron 설계할 때
Dropout 적용해보기   082

    4.2   Activation 함수   085

예제 **3-2** 사람의 손글씨 데이터인 MNIST를 이용해 Multi Layer Perceptron 설계할 때
Dropout + ReLU 적용해보기   087

    4.3   Batch Normalization   089

예제 **3-3** 사람의 손글씨 데이터인 MNIST를 이용해 Multi Layer Perceptron 설계할 때
Dropout + ReLU + Batch Normalization 적용해보기   090

    4.4   Initialization   092

예제 **3-4** 사람의 손글씨 데이터인 MNIST를 이용해 Multi Layer Perceptron 설계할 때
Dropout + ReLU + Batch Normalization + He Uniform Initialization 적용해보기   093

    4.5   Optimizer   095

예제 **3-5** 사람의 손글씨 데이터인 MNIST를 이용해 Multi Layer Perceptron 설계할 때 Dropout
+ ReLU + Batch Normalization + He Uniform Initialization + Adam 적용해보기   098

    4.6   AutoEncoder(AE)   099

    4.7   Stacked AutoEncoder   099

    4.8   Denoising AutoEncoder(DAE)   101

예제 **3-6** 옷 종류 데이터 FashionMNIST를 활용해 AutoEncoder 설계하기   102

PART 04

컴퓨터 비전

01	**Convolutional Neural Network(CNN)**	120
02	**CNN과 MLP**	126
예제 **4-1**	CIFAR-10 데이터를 이용해 Multi Layer Perceptron(MLP) 설계하기	127
예제 **4-2**	CIFAR-10 데이터를 이용해 Convolutional Neural Network(CNN) 설계하기	141
03	**Data Augmentation**	147
예제 **4-3**	CIFAR-10 데이터에 Augmentation 기법을 이용해 모델의 성능 향상시키기	149
04	**CNN Architecture**	152
예제 **4-4**	CIFAR-10 데이터에 고급 Convolutional Neural Network 모델을 적용해 성능 향상시키기	158
예제 **4-5**	CIFAR-10 데이터에 대표적인 딥러닝 모델을 불러와 적용하기	166
05	**Transfer Learning**	171
예제 **4-6**	대용량의 데이터를 이용해 학습이 완료된 모델을 적은 수의 데이터에 맞게 Fine-tuning하는 Transfer Learning 실습하기	173

PART 05

자연어 처리

01 Data & Task: 어떤 데이터가 있을까?   192

1.1 감정 분석(Sentiment Analysis)   193

1.2 요약(Summarization)   194

1.3 기계 번역(Machine Translation)   195

1.4 질문 응답(Question Answering)   195

1.5 기타(etc.)   197

예제 5-1 torchtext를 이용해 데이터셋 불러오기   198

02 문자를 숫자로 표현하는 방법   200

2.1 Corpus & Out-of-Vocabulary(OOV)   203

2.2 Byte Pair Encoding(BPE)   204

예제 5-2 Pre-Trained Tokenizer 사용하기   216

2.3 Word Embedding   218

예제 5-3 데이터 전처리 및 Pre-Trained Embedding Vector를 이용한
Vocabulary 생성하기   227

03 Models   232

3.1 Deep Learning Models   233

예제 5-4 PyTorch에서 RNN, LSTM, GRU을 이용한 모델 만들기   244

3.2 Pre-Trained Model의 시대 - Transformer, BERT의 등장 248

예제 5-5 Pre-Trained BERT Model을 이용한 모델 만들기   257

04 Recap   259

4.1 '5-3_model_imdb_glove.ipynb' 코드에 대한 설명   259

4.2 '5-5_model_imdb_BERT.ipynb' 코드에 대한 설명   267

4.3 모델 성능 비교   271

PART 06 — Other Topics

01	Generative Adversarial Networks(GAN)	274
02	강화학습	281
03	Domain Adaptation	285
04	Continual Learning	287
05	Object Detection	289
06	Segmentation	291
07	Meta Learning	293
08	AutoML	294

찾아보기	296

PART 01

파이토치 기초

PART 01에서는 공부를 시작하기 전에 알고 있어야 하는 기본적인 내용과 코드의 작성,

실행을 원활하게 진행할 수 있도록 시스템 환경에 관련된 내용을 간략하게 소개합니다.

기본적인 내용을 알기 쉽게 정리했으므로 공부를 시작하기 전에 반드시 읽어보시기

바랍니다.

파이썬 또는 아나콘다 설치하기

데이터를 분석하거나 딥러닝 기술을 이용하려면 프로그래밍 언어를 숙지해야 할 필요가 있습니다. 파이썬(Python)은 다양한 프로그래밍 언어 중 데이터 분석 및 딥러닝에 활용하는 데 적합한 언어입니다. 파이썬을 설치하는 데는 두 가지 방법이 있습니다.

1.1 파이썬 공식 홈페이지에서 다운로드하기

파이썬 공식 홈페이지(https://www.python.org/)에 접속해 다운로드할 수 있습니다.

[그림 1-1] 파이썬 공식 홈페이지에 접속했을 때 나타나는 화면

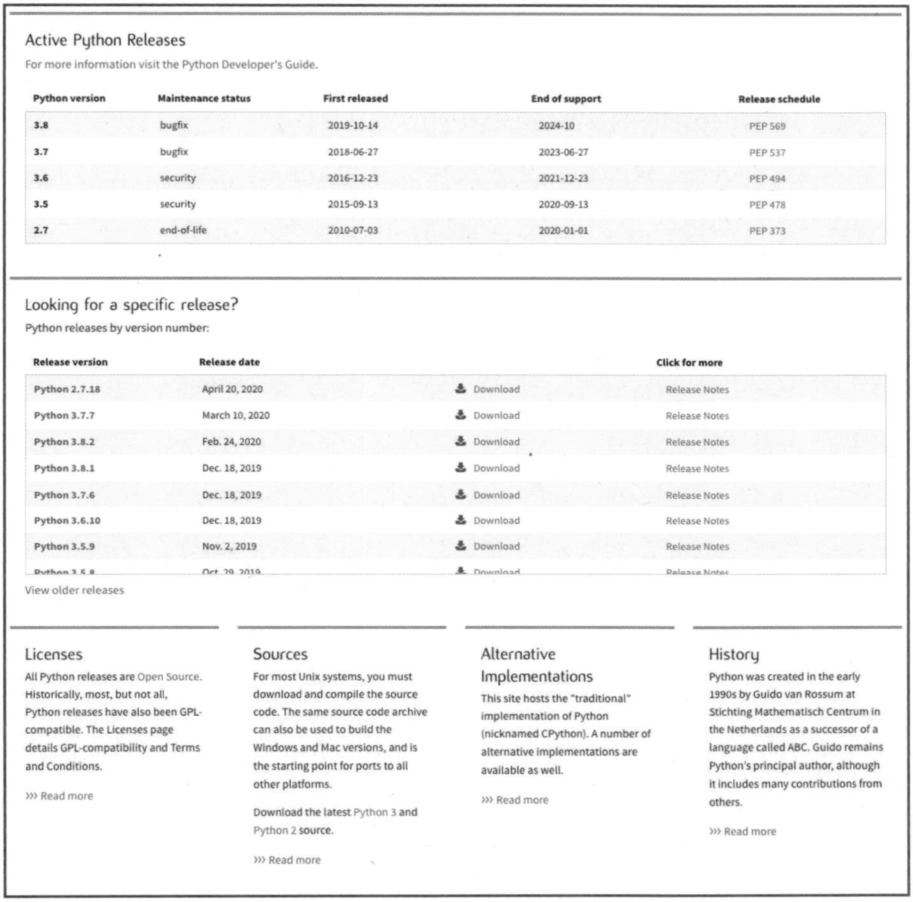

Active Python Releases

For more information visit the Python Developer's Guide.

Python version	Maintenance status	First released	End of support	Release schedule
3.8	bugfix	2019-10-14	2024-10	PEP 569
3.7	bugfix	2018-06-27	2023-06-27	PEP 537
3.6	security	2016-12-23	2021-12-23	PEP 494
3.5	security	2015-09-13	2020-09-13	PEP 478
2.7	end-of-life	2010-07-03	2020-01-01	PEP 373

Looking for a specific release?

Python releases by version number:

Release version	Release date		Click for more
Python 2.7.18	April 20, 2020	Download	Release Notes
Python 3.7.7	March 10, 2020	Download	Release Notes
Python 3.8.2	Feb. 24, 2020	Download	Release Notes
Python 3.8.1	Dec. 18, 2019	Download	Release Notes
Python 3.7.6	Dec. 18, 2019	Download	Release Notes
Python 3.6.10	Dec. 18, 2019	Download	Release Notes
Python 3.5.9	Nov. 2, 2019	Download	Release Notes
Python 3.5.8	Oct. 29, 2019	Download	Release Notes

View older releases

Licenses

All Python releases are Open Source. Historically, most, but not all, Python releases have also been GPL-compatible. The Licenses page details GPL-compatibility and Terms and Conditions.

>>> Read more

Sources

For most Unix systems, you must download and compile the source code. The same source code archive can also be used to build the Windows and Mac versions, and is the starting point for ports to all other platforms.

Download the latest Python 3 and Python 2 source.

>>> Read more

Alternative Implementations

This site hosts the "traditional" implementation of Python (nicknamed CPython). A number of alternative implementations are available as well.

>>> Read more

History

Python was created in the early 1990s by Guido van Rossum at Stichting Mathematisch Centrum in the Netherlands as a successor of a language called ABC. Guido remains Python's principal author, although it includes many contributions from others.

>>> Read more

[그림 1-2] 파이썬 공식 홈페이지의 [Downloads → All releases]를 클릭하면 나타나는 화면

파이썬 공식 홈페이지의 [Downloads] 탭을 클릭하면 추천해주는 버전을 설치할 수 있습니다. 위 화면에서는 3.8.2 버전을 추천하고 있네요. 하지만 이 책에서 다루고 있는 파이토치(PyTorch), 텐서플로(TensorFlow), 케라스(Keras) 등과 같은 딥러닝 알고리즘을 쉽게 구현할 수 있도록 설계돼 있는 프레임워크(framework)들은 3.6 버전에서 이용하는 것이 비교적 안정적입니다. 3.8 버전을 설치해도 되지만, 3.6 버전을 추천드립니다.

[Downloads – All releases]를 클릭하면 다양한 파이썬 버전을 운영체제에 맞게 설치할 수 있습니다. 본인이 이용하고 있는 컴퓨터의 운영체제에 맞게 설치하면 됩니다.

1.2 아나콘다를 이용해 파이썬 다운로드하기

아나콘다(Anaconda) 공식 홈페이지(https://www.anaconda.com/products/individual)에 접속해 다운로드할 수 있습니다.

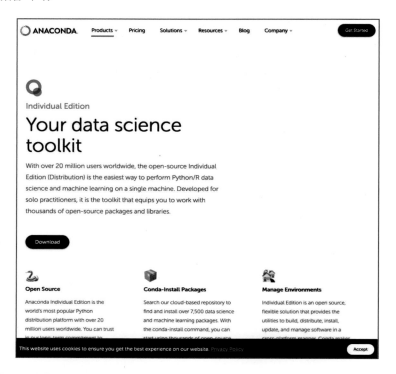

[그림 1-3] 아나콘다 공식 홈페이지 접속하면 나타나는 화면

[그림 1-4] 아나콘다 공식 홈페이지의 [Download] 버튼을 클릭하면 나타나는 화면

아나콘다를 이용해 파이썬을 설치하면 데이터 분석과 관련된 패키지가 자동으로 포함돼 설치됩니다. 예를 들어, 선형 대수에서 자주 쓰이는 넘파이(Numpy), 데이터프레임을 다루는 데 적합한 판다스(Pandas), 머신러닝 알고리즘을 이용하기 쉽게 해주는 사이킷런(Sklearn)과 같은 다양한 모듈(Module)이 함께 설치됩니다.

아나콘다를 설치하면 기본적으로 3.7 버전이 설치됩니다. 만약 3.6 버전을 설치하고 싶다면 https://docs.anaconda.com/anaconda/install/을 참고하면 됩니다.

우선 Python 3.7 버전을 설치한 후 가상 환경을 설치할 때 Python 3.6 버전을 설치할 수도 있습니다.

1.3 공식 홈페이지에서 파이썬 설치하기 vs. 아나콘다를 이용해 파이썬 설치하기

만약 컴퓨터 공학을 전공했거나 소프트웨어 툴(software tool)을 능숙하게 다룰 수 있는 분들은 공식 홈페이지에서 파이썬을 설치하는 것을 추천합니다. 본인이 파이썬을 이용할 때 필요한 부분을 직접 설계해 환경을 구축하고 이를 활용해 작업하는 것이 시스템 내에서 일어나는 충돌을 최소화할 수 있기 때문입니다.

반면, 소프트웨어 툴을 다루는 데 미숙한 분들은 아나콘다를 이용해 파이썬을 설치하는 것을 추천합니다. 데이터 분석에 필요한 모듈이 자동으로 설치되기 때문에 쉽게 이용할 수 있습니다.

1.4 가상 환경 설정하기

파이썬을 설치했다면 이제 파이썬 내의 다양한 모듈을 설치해 데이터 분석 및 딥러닝 설계에 이용해야 합니다. 이용하기 쉽게 설계된 다양한 모듈을 설치할 때 다양한 버전을 동시에 이용할 수 있다면 좋겠지만, 파이썬이 이용할 수 있는 모듈의 버전은 1개뿐입니다. 하지만 우리는 여러 버전을 이용해야 할 필요성이 있습니다.

[그림 1-5] 가상 환경에 대한 개념도
출처: https://kutt.it/X0qOox

예를 들어, 딥러닝 알고리즘을 쉽게 설계할 수 있는 프레임워크 중에는 텐서플로가 있습니다. 텐서플로는 최근 2.0 버전으로 업데이트되면서 기존 1.0 버전에서 설계하던 방식을 과감히 변경했습니다. 또한 본인이 작업하고 있는 컴퓨터의 텐서플로 버전이 2.0 일 경우 1.0 버전 방식으로 작성된 코드를 실행하기 위해서는 별도의 작업이 필요하며, 이와 마찬가지로 본인이 작업하고 있는 컴퓨터에 1.0 버전이 설치돼 있을 경우 2.0 버전 방식으로 작성된 코드를 실행하기 어렵습니다.

하지만 사용자가 2개의 프로젝트를 진행할 때 첫 번째 프로젝트는 TensorFlow 1.0 버전 방식의 코드로 작업하고 있고 두 번째 프로젝트는 TensorFlow 2.0 버전 방식의 코드로 작업하고 있다면 하나의 버전만 이용할 수 있는 사용자는 난처해집니다. 이를 해결하기 위해 가상 환경 개념이 도입된 것입니다.

가상 환경이란, '독립된 작업 공간'을 의미하며 파이썬을 설치했을 때의 초기 단계와 동일한 설정으로 독립된 작업 공간을 생성합니다. [그림 1-5]에서 파란색 원, 노란색 원, 회색 원은 각각 독립적인 작업 공간을 의미하며 각 공간별로 모듈의 버전을 다르게 설치할 수 있습니다. 예를 들어, 파란색 원에서는 TensorFlow 1.0 버전, 노란색 원에서는 TensorFlow 2.0 버전을 설치하고 사용자가 첫 번째 프로젝트를 진행할 때는 파란색 원의 가상 환경을 선택해 작업하고 두 번째 프로젝트를 진행할 때는 노란색 원의 가상 환경을 선택해 작업할 수 있습니다.

1.4.1 가상 환경 실습(파이썬) – 윈도우

```
pip install virtualenv                          #(1)
virtualenv [name of virtualenv]                 #(2-1)
virtualenv [name of virtualenv] --python=3.6    #(2-2)
call [name of virtualenv]/scripts/activate      #(3)
deactivate                                      #(4)
```

코드를 실행하는 곳은 명령 프롬프트 창입니다. ⊞+R 키를 누르면 나타나는 [실행] 창에 'cmd'를 입력해 명령 프롬프트 창을 실행합니다.

(1) 파이썬 패키지를 관리해주는 pip를 이용해 가상 환경을 관리하는 virtualenv를 설치합니다.

(2-1) virtualenv 명령어를 이용해 가상 환경을 생성합니다. 이때 가상 환경은 진행하는 프로젝트의 이름으로 지정합니다(예: project_name, research 등).

(2-2) virtualenv 명령어를 이용해 가상 환경을 생성할 때는 파이썬 버전을 다르게 생성할 수 있습니다. --python=[version]을 이용해 버전을 지정할 수 있습니다. 위 예시는 Python 3.6 버전으로 설치한 것이고 3.5, 3.7 버전도 가능합니다.

(3) 생성한 가상 환경을 call 명령어를 이용해 실행합니다. 가상 환경을 실행할 때는 설치한 가상 환경의 이름을 이용합니다.

(4) 실행 중인 가상 환경을 종료합니다.

1.4.2 가상 환경 실습(파이썬) - 리눅스

```
pip install virtualenv                              #(1)
virtualenv [name of virtualenv]                     #(2-1)
virtualenv [name of virtualenv] --python=3.6        #(2-2)
source [name of virtualenv]/bin/activate            #(3)
deactivate                                          #(4)
```

코드를 실행하는 곳은 Terminal 창이므로 코드를 작성하기 전에 Terminal을 실행해야 합니다.

(1) 파이썬 패키지를 관리해주는 pip를 이용해 가상 환경을 관리하는 virtualenv를 설치합니다.

(2-1) virtualenv 명령어를 이용해 가상 환경을 생성합니다. 이때 가상 환경은 진행하는 프로젝트의 이름으로 지정합니다(예: project_name, research 등).

(2-2) virtualenv 명령어를 이용해 가상 환경을 생성할 때는 파이썬 버전을 다르게 생성할 수 있습니다. --python=[version]을 이용해 버전을 지정할 수 있습니다. 위 예시는 Python 3.6 버전으로 설치한 것이고 3.5, 3.7 버전도 가능합니다.

(3) 생성한 가상 환경을 source 명령어를 이용해 실행합니다. 가상 환경을 실행할 때는 설치한 가상 환경의 이름을 이용합니다.

(4) 실행 중인 가상 환경을 종료합니다.

1.4.3 가상 환경 실습(아나콘다) - 윈도우

```
conda create [name of virtualenv]                   #(1-1)
conda create [name of virtualenv] pandas torch      #(1-2)
conda create [name of virtualenv] python=3.6        #(1-3)
activate [name of virtualenv]                       #(2)
deactivate                                          #(3)
```

아나콘다를 설치한 후 아나콘다 프롬프트(Anaconda Prompt) 창을 실행합니다.

(1-1) 아나콘다를 관리하는 conda 명령어를 이용해 가상 환경을 생성합니다. 이때 가상 환경은 진행하는 프로젝트의 이름으로 지정합니다(예: project_name, research 등).

(1-2) conda 명령어를 이용해 가상 환경을 생성할 때, 필요한 패키지를 같이 설치할 수 있습니다. 위 예제는 가상 환경을 Pandas, Torch Module과 함께 설치하는 명령어입니다.

(1-3) 가상 환경을 생성할 때는 파이썬 버전을 다르게 생성할 수 있습니다. python=[version] 명령어를 이용해 버전을 지정할 수 있습니다. 위 예시는 Python 3.6 버전으로 설치한 것이고 3.5, 3.7 버전도 가능합니다.

(2) 생성한 가상 환경을 활성화하기 위해 `activate` 명령어를 이용합니다.

(3) 실행 중인 가상 환경을 종료합니다.

1.4.4 가상 환경 실습(아나콘다) - 리눅스

```
conda create [name of virtualenv]                    #(1-1)
conda create [name of virtualenv] pandas torch       #(1-2)
conda create [name of virtualenv] python=3.6         #(1-3)
source activate [name of virtualenv]                 #(2)
source deactivate                                    #(3)
```

코드를 실행하는 곳은 Terminal 창이므로 코드를 작성하기 전에 Terminal을 실행합니다.

(1-1) 아나콘다를 관리하는 conda 명령어를 이용해 가상 환경을 생성합니다. 이때 가상 환경은 진행하는 프로젝트의 이름으로 지정합니다(예: project_name, research 등).

(1-2) conda 명령어를 이용해 가상 환경을 생성할 때는 필요한 패키지를 함께 설치할 수 있습니다. 위 예제는 가상 환경을 Pandas, Torch Module과 함께 설치하는 명령어입니다.

(1-3) 가상 환경을 생성할 때는 파이썬 버전을 다르게 생성할 수 있습니다. python=[version] 명령어를 이용하면 버전을 지정할 수 있습니다. 위 예시는 Python 3.6 버전으로 설치한 것이고 3.5, 3.7 버전도 가능합니다.

(2) 생성한 가상 환경을 활성화하기 위해 `source activate` 명령어를 이용합니다.

(3) 실행 중인 가상 환경을 종료합니다.

1.5 주피터 노트북 설치 및 실행

[그림 1-6] 주피터 노트북 실행 시 나타나는 화면

파이썬을 이용하는 프로그램은 다양하지만, 이 책에서는 주피터 노트북(Jupyter Notebook)을 이용해 예제를 설명합니다. 주피터 노트북은 반응형 프로그램으로, 사용자가 사용법을 손쉽게 익힐 수 있고 파이썬 프로그래밍에 익숙하지 않은 사용자들도 쉽게 이용할 수 있기 때문입니다.

■ 설치 방법

- 파이썬(윈도우/리눅스): pip install jupyter notebook
- 아나콘다(윈도우/리눅스): conda install jupyter notebook
- 주피터 노트북 실행 방법: 콘솔(Console) 창에 'jupyter notebook'을 입력한 후 `Enter`
- 코드 작성 후 실행하기: `Shift` + `Enter`

2.1 CPU vs. GPU

정형 데이터, 비정형 데이터를 이용해 머신러닝 및 딥러닝 알고리즘을 활용하고자 할 때는 양질의 데이터도 중요하지만 알고리즘이 적용된 모델을 설계할 때 모델을 구성하는 많은 수의 파라미터 값을 이용해야 합니다. 머신러닝 중 특히 딥러닝의 경우 각 레이어의 노드 수가 증가할수록, 각 레이어의 수가 깊어질수록 파라미터 수는 급격히 증가합니다. 이미지 처리에 강력한 합성곱 신경망(Convolutional Neural Networks, CNN)과 같은 경우, 알고리즘이 점점 발전하면서 대표적으로 이용되고 있는 모델 구조가 있습니다. 각 모델 구조별로 파라미터 수와 성능을 비교하는 자료를 살펴보겠습니다.

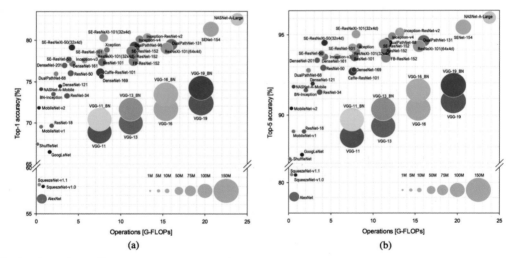

[그림 1-7] 대표적으로 이용되고 있는 CNN 모델 구조별 정확도와 파라미터 수 비교 그래프
출처: Benchmark Analysis of Representative Deep Neural Network Architectures(https://arxiv.org/pdf/1810.00736.pdf

각 원의 크기는 파라미터 수를 의미하며 가장 큰 원은 1억 5,000만 개의 파라미터로 구성된 모델입니다. VGG 계열 모델의 파라미터 수는 매우 많죠. 흔히 파라미터 수가 많으면 그만큼 표현할 수 있는 능력이 높아지기 때문에 성능이 향상될 것이라 생각합니다. 그러나 과적합의 문제로 학습에 이용되는 데이터에 대해서는 Task를 잘 수행할 수 있지만, 학습에 이용되지 않은 새로운 데이터에 대해서는 Task를 잘 수행할 수 없는 현상이 발생합니다. 따라서 파라미터 수를 무조건 늘리는 것이 중요한 것이 아니라 해당 Task를 수행하기 위해 적절한 수의 파라미터 수를 할당하

고 학습에 이용되지 않는 데이터에 대해서도 Task를 정확히 수행하기 위해 일반화(Regularization) 과정이 꼭 필요합니다. 일반화 과정에는 보통 weight decay, dropout, batch normalization 등과 같은 기법이 사용됩니다.

현재 자료에서는 NASNet-A-Large 모델이 가장 높은 성능을 나타내고 있네요. y축은 Top-1 Accuracy, Top-5 Accuracy로, Top-1 Accuracy는 모델의 예측한 결괏값 중 가장 높은 확률로 예측한 클래스가 실제 클래스와 동일한지를 평가하는 엄격한 기준이며 Top-5 Accuracy는 모델의 예측한 결괏값 중 상위 5개의 확률에 대해 실제 클래스가 포함되는지를 평가하는 비교적 덜 엄격한 기준입니다. y축을 보면 가장 높은 Top-1 Accuracy 수치는 80 수준, 가장 높은 Top-5 Accuracy 수치는 95 수준입니다. 즉, 그래프상에서 원의 크기가 작고 성능이 높은 모델이 좋게 평가되겠지요. 동일한 성능을 나타내는 모델에 대해 파라미터 수가 적을수록 계산해야 하는 변수가 적어지기 때문에 계산양을 줄일 수 있는 장점이 있습니다. 파라미터 수가 비슷하다면 성능이 높은 것이 당연히 좋은 모델이겠죠.

x축은 G-FLOPs를 의미하고 G-FLOPs는 'GPU FLoating Operations Per Second'의 약자입니다. 이는 초당 부동소수점 연산을 의미하며 흔히 GPU의 성능을 측정하는 요소로 이용됩니다. 각 모델을 학습하는 데 필요한 GPU의 성능을 의미한다고 보면 되겠습니다. 가장 높은 성능을 보이고 상대적으로 적은 수치의 파라미터 값을 갖는 NASNet-A-Large 모델을 얻기 위해서는 그래프 내에 제시된 모델 중에서도 가장 좋은 성능을 갖고 있는 GPU를 이용했다고 보면 됩니다.

이렇게 많은 수의 파라미터를 이용해 모델을 설계할 때는 CPU보다 GPU가 훨씬 빨리 계산할 수 있습니다. CPU는 GPU에 비해 고차원의 일을 수행할 수 있는 능력을 지니고 있지만, 너무 많은 수의 파라미터 값을 계산하기에는 속도가 많이 느립니다. 하지만 GPU를 이용하면 파라미터 값을 병렬적으로 빠르게 계산할 수 있습니다. 엄청나게 많은 수의 파라미터에 대한 Gradient를 계산하고, BackPropagation 알고리즘을 이용해 파라미터를 업데이트하는 컴퓨터의 입장에서는 계산이 단순하기 때문에 GPU가 딥러닝 모델을 학습시키는 데 유용하게 이용되고 있습니다.

2.2 CUDA 역할 및 설치하기

GPU를 구매해 컴퓨터에 장착하더라도 이를 파이썬에서 인식할 수 있어야 합니다. 또한 텐서플로, 파이토치 등 대다수의 딥러닝 프레임워크를 사용하려면 CUDA를 설치해야 합니다. CUDA는 GPU에서 병렬 처리를 수행하는 알고리즘을 각종 프로그래밍 언어에 사용할 수 있도록 해주는 GPGPU(General-Purpose computing on Graphics Processing Units) 기술입니다.

developer.nvidia.com/cuda-toolkit-archive 사이트에 접속해 원하는 버전을 설치합니다. 이때 버전은 본인이 이용하고 있는 GPU와 파이썬 버전을 확인해 본인에게 맞는 버전을 설치하는 것을 추천합니다.

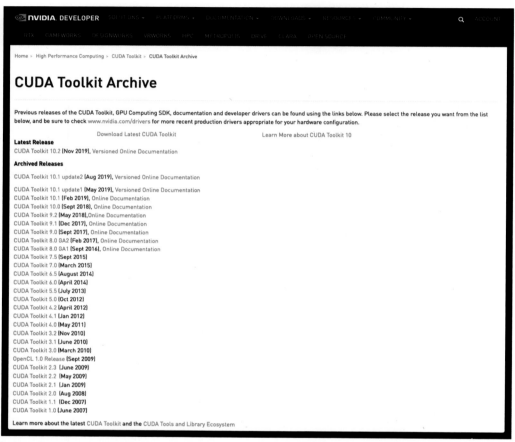

[그림 1-8] CUDA 설치 홈페이지

좀 더 자세한 내용은 구글 검색 창에 'CUDA 설치하기'를 입력하면 나타나는 다양한 방법을 참고하시기 바랍니다.

- 참고 블로그 (1): https://ghostweb.tistory.com/839

- 참고 블로그 (2): https://mkwilson.tistory.com/208

- 참고 블로그 (3): https://m.blog.naver.com/skymap87/221766206547

2.3 CuDNN 역할 및 설치하기

cuDNN는 'nvidia CUDA Deep Neural Network Library'의 줄임말로 딥러닝 모델을 위한 GPU 가속화 라이브러리의 기초 요소와 같은 일반적인 루틴을 빠르게 이행할 수 있도록 해주는 라이브러리입니다. 텐서플로, 파이토치를 모두 지원하며 CUDA와 반드시 함께 설치해야 합니다.

cuDNN 역시 기존에 설치한 CUDA 버전을 고려해 설치하면 됩니다.

[그림 1-9] cudnn 설치 홈페이지

좀 더 자세한 내용은 구글 검색 창에 'cudnn 설치하기'를 입력하면 나타나는 다양한 방법을 참고하시기 바랍니다.

- 참고 블로그 (1): https://n1094.tistory.com/42
- 참고 블로그 (2): https://teddylee777.github.io/linux/%EB%94%A5%EB%9F%AC%EB%8B%9D

-PC%EC%97%90-ubuntu%EC%99%80-CUDA-GPU%EB%9D%BC%EC%9D%B4%EB%B8%8
C%EB%9F%AC%EB%A6%AC-%EC%84%A4%EC%B9%98%ED%95%98%EA%B8%B0

- 참고 블로그 (3): https://m.blog.naver.com/skymap87/221766206547

- 참고 블로그 (4): https://smprlab.tistory.com/21

- 참고 블로그 (5): https://dentuniverse.tistory.com/9

2.4 Docker란?

앞에서 가상 환경에 대해 소개했습니다. 가상 환경은 분석가가 각 모듈별로 다른 버전을 이용해야 할 때 유용하게 이용할 수 있습니다. 이 개념에서 확장돼 모듈별로 다른 버전뿐 아니라 각 프로그래밍의 버전 및 개발 환경 자체를 독립적인 공간으로 활용해 관리할 수 있는 플랫폼이 있는데, 그것이 바로 '도커(Docker)'입니다. 도커는 컨테이너 기반의 오픈 소스 가상화 플랫폼으로, 각 컨테이너 내 프로그램, 데이터베이스, 서버(Server) 등으로 다양하게 구성할 수 있고 각 컨테이너를 독립적으로 활용할 수도 있습니다.

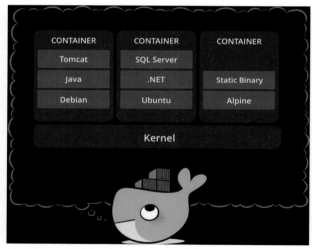

[그림 1-10] 도커 개념도
출처: https://blog.usejournal.com/what-is-docker-in-simple-english-a24e8136b90b

[그림 1-10]과 같이 각 컨테이너들은 독립적으로 관리되고 컨테이너 내 프로그램, 운영체제, 데이터베이스, 서버 등으로 다양하게 구성할 수 있습니다. 이 책에서 다루는 내용은 도커 수준의 개발 환경을 요구하지 않으므로 도커는 간략하게만 언급하겠습니다. 앞의 가상 환경 내용만 잘 숙지하더라도 이 책의 내용은 쉽게 알 수 있습니다. 도커와 관련된 개념을 이해하기 쉬운 짧은 영상을 소개해드리니 시간이 되면 꼭 시청하시길 바랍니다.

- 참고 동영상 (1): https://www.youtube.com/watch?v=chnCcGCTyBg

- 참고 동영상 (2): https://www.youtube.com/watch?v=tPjpcsgxgWc

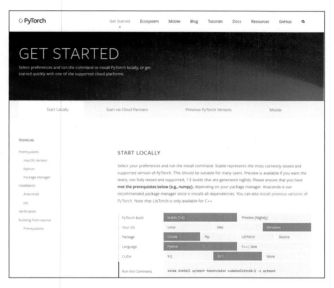

[그림 1-11] 파이토치 홈페이지

구글 검색 창에서 '파이토치'를 검색해 접속하거나 https://pytorch.org/get-started/locally/에 접속하면 파이토치를 설치할 수 있습니다.

- PyTorch Build: Stable(1.4) 버전의 설치를 권장합니다.

- Your OS: 본인이 이용하고 있는 운영체제를 선택합니다(예: 리눅스, 맥, 윈도우).

- Package: 아나콘다를 설치했다면 'Conda', 파이썬을 설치했다면 'Pip'를 선택합니다.

- Language: 파이썬을 선택합니다.

- CUDA: 딥러닝 모델을 학습할 때 GPU를 이용하려면 CUDA 버전을 확인해 선택합니다.

- Run this Command: PyTorch Build, Your OS, Package, Language, CUDA를 선택하면 나타나는 명령어를 실행해 파이토치를 설치합니다. 아나콘다를 설치했을 경우 아나콘다 프롬프트(Anaconda Prompt), 파이썬을 설치했을 경우 명령 프롬프트 창을 열고 해당 명령어를 작성해 설치하면 됩니다.

파이토치 프레임워크(PyTorch Framework)를 사용할 때 반드시 알아야 하는 요소를 정리했습니다. 파이토치 이용자라면 꼭 알아야 하는 요소를 정리했으며, 공식 문서에 작성된 내용을 바탕으로 재구성했습니다. 여기에서 다루는 내용은 인트로 부분에서 기초 예제를 실습할 때 필요한 기본 지식입니다.

4.1 텐서

텐서(Tensor)란, '데이터를 표현하는 단위'입니다. 여기서 다루고 있는 대상이 데이터이다 보니 데이터를 표현할 수 있는 구조를 간단하게 설명하고 해당 내용을 파이토치 안에서 어떻게 이용할 수 있는지 확인해보겠습니다.

4.1.1 Scalar

스칼라는 우리가 흔히 알고 있는 상숫값입니다. 즉, 하나의 값을 표현할 때 1개의 수치로 표현한 것입니다. PyTorch 모듈을 이용해 import torch해주고 torch 내 텐서 메서드(tensor method)를 이용해 스칼라 값을 정의할 수 있습니다.

```
import torch

scalar1 = torch.tensor([1.])
print(scalar1)
# tensor([1.])

scalar2 = torch.tensor([3.])
print(scalar2)
# tensor([3.])
```

코드 내의 #을 이용하면 주석 처리가 됩니다. # 옆에 작성된 코드는 실행되지 않으며 사용자가 읽을 수 있게 작성하는 메모 개념입니다. # 옆에 있는 내용은 해당 값을 출력한 결과입니다.

이제 스칼라 값 간의 사칙연산을 수행해보겠습니다. 사칙연산은 +, −, *, /를 이용해 계산할 수 있습니다.

```
add_scalar = scalar1 + scalar2
print(add_scalar)
# tensor([4.])
```

```
sub_scalar = scalar1 - scalar2
print(sub_scalar)
# tensor([-2.])
```

```
mul_scalar = scalar1 * scalar2
print(mul_scalar)
# tensor([3.])
```

```
div_scalar = scalar1 / scalar2
print(div_scalar)
# tensor([0.3333])
```

스칼라 값 간의 사칙연산 역시 torch 모듈에 내장된 메서드를 이용해 계산할 수 있습니다.

```
torch.add(scalar1, scalar2)
# tensor([4.])
```

```
torch.sub(scalar1, scalar2)
# tensor([-2.])
```

```
torch.mul(scalar1, scalar2)
# tensor([3.])
```

```
torch.div(scalar1, scalar2)
# tensor([0.3333])
```

4.1.2 Vector

벡터는 하나의 값을 표현할 때 2개 이상의 수치로 표현한 것입니다. 스칼라의 형태와 동일한 속성을 갖고 있지만, 여러 수치 값을 이용해 표현하는 방식입니다. torch 예제는 다음과 같습니다.

```
vector1 = torch.tensor([1., 2., 3.])
print(vector1)
# tensor([1., 2., 3.])

vector2 = torch.tensor([4., 5., 6.])
print(vector2)
# tensor([4., 5., 6.])
```

이제, 벡터 값 간 사칙연산을 수행해보겠습니다. 사칙연산은 +, −, *, /를 이용해 계산할 수 있습니다. 스칼라 사칙연산과 동일한 방식입니다. 여기서 곱셈과 나눗셈은 각 요소별로(element-wise) 연산됩니다.

```
add_vector = vector1 + vector2
print(add_vector)
# tensor([5., 7., 9.])
```

```
sub_vector = vector1 - vector2
print(sub_vector)
# tensor([-3., -3., -3.])
```

```
mul_vector = vector1 * vector2
print(mul_vector)
# tensor([ 4., 10., 18.])
```

```
div_vector = vector1 / vector2
print(div_vector)
# tensor([0.2500, 0.4000, 0.5000])
```

벡터 값 간 사칙연산 역시 torch 모듈에 내장된 메서드를 이용해 계산할 수 있습니다. 또한 벡터 값 간 내적 연산 역시 torch 모듈에 내장돼 사용할 수 있습니다. 이번 예제의 내적 값은 $(1 * 4)$ $+(2 * 5) +(3 * 6) = 4 + 10 + 18 = 32$입니다.

```
torch.add(vector1, vector2)
# tensor([5., 7., 9.])
```

```
torch.sub(vector1, vector2)
# tensor([-3., -3., -3.])
```

```
torch.mul(vector1, vector2)
# tensor([ 4., 10., 18.])
```

```
torch.div(vector1, vector2)
# tensor([0.2500, 0.4000, 0.5000])
```

```
torch.dot(vector1, vector2)
# tensor(32.)
```

4.1.3 행렬

행렬(Matrix)은 2개 이상의 벡터 값을 통합해 구성된 값으로, 벡터 값 간 연산 속도를 빠르게 진행할 수 있는 선형 대수의 기본 단위입니다. torch 예제는 다음과 같습니다.

```
matrix1 = torch.tensor([[1., 2.], [3., 4.]])
print(matrix1)
# tensor([[1., 2.],
#         [3., 4.]])
```

```
matrix2 = torch.tensor([[5., 6.], [7., 8.]])
print(matrix2)
# tensor([[5., 6.],
#         [7., 8.]])
```

이제 행렬 값 간의 사칙연산을 수행해보겠습니다. 사칙연산은 +, −, *, /를 이용해 계산할 수 있습니다. 스칼라 벡터 사칙연산과 동일한 방식입니다.

```
sum_matrix = matrix1 + matrix2
print(sum_matrix)
# tensor([[ 6.,  8.],
#         [10., 12.]])
```

```
sub_matrix = matrix1 - matrix2
print(sub_matrix)
# tensor([[-4., -4.],
#         [-4., -4.]])
```

```
mul_matrix = matrix1 * matrix2
print(mul_matrix)
# tensor([[ 5., 12.],
#         [21., 32.]])
```

```
div_matrix = matrix1 / matrix2
print(div_matrix)
# tensor([[0.2000, 0.3333],
#         [0.4286, 0.5000]])
```

행렬 값 간 사칙연산 역시 torch 모듈에 내장된 메서드를 이용해 계산할 수 있습니다. 또한 행렬 값 간의 내적 연산 역시 torch 모듈에 내장해 사용할 수 있습니다.

이번 예제에서는 행렬 곱 연산을 추가로 배워보겠습니다. 벡터 및 행렬 간 사칙연산 중 곱셈은 각 요소별로 계산됩니다. 이에 비해 행렬 곱 연산은 torch.matmul을 이용해 실행할 수 있고 이 예제에서의 계산 과정은 다음과 같습니다.

$$[[(1 * 5) + (2 * 7)], [(1 * 6) + (2 * 8)], [(3 * 5) + (4 * 7)], [(3 * 6) + (4 * 8)]]$$

```
torch.add(matrix1, matrix2)
# tensor([[ 6.,  8.],
#         [10., 12.]])
```

```
torch.sub(matrix1, matrix2)
# tensor([[-4., -4.],
#         [-4., -4.]])
```

```
torch.mul(matrix1, matrix2)
# tensor([[ 5., 12.],
#         [21., 32.]])
```

```
torch.div(matrix1, matrix2)
# tensor([[0.2000, 0.3333],
#         [0.4286, 0.5000]])
```

```
torch.matmul(matrix1, matrix2)
# tensor([[19., 22.],
#         [43., 50.]])
```

이때 행렬 값 간 사칙연산 역시 벡터 연산처럼 각 요소별로 계산됩니다.

4.1.4 텐서

행렬을 2차원의 배열이라 표현할 수 있다면, 텐서는 2차원 이상의 배열이라 표현할 수 있습니다.

다음은 스칼라 벡터, 행렬, 텐서를 그림으로 표현한 것입니다.

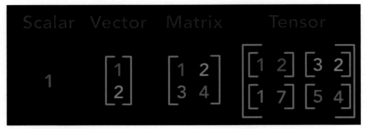

[그림 1-12] 스칼라 벡터, 행렬, 텐서 개념도
출처: https://towardsdatascience.com/linear-algebra-for-deep-learning-506c19c0d6fa

텐서의 파이토치 예제 역시 스칼라 벡터, 행렬과 같은 논리로 적용됩니다. 텐서 내 행렬 단위의 인덱스 간, 행렬 내 인덱스 간 원소끼리 계산되며 행렬 곱은 텐서 내 같은 행렬 단위의 인덱스 간에 계산됩니다.

```
tensor1 = torch.tensor([[[1., 2.], [3., 4.]], [[5., 6.], [7., 8.]]])
print(tensor1)

# tensor([[[1., 2.],
#          [3., 4.]],

#         [[5., 6.],
#          [7., 8.]]])
```

```
tensor2 = torch.tensor([[[9., 10.], [11., 12.]], [[13., 14.], [15., 16.]]])
print(tensor2)

# tensor([[[ 9., 10.],
#          [11., 12.]],

#         [[13., 14.],
#          [15., 16.]]])
```

이제 텐서 값 간의 사칙연산을 수행해보겠습니다. 사칙연산은 +, −, *, /를 이용해 계산할 수 있습니다. 스칼라 벡터, 행렬 사칙연산과 동일한 방식입니다.

```
sum_tensor = tensor1 + tensor2
print(sum_tensor)

# tensor([[[10., 12.],
#          [14., 16.]],

#         [[18., 20.],
#          [22., 24.]]])
```

```
sub_tensor = tensor1 - tensor2
print(sub_tensor)

# tensor([[[-8., -8.],
#          [-8., -8.]],

#         [[-8., -8.],
#          [-8., -8.]]])
```

```
mul_tensor = tensor1 * tensor2
print(mul_tensor)

# tensor([[[  9.,  20.],
#          [ 33.,  48.]],

#         [[ 65.,  84.],
#          [105., 128.]]])
```

```
div_tensor = tensor1 / tensor2
print(div_tensor)

# tensor([[[0.1111, 0.2000],
#          [0.2727, 0.3333]],

#         [[0.3846, 0.4286],
#          [0.4667, 0.5000]]])
```

텐서 값 간의 사칙연산 역시 torch 모듈에 내장된 메서드를 이용해 계산할 수 있습니다. 또한 텐서 값 간 내적 연산 역시 torch 모듈에 내장돼 사용할 수 있습니다.

이번 예제에서는 텐서 간 텐서곱 연산을 배워보겠습니다. 이 예제에서 다루는 두 텐서는 모양이 모두 [2 × 2 × 2]이기 때문에 행렬 곱 연산이 가능합니다. 이 예제에서의 계산 과정은 다음과 같습니다.

$[[(1 * 9) + (2 * 11)], [(1 * 10) + (2 * 12)], [(5 * 13) + (6 * 15)], [(5 * 14) + (6 * 16)],$
$[(3 * 9) + (4 * 11)], [(3 * 19) + (4 * 12)], [(7 * 13) + (8 * 15)], [(7 * 14) + (8 * 16)]]$

```
torch.add(tensor1, tensor2)

# tensor([[[10., 12.],
#          [14., 16.]],

#         [[18., 20.],
#          [22., 24.]]])
```

```
torch.sub(tensor1, tensor2)

# tensor([[[-8., -8.],
#          [-8., -8.]],

#         [[-8., -8.],
#          [-8., -8.]]])
```

```
torch.mul(tensor1, tensor2)

# tensor([[[  9.,   20.],
#          [ 33.,   48.]],

#         [[ 65.,   84.],
#          [105.,  128.]]])
```

```
torch.div(tensor1, tensor2)

# tensor([[[0.1111, 0.2000],
#          [0.2727, 0.3333]],

#         [[0.3846, 0.4286],
#          [0.4667, 0.5000]]])
```

```
torch.matmul(tensor1, tensor2)

# tensor([[[ 31.,   34.],
#          [ 71.,   78.]],

#         [[155., 166.],
#          [211., 226.]]])
```

4.2 Autograd

파이토치를 이용해 코드를 작성할 때 Back Propagation을 이용해 파라미터를 업데이트하는 방법은 Autograd 방식으로 쉽게 구현할 수 있도록 설정돼 있습니다. 이번 예제에서는 정말 간단한 딥러닝 모델을 설계하고 방정식 내에 존재하는 파라미터를 어떻게 업데이트할 수 있는지 알아보겠습니다.

단계적으로 하나하나 살펴보면서 원리를 익혀봅시다.

```
import torch

if torch.cuda.is_available( ):
    DEVICE = torch.device('cuda')
else:
    DEVICE = torch.device('cpu')
```

우선, 파이토치를 이용하기 위해 torch를 임포트(import)합니다. torch의 cuda.is_available( ) 은 현재 파이썬이 실행되고 있는 환경에서 torch module을 이용할 때 GPU를 이용해 계산할 수 있는지를 파악하는 메서드(method)입니다. 위 파이썬 코드를 보면 if문을 이용해 torch.cuda. is_available( )이 참이면 'cuda' 장비를 이용하는 것으로 설정하고 거짓이면 cpu 장비를 이용해 계산한다는 것을 의미합니다.

```
BATCH_SIZE = 64
INPUT_SIZE = 1000
HIDDEN_SIZE = 100
OUTPUT_SIZE = 10
```

BATCH_SIZE는 딥러닝 모델에서 파라미터를 업데이트할 때 계산되는 데이터의 개수입니다. 즉, BATCH_SIZE 수만큼 데이터를 이용해 Output을 계산하고 BATCH_SIZE 수만큼 출력된 결괏값에 대한 오찻값을 계산합니다. BATCH_SIZE 수만큼 계산된 오찻값을 평균해 Back Propagation을 적용하고 이를 바탕으로 파라미터를 업데이트합니다. 이 예제에서 이용하는 BATCH_SIZE는 '64'이며 이는 Input으로 이용되는 데이터가 64개라는 것을 의미합니다.

INPUT_SIZE는 딥러닝 모델에서의 Input의 크기이자 입력층의 노드 수를 의미합니다. 앞의 BATCH_SIZE와 혼동하면 안 됩니다. INPUT_SIZE는 딥러닝 모델에서의 입력층의 노드 수를 의미하며 이 예제에서는 1,000이므로 입력 데이터의 크기가 1,000이라는 것을 의미합니다. 즉, 1,000 크기의 벡터 값을 의미하죠. BATCH_SIZE가 64이므로 1000 크기의 벡터 값을 64개 이용한다는 의미합니다. 이를 모양으로 설명하면 (64, 1000)이 되겠죠?

HIDDEN_SIZE는 딥러닝 모델에서 Input을 다수의 파라미터를 이용해 계산한 결과에 한 번 더 계산되는 파라미터 수를 의미합니다. 즉, 입력층에서 은닉층으로 전달됐을 때 은닉층의 노드 수를 의미하죠. 이 예제에서는 (64, 1000)의 Input들이 (1000, 100) 크기의 행렬과 행렬 곱을 계산하기 위해 설정한 수입니다.

OUTPUT_SIZE는 딥러닝 모델에서 최종으로 출력되는 값의 벡터의 크기를 의미합니다. 보통 Output의 크기는 최종으로 비교하고자 하는 레이블의 크기와 동일하게 설정합니다. 예를 들어 10개로 분류하려면 크기가 10짜리의 원-핫 인코딩(One-Hot Encoding)을 이용하기 때문에 Output의 크기를 '10'으로 맞추기도 하며 5 크기의 벡터 값에 대해 Mean Squared Error를 계산하기 위해 Output의 크기를 '5'로 맞추기도 합니다. 좀 더 자세한 내용은 나중에 자세히 다루겠습니다. 여기서는 Autograd의 작동 방식에 중점을 두고 설명하겠습니다.

```
x = torch.randn(BATCH_SIZE,
                INPUT_SIZE,
                device = DEVICE,
                dtype = torch.float,
                requires_grad = False)          #(1)
y = torch.randn(BATCH_SIZE,
                OUTPUT_SIZE,
                device = DEVICE,
                dtype = torch.float,
                requires_grad = False)          #(2)
w1 = torch.randn(INPUT_SIZE,
                 HIDDEN_SIZE,
                 device = DEVICE,
                 dtype = torch.float,
                 requires_grad = True)          #(3)
w2 = torch.randn(HIDDEN_SIZE,
                 OUTPUT_SIZE,
                 device = DEVICE,
                 dtype = torch.float,
                 requires_grad = True)          #(4)
```

(1) 앞에서 BATCH_SIZE, INPUT_SIZE, HIDDEN_SIZE, OUTPUT_SIZE를 정의했으므로 이제 본격적으로 데이터와 파라미터를 설정해봅시다. 첫 번째로 임포트한 torch와 torch. randn 메서드를 이용해 데이터와 파라미터를 설정해보겠습니다. randn은 평균이 0, 표준편차가 1인 정규분포에서 샘플링한 값으로, 데이터를 만든다는 것을 의미하며 데이터를 만들어낼 때 데이터의 모양을 설정할 수 있습니다. 즉, 크기가 1,000짜리의 벡터를 64개 만들기 위해 BATCH_SIZE는 '64', INPUT_SIZE는 '1,000'으로 설정했으며 x는 (64, 1000) 모양의 데이터가 생성됩니다. 이때 생성된 데이터는 미리 설정한 DEVICE를 이용해 계산할 것이기 때문에 device = DEVICE로 맞춰주며 데이터 형태는 float으로 설정하겠습니다. 또한 해당 데이터는 Input으로 이용되기 때문에 Gradient를 계산할 필요가 없죠. 우리는 파라미터 값을 업데이트하기 위해 Gradient를 계산하는 것이지, Input에 대해 Gradient를 하는 것이 아닙니다. 따라서 requires_grad = False로 설정하겠습니다.

(2) Output도 Input을 설정하는 것과 동일합니다. Output 역시 BATCH_SIZE 수만큼 결괏

값이 필요하며 Output과의 오차를 계산하기 위해 Output의 크기를 '10'으로 설정했습니다. DEVICE, dtype, requires_grad는 Input을 설정할 때와 동일합니다.

(3) 이제 본격적으로 업데이트할 파라미터 값을 설정하겠습니다. 앞에서 Input과 Output을 설정한 내용과 동일합니다. 여기서 w1은 Input의 데이터 크기가 1,000이며 이와 행렬 곱을 하기 위해 다음 행의 값이 1,000이어야 합니다. 또한 행렬 곱을 이용해 100 크기의 데이터를 생성하기 위해 (1000, 100) 크기의 데이터를 생성합니다. DEVICE, dtype 모두 Input과 Output이 동일하게 설정되며 requires_grad = True를 이용해 Gradient를 계산할 수 있도록 설정합니다.

(4) w2는 w1과 x를 행렬 곱한 결과에 계산할 수 있는 데이터여야 합니다. w1과 x의 행렬 곱을 한 결과는 (64, 100)이며 (100, 10) 행렬을 통해 Output을 계산할 수 있도록 w2의 모양을 설정합니다. HIDDEN_SIZE는 '100', OUTPUT_SIZE는 '10'으로 설정했죠? 미리 설정한 두 변수를 이용해 w2의 모양을 설정합니다. w2 역시 Back Propagation을 통해 업데이트해야 하는 대상이므로 requires_grad = True로 설정합시다.

```
learning_rate = 1e-6                                              #(1)
for t in range(1, 501):                                          #(2)
    y_pred = x.mm(w1).clamp(min = 0).mm(w2)                      #(3)

    loss =(y_pred - y).pow(2).sum( )                            #(4)
    if t % 100 == 0:
        print("Iteration: ", t, "\t", "Loss: ", loss.item( ))   #(5)
    loss.backward( )                                             #(6)

    with torch.no_grad( )                                        #(7)
        w1 -= learning_rate * w1.grad                           #(8)
        w2 -= learning_rate * w2.grad                           #(9)

        w1.grad.zero_( )                                        #(10)
        w2.grad.zero_( )                                        #(11)
```

(1) 파라미터를 업데이트할 때, Gradient를 계산한 결괏값에 1보다 작은 값을 곱해 업데이트합니다. 이를 Learning Rate라고 합니다. learning_rate를 어떻게 설정하느냐에 따라 Gradient 값에 따른 학습 정도가 결정됩니다. 딥러닝 모델에서 파라미터 값을 업데이트할 때 가장 중요한 하이퍼파라미터(Hyperparameter)이기도 합니다.

(2) 500번 반복해 파라미터 값을 업데이트하기 위해 반복문을 설정합니다. t 값이 1부터 500까지 반복되면서 아래에 작성된 코드가 실행됩니다.

(3) 딥러닝 모델의 결괏값을 보통 '예측값'이라고 표현합니다. 딥러닝 모델의 Input인 x와 Parameter w1 간의 행렬 곱을 이용해 나온 결괏값을 계산합니다. 그 이후 torch 모듈 내 clamp라는 메서드를 이용해 비선형 함수를 적용합니다. 딥러닝 모델에서는 층과 층 사이에 비선형 함수

$$y_i = \begin{cases} \text{min} & \text{if } x_i < \text{min} \\ x_i & \text{if } \text{min} \le x_i \le \text{max} \\ \text{max} & \text{if } x_i > \text{max} \end{cases}$$

[그림 1-13] clamp 함수에 대한 설명
출처: https://pytorch.org/docs/master/generated/torch.clamp.html

를 이용해 높은 표현력을 지니는 방정식을 얻게 됩니다. 여기서 clamp는 비선형 함수 ReLU( )와 같은 역할을 합니다. 최솟값이 0이며 0보다 큰 값은 자기 자신을 갖게 되는 메서드이기 때문이죠. clamp를 이용해 계산된 결과와 w2를 이용해 행렬 곱을 한 번 더 계산합니다. 행렬 곱을 한 결과는 딥러닝 모델에서의 Output을 의미하며 이는 예측값이라고 표현되기 때문에 y_pred로 지정합니다. clamp에 대한 식은 [그림 1-13]과 같습니다.

(4) 예측값과 실제 레이블 값을 비교해 오차를 계산한 값을 loss라고 합니다. 예측값을 의미하는 y_pred와 실제 레이블을 의미하는 y 간의 차잇값을 계산한 후 Torch Module 내 pow 함수를 이용해 제곱을 취합니다. pow( ) method는 지수를 취하는 기본 메서드입니다. 즉, (y_pred - y)pow(2)는 제곱차를 의미하며 제곱차의 합을 sum( )을 이용해 계산합니다.

(5) 반복 횟수를 의미하는 t가 100으로 나누어 떨어질 때, 현재 진행 중인 반복문 횟수와 Loss 값을 출력해 코드가 실행되는 과정을 모니터링할 수 있도록 설정하는 부분입니다.

(6) 계산된 Loss 값에 대해 backward( ) 메서드를 이용하면 각 파라미터 값에 대해 Gradient를 계산하고 이를 통해 Back Propagation을 진행한다는 것을 의미합니다. 파이토치 내에서 Back Propagation을 쉽게 진행할 수 있도록 구현된 결과를 이용해 손쉽게 Back Propagation을 진행할 수 있습니다.

(7) 각 파라미터 값에 대해 Gradient를 계산한 결과를 이용해 파라미터 값을 업데이트할 때는 해당 시점의 Gradient 값을 고정한 후 업데이트를 진행합니다. 코드가 실행되는 시점에서 Gradient 값을 고정한다는 의미입니다.

(8) Gradient 값을 고정한 상태에서 w1의 Gradient 값을 의미하는 w1.grad 에 (1)에서 설정한 learning_rate 값을 곱한 결괏값을 기존 w1에서 빼줍니다. 음수를 이용하는 이유는 Loss 값이 최소로 계산될 수 있는 파라미터 값을 찾기 위해 Gradient 값에 대한 반대 방향으로 계산한다는 것을 의미합니다.

(9) (8)과 마찬가지로 w2에 대해서도 w2의 Gradient 값을 의미하는 w2.grad에 (1)에서 설정한 learning_rate 값을 곱한 결괏값을 기존 w2에서 빼줍니다.

(10), (11) (8), (9)를 통해 각 파라미터 값을 업데이트했다면 각 파라미터 값의 Gradient를 초기화해 다음 반복문을 진행할 수 있도록 Gradient 값을 0으로 설정합니다. w1, w2 각각에 대해 동

일하게 grad.zero_( ) 메서드를 적용해 Gradient 값을 0으로 설정합니다. 다음 Backpropagtion 을 진행할 때 graident 값을 loss.backward( )을 통해 새로 계산하기 때문이죠.

전체 코드

```
# Iteration:  100                          Loss:  584.4674072265625
# Iteration:  200                          Loss:  1.8814672231674194
# Iteration:  300                          Loss:  0.015688762068748474
# Iteration:  400                          Loss:  0.0004902312648482621
```

500번의 반복문을 실행하면서 Loss 값이 줄어드는 것을 확인할 수 있습니다. Loss 값이 줄어든 다는 것은 Input이 w1과 w2를 통해 계산된 결괏값과 y 값이 점점 비슷해진다는 것을 의미하며 y 값과 비슷한 Output을 계산할 수 있도록 w1과 w2가 계산된다는 것을 알 수 있습니다.

w1과 w2가 어떻게 변하는지 직접 눈으로 보고 싶은 분들은 코드 내에서 print(w1), print(w2)를 통해 직접 확인해보기 바랍니다.

PART 02

AI Background

최근 들어 우리는 많은 매체를 통해 머신러닝(Machine Learning), 딥러닝(Deep Learning), 인공지능(Artificial Intelligence, AI)이라는 단어를 접할 수 있습니다. PART 02에서는 이 개념에 대해 알아보고 어떠한 종류가 있는지, 어떠한 분야에 활용할 수 있는지 알아보겠습니다. 이와 더불어 PART 03에서 배울 딥러닝의 개념에 대해 알아보겠습니다.

1.1 인공지능이란?

인공지능의 사전적인 의미는 '인간의 지능으로 할 수 있는 사고 학습, 자기 개발 등을 컴퓨터가 할 수 있도록 하는 방법을 연구하는 컴퓨터 공학 및 정보 기술의 한 분야로, 컴퓨터가 인간의 지능적인 행동을 모방할 수 있도록 하는 것'입니다. 딥러닝(Deep Learning)이 부흥하기 시작하면서 인공지능이라고 하면 딥러닝을 떠올리는 사람이 많지만, 사실은 전통적인 머신러닝(데이터 사이언스 또는 데이터 분석을 위한) 기법을 포함하는 단어입니다. 인공지능을 쉽게 정의하면 '컴퓨터가 데이터를 이용해 학습할 수 있도록 하는 기술'이라 할 수 있습니다. 이에는 머신러닝, 딥러닝이 모두 포함돼 있습니다. 그중에서도 우리는 인공지능의 획기적인 발전을 이끈 딥러닝에 대해 자세히 알아보겠습니다. 또한 딥러닝은 무엇이고 그 종류에는 어떤 것이 있으며 딥러닝을 활용해 무엇을 할 수 있는지 알아보겠습니다. 그리고 딥러닝의 기초가 되는 신경망(Neural Network)이 지니고 있는 단점과 딥러닝은 어떻게 이 단점을 해결하면서 부흥하기 시작했는지, 딥러닝과 기존 머신러닝과의 다른 점은 무엇인지도 알아보겠습니다.

1.2 인공지능의 사례

1.2.1 이미지 분류

인간이 이미지를 분류하는 성능은 약 95% 정도로 알려져 있습니다. 이런 인간의 능력을 따라잡기 위해 2010년부터 인공지능 모델을 구축해 이미지를 분류하는 대회가 열렸습니다. 2010년에 우승했던 모델의 분류 성능은 약 72%입니다. 많은 연구자가 어떻게 하면 인간의 능력과 비슷하거나 또는 그 이상으로 이미지를 분류하는 성능을 낼 수 있을까 고민했습니다. 많은 연구 끝에 2015년에 'ResNet'이라는 모델이 약 96%의 성능을 기록하면서 인간의 능력을 뛰어넘기 시작했습니다.

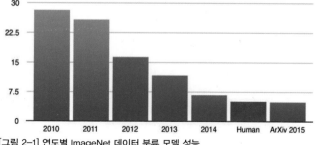

[그림 2–1] 연도별 ImageNet 데이터 분류 모델 성능

딥러닝 모델은 그 이후에도 계속 발전하고 있습니다. 이제는 단순히 이미지를 분류하는 것을 넘어 다양한 분야와 방식으로 발전하고 있습니다. 이미지를 분류할 때 많은 데이터가 필요한 딥러닝 모델의 단점을 극복하고자 어떻게 적은 데이터로 높은 성능의 모델을 만들 수 있을지, 어떻게 하면 더욱 강건한(Robust) 모델을 만들 수 있을지, 어떻게 하면 학습 데이터 내에 있는 Noise 데이터를 걸러낼 수 있을지 등에 대한 다양한 연구가 이뤄졌습니다.

1.2.2 객체 탐지

객체 탐지(Object Detection)는 어떤 이미지 및 비디오 속에 포함돼 있는 물체에 대해 해당 물체가 어떤 물체인지를 분류하는 문제와 물체의 위치를 찾아내는 문제입니다. 딥러닝 모델이 다량의 이미지 및 비디오 데이터를 활용해 이미지 및 비디오 내 특정 물체의 위치 정보를 X, Y 좌푯값과 해당 물체의 크기인 Width, Height 값을 레이블 정보로 이용해 학습합니다. 연구자들은 (X, Y, W, H) 정보를 보통 'Bounding Box'라고 표현합니다. 객체 탐지 기술은 최근 들어 자율주행 자동차, CCTV 등과 같은 카메라 기술을 바탕으로 개발되고 있는 제품 및 서비스에 도입되고 있으며 현재 다양한 연구가 진행되고 있습니다.

[그림 2-2] object detection이 적용된 이미지
출처: https://sigmoidal.io/dl-computer-vision-beyond-classification

1.2.3 텍스트

텍스트(Text) 분야에서의 딥러닝 적용 또한 꾸준히 연구되고 있습니다. 텍스트 분야는 세부 Task 로 나뉘어 연구가 진행됐는데, 대표적인 예로는 다음과 같은 것을 들 수 있습니다.

- 기계 번역(Machine Translation)

- 문장(또는 문서) 분류(Sentence Classification)

- 질의 응답 시스템(Question & Answer System, Q/A)

- 개체명 인식(Named Entity Recognition, NER)

이미지 영역에서는 딥러닝 모델이 인간보다 좋은 성능을 보이는 모습을 보인 반면, 텍스트 분야에서는 인간의 성능을 따라잡기 어려웠습니다. 텍스트 Task는 이미지에 비해 배경 지식이 요구된다는 것이 어려운 점이었고 주로 사용한 순환 신경망(Recurrent Neural Network, RNN) 계열의 모델의 한계 역시 해결해야 할 문제 중 하나였습니다. 하지만 2017년 구글이 발표한 〈Attention Is All You Need〉라는 논문의 'Transformer Module' 연구를 시작으로 이와 관련된 모델이 활발히 연구되기 시작했고 인간의 성능을 넘어서는 'Language Model'이 개발되기 시작했습니다. 그리고 최근의 학계에서는 다양한 분야의 추가 연구, 산업계에서는 이와 관련된 서비스나 제품 연구가 활발히 이뤄지고 있습니다.

1.2.4 알파고

딥러닝 또는 강화학습(Reinforcement Learning)이라는 말은 들어보지 못했더라도 알파고라는 말은 들어봤을 것입니다. '알파고(Alphago)'는 구글(Google)의 딥마인드(DeepMind) 사가 개발한 인공지능 바둑기사로, 2016년 한국의 이세돌 기사와 대국해 4승 1패로 승리하면서 세상을 놀라게 했습니다. 이 알파고의 기본 원리는 강화학습으로, 현재 상태(바둑판)에서 어떤 행동(수)을 취해야 먼 미래에 보상이 최대(승리)가 될 것

[그림 2-3] 알파고와 이세돌이 대국을 두는 장면
출처: https://platum.kr/archives/56307

인지를 학습하는 알고리즘입니다. 이는 수많은 시뮬레이션이 필요합니다. 하지만 바둑의 경우의 수는 무한대에 가깝기 때문에 인공지능이 바둑을 두기는 어렵다는 게 많은 전문가의 의견이었습니다. 그러나 딥마인드는 이 강화학습 알고리즘과 딥러닝을 통해 문제를 해결하기에 이르렀습니다. 처음에는 학습해야 할 경우의 수를 줄이기 위해 바둑의 기보를 학습했지만, 2018년에는 알파고 제로 버전을 발표하면서 기보 없이 스스로 학습하는 인공지능 바둑기사를 개발했습니다. 알파고의 등장을 계기로 강화학습과 딥러닝을 결합한 심층 강화학습(Deep Reinforcement Learning)의 연구가 활발히 진행되기 시작했습니다.

1.2.5 Generative Adversarial Networks(GAN)

딥러닝은 기본적으로 이미지와 텍스트 쪽에 초점을 맞춰 발전해왔습니다. 그러면서 점점 더 다양한 분야, 다양한 방식으로 발전해왔습니다. 이 와중에 인공지능 분야에서 획기적인 일이 발생합니다. 바로 생성 모델 GAN의 등장인데요. 알파고가 대중에게 큰 영향을 미쳤다면 GAN은 연구

[그림 2-4] BigGAN의 이미지 생성 예제
(Large Scale GAN Training for High Fidelity Natural Image Synthesis(https://arxiv.org/abs/1809.11096)

자에게 큰 영감을 줬습니다. GAN은 2014년 Ian Goodfellow의 박사 논문으로 처음 제안됐고 우리나라에서 본격적으로 알려진 것은 2016년 즈음입니다. 데이터를 '예측'하는 걸 넘어 데이터를 직접 '생성'해내는 모델을 제안한 것입니다. 이미지 분류 모델을 예로 들면 Input 데이터가 이미지, 딥러닝 모델의 Output은 Label입니다. 이 이미지가 고양이인지, 강아지인지 분류하는 모델인 것이죠. 그러나 GAN은 Input이 'Random Noise', Output이 '임의의 이미지'입니다. 학습하는 대상에 따라 숫자 이미지가 될 수도 있고 사람 이미지가 될 수도 있습니다. 즉, 숫자 이미지를 만들어내는 딥러닝 모델을 만들고자 한다면 Input을 'Noise', Output을 '숫자 이미지'로 해 GAN을 학습하면 되는 것입니다.

딥러닝 모델로 분류나 예측이 아닌 생성을 한다는 것은 많은 사람에게 충격으로 다가왔습니다. GAN의 등장은 알파고의 등장과 마찬가지로 인공지능 연구의 새로운 패러다임을 제시했습니다. 처음에 일부 사람은 생성되는 데이터의 질이 그렇게 좋지 않으므로 사용할 분야가 마땅치 않다고 지적했지만, 최근에 연구되고 있는 GAN의 성능은 이미 인간의 눈으로 구분하지 못할 정도의 고품질의 이미지(또는 텍스트)를 생성해냅니다. 다음 그림은 2018년에 발표된 'BigGAN(Large Scale GAN Training for High Fidelity Natural Image Synthesis, Brock 등, 2018)'이 생성한 이미지입니다. 즉, 이 세상에 실제로 존재하지 않는 객체에 대한 이미지라는 것이죠. 단순히 데이터를 생성해내는 것뿐 아니라 GAN이 지니고 있는 학습 알고리즘의 특성을 이용해 다양한 분야로 발전하고 있습니다.

1.2.6 Style Transfer

딥러닝이 발전하면서 나의 사진을 고흐풍으로 바꿔준다거나, 낮 풍경의 사진을 밤 풍경의 사진으로 바꿔준다거나, 여름 풍경을 겨울 풍경으로 바꿔주는 게 가능해졌습니다. 이러한 연구 분야를 'Style Transfer'라고 부릅니다. Style Transfer를 이용하면 굳이 포토샵을 이용할 필요가 없어집니다. GAN이 발전하면서 Style Transfer에 GAN을 적용하기 시작했습니다(CycleGAN: Unpaired Image-to-Image Translation using Cycle-Consistent Adversarial Networks, Zhu 등, 2017). 여름 사진을 겨울 사진으로 바꾸고 싶을 때 CycleGAN의 Input은 '여름 사진', Output은 '겨울 사진'이 됩니

[그림 2-5] Style Transfer의 예제
출처: Deep Photo Style Transfer(https://arxiv.org/abs/1703.07511)

다. 물론, 이와 반대로 겨울 사진을 여름 사진으로 바꿀 수도 있습니다. 이렇게 GAN의 등장은 기존의 학습 구조(Input을 이미지, Label을 Output으로 설정)를 넘어 다양한 학습 구조를 가능하게 했습니다.

1.2.7 Deepfake

GAN의 등장은 딥러닝의 이미지인 Task 를 한 단계 더 발전시켰습니다. 앞에서 언급한 CycleGAN을 비롯한 합성 관련 Task에도 엄청난 발전이 있었습니다. [그림 2-6]의 링크에서 오바마 전 미국 대통령이 '트럼프는 쓰레기'라고 말하는 영상을 볼 수 있는데, 이는 Deepfake(Deep Learning + fake)라는 기술을 이용해 만든 것입니다. 어색한 부분이 있긴 하지만, 얼핏 보기에 진짜라고 느낄 수 있을 정도입

[그림 2-6] Deep fake 기술이 적용된 오바마 영상
출처: https://www.youtube.com/watch?v=cQ54GDm1eL0&feature=youtu.be

니다. 매우 신기한 기술이기도 하고 유용하게 쓰일 수도 있겠다는 생각이 들 수도 있지만, 사실 악용될 여지가 많은 기술입니다.

한 포르노 사이트에서는 유명 연예인 여성의 얼굴을 합성해 포르노 동영상을 유포하기도 했습니다. 그뿐 아니라 사기 등과 같은 다양한 범죄에 활용될 여지도 많습니다. 이처럼 인공지능의 발전은 인간의 삶을 좀 더 편리하게 바꾸는 것뿐 아니라 악영향을 끼치기도 합니다.

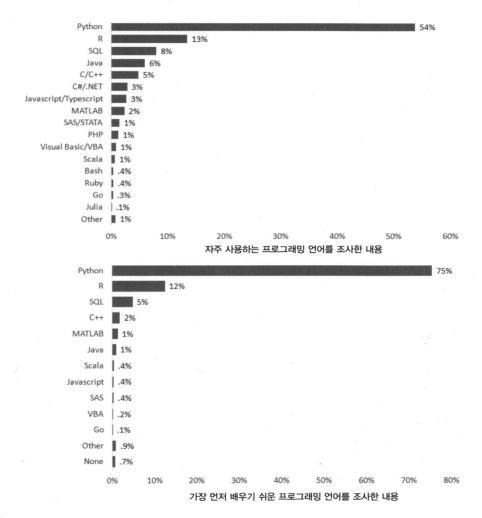

자주 사용하는 프로그래밍 언어를 조사한 내용

가장 먼저 배우기 쉬운 프로그래밍 언어를 조사한 내용

[그림 2-7] Kaggle data scientist에게 설문조사한 내용
출처: https://www.kaggle.com/kaggle/kaggle-survey-2018

딥러닝 모델을 설계할 수 있는 프로그래밍 언어는 다양합니다. 딥러닝 모델은 C, C++, Java, Lua, Julia, R 등과 같은 다양한 프로그래밍 언어를 활용해 설계할 수 있습니다. 하지만 많은 사람이 코드가 직관적이고 비교적 익히기 쉬운 파이썬 프로그래밍 언어를 이용해 딥러닝 모델을

설계하고 있습니다. 이 책에서도 딥러닝 모델을 설계하는 데 필요한 내용을 파이썬 프로그래밍 언어를 이용해 실습할 수 있도록 했습니다. 파이썬은 데이터 사이언스 관련 설문조사에서도 많은 사람이 이용하는 프로그래밍 언어이자 다른 사람에게 배우기 쉬운 프로그래밍 언어로 뽑혔습니다.

파이썬 프로그래밍 언어에서 딥러닝 모델을 설계하려면 어떻게 해야 할까요? 파이썬 프로그래밍 언어에는 텐서플로, 파이토치라는 프레임워크가 존재합니다. 텐서플로는 구글이 만들었으며 파이토치보다 먼저 출시됐기 때문에 많은 사람이 꾸준히 이용하고 있지만, 코드가 직관적이지 않고 디버깅이 어렵다는 점 때문에 텐서플로의 프레임워크를 익히기에는 진입 장벽이 비교적 높았습니다. 이 단점을 보완하기 위해 TF2.0 버전 이상에서는 케라스(Keras)를 이용해 가독성과 편의성을 제공하고 있습니다. 반면, 페이스북이 만든 파이토치는 코드가 직관적이고 디버깅이 상대적으로 쉬우며 코드 커스팀이 쉽다는 점에서 많은 관심을 받게 됐습니다. 기본적으로 텐서플로가 많이 이용되고 있는 것은 사실이지만, 파이토치의 이용률이 점점 높아지고 있습니다. [그림 2-8]을 보면 인공지능과 관련된 논문에서 파이토치로 구현된 경우가 점차 증가하는 것을 알 수 있습니다. 이 책에서는 이해하기 쉽고 간결한 파이토치 프레임워크를 이용해 실습 내용을 소개하겠습니다. 케라스 프레임워드(Keras Framework)도 있긴 하지만, 이는 텐서플로를 백엔드(Backend)로 사용하는 High Level API이기 때문에 여기서는 제외하겠습니다.

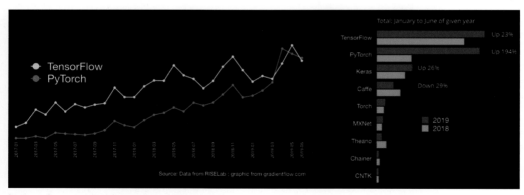

[그림 2-8] 논문에서 사용하는 딥러닝 프레임워크의 비율
출처: http://oreilly.com/content/one-simple-graphic-researchers-love-pytorch-and-TensorFlow/)

머신러닝의 정의와 종류

3.1 머신러닝이란?

4~5년 전만 하더라도 머신러닝을 인공지능과 비슷한 개념으로 많이 사용해왔습니다. 인공지능이라 해봤자 뭔가 분류하거나 예측하는 것 이상은 할 수 없었기 때문이죠. 하지만 4~5년 전부터 딥러닝(특히, GAN과 강화학습)이 발전하면서 머신러닝과 인공지능을 구분해 부르기 시작했습니다. 머신러닝의 정의는 인공지능과 똑같지만, 사용하는 분야가 조금 다르다고 보면 될 것 같습니다. 최근의 머신러닝은 행과 열이 존재하는 행렬(정형 데이터)을 이용해 뭔가 예측 또는 분류하고 싶을 때 사용한다고 보면 됩니다. 이미지 또는 텍스트와 같은 정형화돼 있지 않은(비정형 데이터) 데이터를 사용할 때는 인공지능(딥러닝)을 사용한다고 보면 됩니다. 크게 보면 머신러닝은 인공지능 안에 포함되는 개념이라 볼 수 있습니다. 다만, 비전문가나 대중에게 이야기할 때는 용어를 혼용하기도 합니다.

3.2 머신러닝의 종류

3.2.1 모델 학습

머신러닝과 딥러닝의 공통 단어인 '러닝(Learning)', 즉 학습을 하려면 '가이드' 또는 '정답'이 필요합니다. 머신러닝 모델의 학습 목표는 '데이터(Input)에 대한 모델의 결과(Output)가 정답(Label)에 가깝게 나오도록 학습시키는 것'이라 볼 수 있습니다. 예를 들면, 고양이 사진(Input)을 모델에 입력하면 고양이(Output)로 분류하는 모델을 학습시키거나 과거의 주가 데이터(Input)을 입력하면 미래의 주가(Output)를 예측하는 모델을 만드는 것이라 볼 수 있습니다. 그렇다면 어떤 방법으로 학습을 시킬까요? 전반적으로 머신러닝은 다음과 같은 방식을 사용합니다.

1. 데이터를 모델에 넣고 결과를 낸다.

2. 결과를 정답과 비교해 다른 만큼 모델을 변경한다.

3. 특정 조건이 만족할 때까지 1, 2를 반복한다.

3.2.2 손실 함수

위 2번 단계에서 모델의 결괏값이 실제 정답과 어떤 차이가 있는지 수치화할 필요가 있습니다. 즉, 이 수치화된 차이를 함수화한 것을 '손실 함수(Loss Function)' 또는 '비용 함수(Cost Function)' 라고 합니다. 다시 말해, 손실 함수는 모델의 선택(결과)에 대해 얼마나 손실이 일어났는지를 정의하는 함수로, 이 의미에 맞게 모델을 손실 함수의 값을 줄이는 방향으로 학습합니다. 손실 함수는 보통 스칼라(Scalar) 값으로 정의하는데, 모델이나 Task에 따라 다양한 종류가 존재합니다. Loss를 어떻게 설정하느냐가 모델 학습의 중요한 핵심 요인이 되기도 합니다. 손실 함수 중 가장 대표적인 함수로는 Mean Squared Error(MSE)를 들 수 있습니다. 수식은 다음과 같습니다.

$$x_i: i \text{ th data}$$
$$y_i: i \text{ th label}$$
$$\hat{y}_i: i \text{ th output}$$
$$n: \text{ the number of data}$$
$$\text{MSE} = \frac{1}{n} \sum_{i=1}^{n} (y_i - \hat{y}_i)^2$$

3.3 머신러닝의 구분

머신러닝은 크게 지도 학습(Supervised Learning)과 비지도 학습(Unsupervised Learning)으로 구분합니다. 최근에는 강화학습이 발전하면서 머신러닝을 구분할 때 강화학습을 넣어 세 가지로 구분하기도 합니다.

3.3.1 지도학습

'지도한다(Supervise)'라는 단어의 뜻을 생각해보면 이해하기 쉽습니다. 컴퓨터에게 '56세인 남성이 담배를 하루에 2갑씩 피는 사람은 폐암에 걸릴 확률이 높고 25세의 비흡연자 남성은 폐암에 걸릴 확률이 높아!'라고 지도한다고 생각하면 쉽게 이해할 수 있습니다. 지도 학습은 데이터가 주어졌을 때 무엇(x)으로 무엇(y)을 예측하고 싶을 때 사용합니다. 쉽게 말해 공부를 시키는 데는 문제 지문과 답안이 둘 다 필요하다는 점입니다. 우리는 머신러닝을 통해 다음과 같은 함수 f를 만들고자 하며 이때의 함수 f를 '머신러닝 모델'이라 합니다.

$$y=f(x)$$

여기서 x를 '독립 변수(Independent Variable)' 또는 'Feature'라 하며 y를 '종속 변수(Dependent Variable)', '반응변수(Response Variable)' 또는 '타깃변수(Target Variable)'라 합니다. 머신러닝 또는 인공지능 분야에서 중요한 독립 변수만 선택하는 것도 매우 중요한 분야로 여겨집니다. 이러한 분야를 'Feature Selection' 또는 'Variable Selection'라고 합니다. 지도학습 내에서도 두 가지의 종류로 나뉩니다. 첫 번째는 회귀(Regression) 문제, 두 번째는 분류(Classification) 문제입니다. 위의 수식에서 y가 실수형 값을 가질 때 풀어야 하는 문제를 '회귀 문제', 이때의 함수 f를 '회귀 모델(Regression Model)'이라 합니다. 반면, 위 수식에서 y가 명목형 변수일 때, 다시 말해 특정 Class(성별, 흡연 유무 등 셀 수 있는 개수의 선택지를 가진 경우)를 가질 때 풀어야 하는 문제를 '분류 문제'라 하며 이때의 함수 f를 '분류 모델(Classification Model)'이라 합니다. 키를 이용해 몸무게를 예측하고 싶을 때 또는 아파트 가격이나 주식의 가격을 예측하고 싶을 때는 '회귀 모델', 비만 여부, 아파트 또는 주식의 가격 상승 여부를 예측하고 싶을 때는 '분류 모델'을 고려해야 합니다.

3.3.2 비지도학습

비지도학습은 지도학습의 반대 개념입니다. 여기서는 z 변수와 y 변수가 모두 존재하지 않고 x 변수만 존재합니다. 이는 앞에서 설명한 문제의 지문과 정답을 제공하고 학습시키는 과정인 지도학습과 달리, 데이터는 제공하지만 명확한 정답은 제공하지 않는 학습 방법이라 볼 수 있습니다. 독립 변수만으로 새로운 Feature를 찾아낸다거나 군집화하는 등 데이터 내에서 새로운 패턴을 찾아내는 것에 초점을 맞춥니다. 대표적인 방법으로는 군집화(Clustering), 차원 축소법(Dimension Reduction) 등을 들 수 있습니다.

3.3.3 강화학습

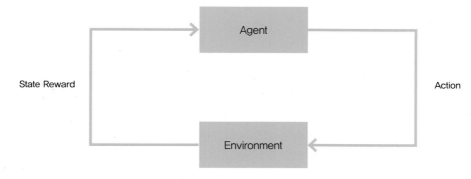

[그림 2-9] 강화학습의 개념도

앞서 설명한 바와 같이 일반적으로 머신러닝의 종류를 나눌 때는 지도학습과 비지도학습 두 가지 종류만 이야기했습니다. 그런데 최근에는 강화학습을 머신러닝의 종류에 추가하자는 의견이 나오기 시작했습니다. 강화학습을 지도학습과 비지도학습 외에 다른 종류로 부르는 이유는 강화학습의 지니고 있는 학습의 특성이 지도학습, 비지도학습과 다르기 때문입니다. 강화학습은 수많은 시뮬레이션을 통해 컴퓨터가 현재 상태에서 어떤 행동을 취해야 먼 미래의 보상을 최대로 할 것인지를 학습하는 알고리즘입니다. 강화학습을 하려면 현재 상태(State), 행동(Action), 보상(Reward), 다음 상태(Next State)가 있어야 합니다. 즉, 기존 머신러닝처럼 데이터의 행이 각각 독립적으로 구성돼 있는 것이 아니라 일련의 에피소드가 있어야 합니다. 즉, 시뮬레이션된 연속적인 데이터의 값이 존재해야 하는 거죠.

알파고를 예로 들면 현재의 바둑판이 '현재 상태', 바둑의 수를 '행동', 바둑의 수를 두고 난 후의 바둑판이 '다음 상태'가 될 것입니다. 보상은 바둑의 수를 두고 난 후에는 이길지, 질지 알 수 없으므로 기본적으로는 0으로 부여하고 대국이 끝난 후에 이겼는지, 졌는지 여부로 부여합니다. 대국이 끝나면 승패 여부로 과거에 뒀던 수가 좋은 수였는지, 나쁜 수였는지 알 수 있게 됩니다. 수많은 시뮬레이션을 거치면서 점차 학습이 진행되는데, 현재 바둑판에서 어떤 수를 둬야 먼 미래에 이길 수 있을지에 대한 학습이 진행되는 것입니다. 알파고는 수없이 많은 경우의 수를 학습하기 위해 강화학습과 딥러닝을 결합한 심층 강화학습을 이용했습니다. 강화학습은 알파고가 등장하면서 나온 알고리즘이 아니라 이전부터 계속 연구해오던 알고리즘입니다. 다만, 딥러닝이 발전하면서 강화학습의 성능을 높일 수 있는 조건이 마련됐고 알파고의 등장으로 많은 사람이 연구를 하게 된 것입니다.

3.4 지도학습 모델의 종류

지도학습 모델의 종류는 다음과 같습니다.

3.4.1 선형 회귀 모델

머신러닝이나 인공지능을 공부할 때 처음으로 배우는 모델이 바로 '선형 회귀 모델(Linear Regression Model)'입니다. 우리는 중학생 때 직선의 방정식을 배웠습니다. $y=ax+b$, a는 직선의 기울기, b는 직선의 절편이죠. 이 직선의 방정식을 이용해 X를 이용해 Y를 예측하고 싶은 것입니다. 키를 이용해 몸무게를 예측할 때는 이 직선의 방정식을 이용할 수 있죠. 이처럼 독립 변수 하나만으로 종속 변수를 예측하는 모델을 '단순 선형 회귀 모델(Simple Linear Regression Model)'이라 합니다. 변수가 하나만 존재하기 때문에 실제로 사용될 일은 거의 없지만, 회귀 모델의 특성을 파악하려면 단순 선형 회귀 모델부터 공부해야 합니다.

오른쪽 그림에서 데이터를 제일 잘 표현한 모델은 어떤 직선일까요? 직선을 그었을 때, 직선에서 도출할 수 있는 예측 값과 실제 값의 차이가 적을수록 좋은 직선이라 말할 수 있을 것입니다. 그래서 선형 회귀 모델은 직선의 기울기를 예측 값과 실제 값의 차이의 제곱합이 줄어드는 방향으로 구합니다. 여기서는 앞서 언급한 Loss가 다음 식과 같이 구성되는 것이죠.

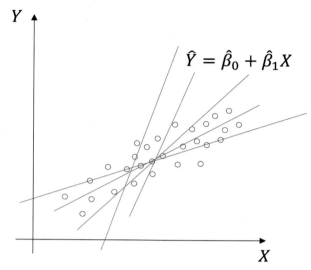

[그림 2-10] 2차원 데이터에 대한 다양한 회귀 직선

$$\text{MSE} = \frac{1}{n}\sum_{i=1}^{n}(y_i - \hat{y_i})^2$$

하나의 변수만 고려한 위 모델과 달리, 변수가 여러 개일 때 적합시키는 회귀 모델을 '다중 선형 회귀 모델(Multi Linear Regression Model)'이라 합니다. 선형 회귀 모델을 고려해야 할 때 가장 기본적으로 고려하는 모델이 바로 '다중 선형 회귀 모델'입니다. 선형 회귀 모델은 성능 면에서 볼 때 매우 우수한 알고리즘은 아니지만, 변수의 설명력 측면에서 강력한 장점이 있습니다. 선형 회귀 모델은 기본적으로 직선의 방정식과 같이 모델을 만들 수 있기 때문에 독립 변수가 종속 변수에 대해 어떤 형태로 영향을 끼치는지 알 수 있습니다. 즉, 보험사기, 대출 연체, 게임 이탈 예측 문제를 생각해봤을 때 예측하는 것 자체도 중요하지만, 어떤 사람이 보험 사기를 행하는지, 어떤 사람이 대출을 연체하는지, 어떤 사람이 게임을 이탈하는지도 중요할 수 있습니다. 현재 데이터 분석을 이용해 풀고자 하는 문제가 무엇인지, 예측력에 초점을 맞춰야 하는지, 해석에 초점을 맞춰야 하는지를 고민해보고 분석하는 것이 좋습니다.

3.4.2 회귀 계수 축소 모델

일반적으로 변수가 많을수록 회귀 모델의 학습 데이터에 대한 성능은 높아지고 학습하지 않은 데이터에 대한 성능은 낮아집니다. 이와 더불어 변수가 많아지면 변수의 해석력도 낮아집니다. 그 이유는 회귀 모델이 지니고 있는 학습의 특성 때문입니다. 종속 변수를 설명하는 독립 변수의 설명력이 있을 때 각각의 독립 변수가 지니고 있는 이 설명력을 중복으로 가져가지 못합니다. 예를 들어, 키와 발의 크기를 이용해 몸무게를 예측한다고 했을 때, '키'라는 변수가 지니고 있는 설명력과 '발'이라는 변수가 지니고 있는 설명력이 겹치는 부분이 있을 텐데, 이에 대해 각각의 변수가 중복으로 가져가지 못한다는 것이죠. 그러면 키나 몸무게 하나만 적합시켰을때, 그 변수의 영향력보다 적게 나오게 됩니다. 이러한 문제 때문에 적절한 변수만 선택해 모델에 사용하는 것이 중요합니다.

이러한 문제를 완화시켜주는 방법이 '회귀 계수 축소 모델(Shrinkage Regression Model)'입니다. 이 모델은 MSE를 최소화시키는 것과 더불어 회귀 계수 자체도 축소시키도록 Loss를 구성합니다. 회귀 계수 축소 모델은 크게 Lasso, Ridge, ElasticNet로 나눌 수 있습니다. Lasso는 회귀계수가 완전히 0이 되도록 축소시킬 수 있다는 특성이 있고 Ridge는 회귀계수가 0으로 가까워지긴 하지만 완전히 0이 되지 않는다는 특성이 있습니다. 변수를 선택할 수 있다는 특성을 고려했을 때는 Lasso가 우위에 있지만, 성능 면에서는 Ridge가 좀 더 우위에 있습니다. ElasticNet은 Lasso와 Ridge의 중간 모델이라 볼 수 있습니다.

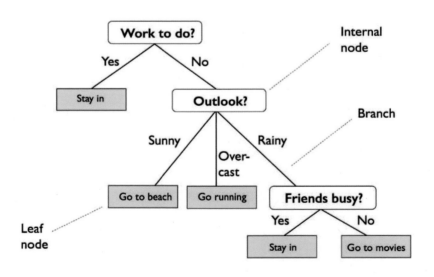

[그림 2-11] Decision Tree의 예제
출처: https://dev.to/nexttech/classification-and-regression-analysis-with-decision-trees-jgp

3.4.3 의사 결정 나무

의사 결정 나무(Decision Tree) 또한 선형 회귀 모델과 같이 매우 해석력이 높고 [그림 2–11]과 같이 직관적인 모델입니다. "밖이 맑고 습도가 낮으면 테니스를 한다, 다만 습도가 높으면 하지 않는다"처럼 종속 변수가 독립 변수의 어떤 특정 조건에 따라 잘 나뉠 수 있는지를 설명한 모델이라 볼 수 있습니다. 어찌보면 여러 번의 질문으로 답을 찾는 '스무고개 놀이'와 비슷하다고 볼 수 있습니다. 의사 결정 나무의 가장 큰 장점은 높은 설명력이지만 Prediction의 성능은 부족한 부분이 있어서 단일 모델보다는 이를 발전시킨 Ensemble 모델을 많이 사용합니다.

3.4.4 k-NN

k-NN(k-Nearest Neighbor)은 가장 가까운 k개의 데이터를 이용해 해당 데이터의 출력 값을 예측하는 직관적인 모델입니다. k는 사용자가 사전에 지정해야 하는 하이퍼파라미터로, 데이터 간 거리 측정 지표나 k개 데이터의 정보를 종합하는 방법을 선택해 모델의 변화를 줄 수 있습니다. [그림 2–12]에서 k를 5로 설정했다고 가정하고 새로운 데이터가 들어왔을 때 주변 5개의 데이터를 찾고 여기서 가장 비중이 높은 Class로 분류하는 기법입니다.

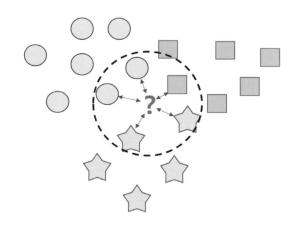

[그림 2–12] k-NN의 예제

3.4.5 신경망

신경망(Neural Network)은 딥러닝의 기초가 되는 모델입니다. 여기서는 콘셉트만 간략하게 이야기하겠습니다. 신경망은 기본적으로 입력(Input)층, 은닉(Hidden)층, 출력(Output)층으로 구성된 모형으로, 각 층을 연결하는 노드의 가중값을 업데이트하면서 학습합니다. MSE와 같은 Loss를 설정하고 이 Loss가 최소화되는 지점을 찾기 위해 가중값을 점차 업데이트합니다. 이 신경망 모델은 이미 오래전부터 존재했습니다. 하지만 지금처럼 빛을 발휘하지는 못했죠. 그 이유는 과적합과 학습 시간이 매우 오래 걸리는 신경망의 단점 때문입니다. 신경망은 내가 지니고 있는 학습 데이터로 완벽한 모델을 만들 수 있습니다. 즉, 어떤 모델을 만들든 학습 데이터 내에서 정확도 100%에 이르는 모델을 구축할 수 있다는 것이죠. 여기서 중요한 것은 '학습 데이터 내에서'

라는 표현입니다. 학습 데이터 내에서 잘 맞추려다 보니 우리가 실제로 예측해야만 하는 데이터 (검증 또는 테스트 데이터)에 대해서는 잘 맞추지 못하는 현상이 발생합니다. [그림 2-13]처럼 신경망이 점차 Weight를 업데이트하면서 정확도는 100%가 되긴 하지만, Class를 구분 짓는 경계 (Decision Boundary)는 직관적으로 봤을 때 좋지 않게 형성된 것을 알 수 있죠. 다시 말해, 신경망은 Decision Boundary가 어떻게 되든 상관없이 학습 데이터만 잘 맞으면 된다는 특성을 지니고 있는 것이죠. 이렇게 학습에 사용된 데이터에만 완벽히 적합되는 현상을 '과적합(Overfitting)'이라 하며 이 문제 때문에 신경망이 오랫동안 빛을 발휘하지 못했던 것입니다.

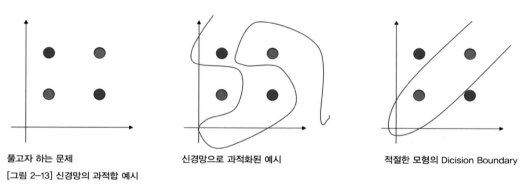

풀고자 하는 문제

신경망으로 과적화된 예시

적절한 모형의 Dicision Boundary

[그림 2-13] 신경망의 과적합 예시

3.4.6 SVM

SVM(Support Vector Machine)은 신경망의 학습 성향에서 발생하는 과적합 문제에 대한 해결책을 제시한 모델이라 해도 무방합니다. [그림 2-14] 처럼 SVM은 직선을 그었을 때 Class 간의 거리가 각각 비슷하도록, 즉 직선을 가운데로 잘 긋도록 하는 학습 방법을 지니고 있습니다. 심지어 내가 지니고 있는 학습 데이터 내에서 일정 에러를 허용한 상태에서 직선을 그을 수도 있습니다. 다시 말해, 학습 과정 내에서 과적합을 어느 정도 방지할 수 있는 알고리즘이라는 것입니다. 데이터의 차원이 커질수록, 즉 변수나 데이터 수가 많아질수록 학습하는 시간이 매우 오래 걸린다는 단점이 있지만, 학습 과정에서의 장점으로 2010년대 초반까지 널리 쓰였습니다.

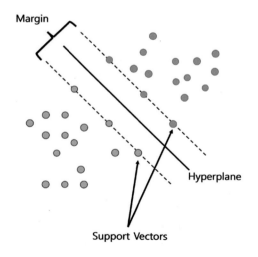

[그림 2-14] SVM 예시

3.4.7 Ensemble Learning

Ensemble이라는 단어는 화합 또는 조합을 의미하는 프랑스어로, 해당 기본 콘셉트의 내용을 잘 담고 있다고 할 수 있습니다. 우리 사회는 다양한 구성원으로 이뤄져 있습니다. 한 명 또는 한 그룹의 의견이 아니라 다양한 구성원의 의견을 수렴해 의사를 결정하죠. 우리 사회는 이렇게 다양한 사람의 의견을 바탕으로 발전하고 있습니다. 그렇다면 머신러닝 모델도 다양하게 만들면 더 좋아지지 않을까 하는 것이 Ensemble Learning의 기본 콘셉트입니다.

다양한 모델을 만들어 우리가 예측하고자 하는 모델에 대한 다양한 의견을 수렴해 투표를 바탕으로 최종적인 예측 값을 만들고자 하는 것입니다. Ensemble Learning에는 데이터를 재구성해 모델을 만드는 Bagging, 데이터와 변수를 랜덤으로 추출해 모델을 만드는 RandomForest, 잘 맞추지 못하는 데이터를 좀 더 집중적으로 학습시키는 Boosting 등이 있습니다. 여러 모델의 예측 값을 다시 독립 변수로 활용하는 Stacking도 있지만, 이는 시간이 오래 걸려 잘 쓰이지 않습니다. 일반적으로 학습 성능을 높이는 데 많이 사용하는 모델은 Boosting이며 그중에서도 예측 값과 실제 값의 차이(Residual)를 점차 줄여 나가면서 학습시키는 Gradient Boosting이 많이 활용되고 있습니다.

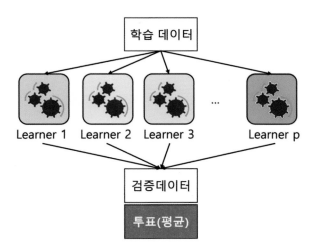

[그림 2–15] Ensemble learning의 개념

우리가 머신러닝 모델을 만드는 가장 큰 이유는 미래 또는 우리가 보지 못한 데이터를 예측하고자 하기 때문입니다. 우리는 전체 데이터(모집단)가 아니라 샘플 데이터(표본)만 갖고 있습니다. 그런데 우리가 갖고 있는 샘플 데이터를 완벽하게 맞추는 모델을 만든다면 우리가 보지 못한 데이터가 모두 잘 맞는다는 것을 보장할 수 있을까요? 우리가 갖고 있는 데이터를 더욱 완벽하게 맞추려고 노력할수록 우리가 보지 못한 데이터는 더 맞추지 못할 확률이 높습니다. 이러한 과적합은 머신러닝, 인공지능 전 분야에서 가장 중요시되고 있으며 완벽하게 해결할 수 있는 방법은 아직 없습니다. 샘플 데이터에 잘 맞는 모델을 만들었다 하더라도 실제로 사용할 때는 정확도가 떨어지기 때문에 결국 사용하지 못합니다. 과적합이 발생하는 원인은 다음과 같습니다.

4.1 학습할 샘플 데이터 수의 부족

앞서 우리는 모집단에 해당하는 데이터를 갖고 있지 않고 우리가 갖고 있는 샘플 데이터만 있다는 것을 가정했습니다. 만약 우리가 전체 집단의 데이터를 갖고 있고 이 데이터에 잘 맞는 모델을 만들었다면 전혀 문제가 없습니다. 예측하고자 하는 데이터도 결국 전체 집단의 데이터에 속하게 되니까요(하지만 실제 우리가 예측하고자 하는 데이터는 모집단에 포함되지 않죠). 즉, 학습할 데이터의 수가 많을수록 모집단의 특성을 잘 반영할 확률이 높으며 우리가 갖고 있는 데이터가 모집단의 특성을 잘 반영할수록 과적합이 일어날 확률이 적어진다는 것입니다. 반면 학습할 데이터의 수가 적을수록 과적합이 일어날 확률이 높습니다.

4.2 풀고자 하는 문제에 비해 복잡한 모델을 적용

특정 사람의 몸무게를 예측하는 모델을 만드는 상황을 가정해봅시다. '키'라는 변수만으로 몸무게를 예측하고자 할 때, 우리는 단순 선형 회귀 모델을 이용해 어느 정도 맞출 수 있다고 예상해볼 수 있습니다. 그런데 '키' 변수 외에 '머리카락의 색상', '눈의 크기', '손톱의 길이', '피부색' 등과 같은 변수를 추가해 몸무게를 예측한다면 어떤 일이 발생할까요? 직관적으로 잘 맞지 않을 확률이 높아진다는 것을 알 수 있습니다. 사실, 몸무게에 영향을 미칠 것이라 생각하는 어깨너비, 간 수치, 근육량 등과 같은 변수를 사용한다 하더라도 과적합될 가능성이 높습니다. 간단한 문제에 대해서는 간단한 모델 또는 적은 변수만을 사용하는 것이 과적합될 가능성을 줄일 수

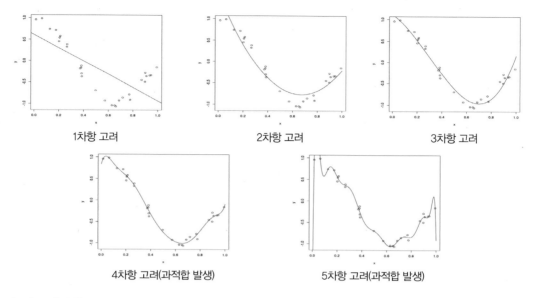

1차항 고려 · 2차항 고려 · 3차항 고려

4차항 고려(과적합 발생) · 5차항 고려(과적합 발생)

[그림 2-16] 과적합의 예시

있습니다. 모델이 복잡하다는 표현은 많은 변수를 사용하는 것 또는 모델 자체가 복잡한 모델 (SVM, 딥러닝 등)이라는 것을 의미합니다.

4.3 적합성 평가 및 실험 설계(Training, Validation, Test , Cross Validation)

과적합을 방지하는 데에는 여러 가지 방법이 있습니다. 이 중 가장 이상적인 방법은 데이터의 수를 늘려 모집단의 특성을 잘 반영한 데이터를 확보하고 풀고자 하는 문제에 적합한 모형을 선 택하는 것입니다. 그러나 우리가 갖고 있는 데이터 내에서 모형을 잘 선택한다 하더라도 현재 만든 모형이 과적합됐는지는 알기 어렵습니다. 그렇기 때문에 우리가 갖고 있는 데이터를 분할 해 우리가 만든 모델의 과적합 정도를 판단해야 합니다. 이 과정을 '실험 설계를 통한 적합성 평 가'라고 합니다. 우리가 갖고 있는 데이터를 적절히 학습 데이터와 검증 데이터로 분할하고 학습 데이터로 모델을 학습한 후 검증 데이터에 모델을 적용시켜 과적합 여부를 판단해야 합니다. 실 험 설계를 하는 과정은 다음과 같습니다.

갖고 있는 데이터를 학습, 검증, 테스트 데이터로 랜덤하게 분할합니다. 이때의 비율은 정해져 있는 값은 없고 갖고 있는 데이터의 수에 따라 다르게 정할 수 있지만, 기본적으로는 각각 4:3:3 정도로 분할합니다. 각 데이터의 역할은 다음과 같습니다.

- **학습 데이터:** 말 그대로 '학습용 데이터'를 뜻합니다. 머신러닝 모델 함수 *f*를 적합시킬 데이터를 의미합니다.

- **검증 데이터:** 학습 데이터를 적합시킨 함수를 검증시킬 데이터를 의미합니다. 학습 데이터를 모델에 학습시킬 때 사용자가 지정해야 할 다양한 파라미터를 '하이퍼파라미터'라 부릅니다. 모델의 성능은 이 파라미터에 따라 달라지는데, 검증 데이터(Validation Data)의 성능 지표를 보면서 최적의 파라미터를 선택합니다. 즉, 검증 데이터는 우리가 만든 모델의 파라미터를 설정해 검증하는 용도로 사용합니다.

- **테스트 데이터:** 테스트 데이터(Test Data)는 우리가 만든 모델의 성능을 최종적으로 측정하는 데이터입니다. 검증 데이터와 테스트 데이터의 다른 점은 테스트 데이터는 우리가 전혀 보지 못한 데이터라고 가정해야 한다는 것입니다. 검증 데이터는 모델의 성능을 높이기 위한 과정에 있는 파라미터를 설정하기 위한 것이기 때문에 우리가 어느 정도는 알고 있다는 것을 전제로 합니다. 하지만 테스트 데이터는 우리가 만든 모델을 실제로 적용했을 때 '이 정도 성능이 나온다'라고 이야기하는 데이터입니다. 그러므로 테스트 데이터는 실험 설계 과정에서 전혀 보지 못한 데이터라고 가정해야 합니다.

정석적으로 실험 설계하는 것은 앞서 설명한 바 같이 우리가 보유하고 있는 데이터를 학습, 검증, 테스트 데이터로 분할하는 것입니다. 그러나 많은 논문이나 자료를 보면 학습, 검증 데이터만 나눠 실험 설계를 하고 있습니다. 이렇게 실험 설계를 하는 경우는 새로운 알고리즘, 구조 또는 방법을 제안해 일반적인 성능을 측정할 때입니다. 다시 말해, 실제로 우리가 모델을 만들어 현업에 적용하는 것이 아니라 이론적으로 제안한 방법론이 어떤 성능을 보유하고 있는지 측정할 때는 학습, 검증 데이터로만 분할하는 것입니다. 따라서 데이터를 정상적으로 분석하거나 모델링할 때는 학습, 검증, 테스트 데이터로 분할해야 합니다.

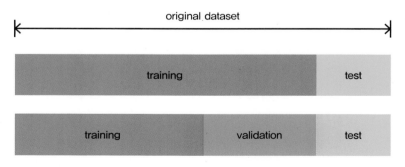

[그림 2-17] 데이터의 분할

▪K-Fold Cross Validation: 우리가 갖고 있는 데이터가 많지 않다면 이 데이터를 4:3:3 또는 8:2로 분할하는 것조차 매우 부담스러울 수 있습니다. 모델의 성능을 높이는 첫 번째 방법이 학습 데이터의 수를 늘리는 것이기 때문이죠. 학습 데이터의 수가 많지 않을 때에는 K-Fold Cross Validation 기법을 사용합니다.

[그림 2-18]은 K-Fold Cross Validation의 절차를 보여줍니다. 먼저 우리가 갖고 있는 데이터를 랜덤하게 K개의 Fold로 구분합니다. 여기서 K는 하이퍼파라미터이고, 보통 5 또는 10으로 설정합니다. K를 5로 설정했다고 가정해보죠. 5개의 Fold로 데이터를 랜덤하게 분할한 후 첫 번째 Fold를 제외한 나머지 Fold 데이터를 합쳐 학습 데이터로 사용하고 첫 번째 Fold를 검증 데이터로 사용합니다. 그다음 두 번째 Fold를 검증 데이터로 사용하고 두 번째 Fold를 제외한 나머지 Fold 데이터를 학습 데이터로 사용합니다. 이를 K번 반복하면 결국 모든 데이터를 학습 데이터와 검증 데이터로 사용할 수 있습니다. 그리고 각 Fold를 검증 데이터로 사용해 성능을 측정하고 전체 Fold에 대한 성능을 평균 내면 현재 만든 모델의 평균적인 성능을 측정할 수 있습니다. 이처럼 K-Fold Cross Validation은 우리가 갖고 있는 데이터를 K개로 분할해 각각 학습, 검증 데이터로 동시에 사용할 수 있다는 장점이 있습니다.

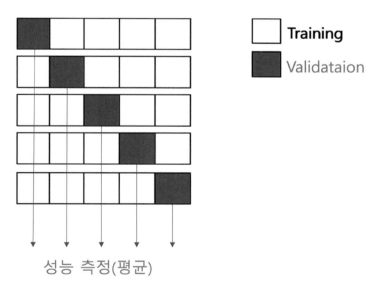

[그림 2-18] Cross Validation의 개념

5.1 퍼셉트론

퍼셉트론(Perceptron)은 1957년에 개발된 최초의 인공지능 모형입니다. Feed-Forward Network 모형의 가장 간단한 형태이며 선형 분류(Linear Classifier) 모형의 형태를 띠고 있습니다. [그림 2-19]를 자세히 살펴보면 Input과 Weight가 선형 결합의 형태를 띠는 것을 알 수 있습니다. 이 선형 결합의 값에 특정 임곗값의 초과 여부를 판단하는 함수를 적용합니다. 이 출력 값이 0보다 크면 1, 작으면 −1로 결괏값을 내보내 분류하는 모형을 '퍼셉트론'이라 합니다.

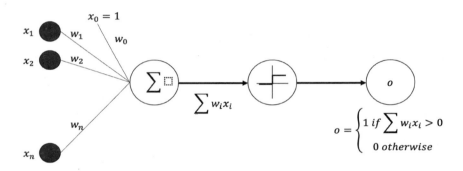

[그림 2-19] 퍼셉트론

여기서 임곗값의 초과 여부를 판단하는 함수를 '활성화 함수(Activation Function)'라 합니다. 가장 기본적인 Activation 함수는 Step Function으로 Input 값이 0 이상이면 1, 이상이 아니면 0을 출력하도록 하는 함수입니다.

퍼셉트론은 처음에 이 Weight를 랜덤하게 설정한 후 모델의 에러와 Weight를 개선해 나갑니다. 다음과 같은 학습 규칙에 따라 Weight가 업데이트됩니다. 모든 데이터를 올바르게 분류할 때까지 이 과정을 거칩니다.

그러나 앞서 설명한 것처럼 이 퍼셉트론은 선형 분류 모형의 형태를 띠고 있습니다. 그렇기 때문에 [그림 2-20]의 왼쪽 그림과 같은 선형 문제밖에 풀지 못합니다. 오른쪽 그림과 같은

$$w_i \leftarrow w_i + \Delta w_i$$

$$\textbf{Where}$$

- $\Delta w_i = \eta(t - o)x_i$
- t = 실제 값
- o = 예측 값
- η = 학습률

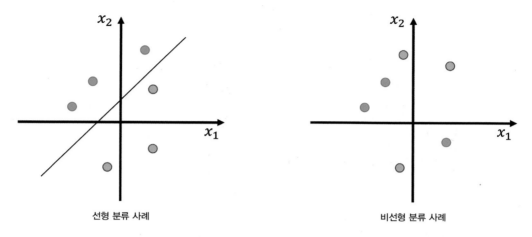

[그림 2-20] 선형/비선형 분류 사례

비선형 분류 문제는 풀지 못한다는 단점이 있습니다. 일정 에러를 허용하고 선을 그을 수밖에 없는 것이죠.

5.1.1 MLP

퍼셉트론이 지니고 있는 한계점을 극복하기 위해 여러 Layer를 쌓아올린 MLP(Multi Layer Perceptron)가 등장하게 됐습니다. 퍼셉트론은 Input과 Output Layer만으로 구성돼 있지만, MLP는 중간에 Hidden Layer를 넣은 형태입니다. [그림 2-21]의 Input Node 세개와 Hidden Layer의 가장 윗 노드와 연결한 모든 선을 하나의 퍼셉트론으로 볼 수 있습니다. 그렇다면 MLP의 Hidden Layer는 여러 퍼셉트론의 조합으로 볼 수 있고 이들의 조합이 Output Layer로 연결됩니다. 즉, MLP는 여러 개의 퍼셉트론 조합과 이것들의 재조합으로 복잡한 비선형적인 모형을 만들어내는 것이라 할 수 있습니다. 딥러닝의 기본 구조가 되는 것이 신경망이라면 기본적으로 MLP를 의미합니다. MLP의 Hidden Layer를 쌓으면 Layer가 깊어지기(Deep) 때문에 딥러닝의 기본적인 모델이 됩니다. [그림 2-21]는 Input 1개, Hidden 1개, Output 1개, 즉 총 3개의 Layer로 연결돼 있는 MLP이며 각 원은 '노드(Node)'라고 부릅니다. Input Node의 수는 Input Data의 변수의 수가 되며 Hidden Layer와 Hidden Node의 수는 사용자가 지정해야 할 하이퍼파라미터입니다. Output Layer는 최종적으로 모델의 결괏값을 의미하기 때문에 Output Node의 수는 풀고자 하는 문제에 따라 달라집니다. 회귀 분석을 하고자 하는 경우 Output Node의 수는 1, 0부터 9까지의 숫자 분류를 하고자 하는 경우 Output Node의 수는 10이 됩니다.

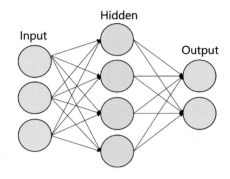

[그림 2-21] MLP의 구조

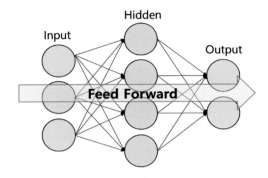

[그림 2-22] MLP의 Feed Forward 과정

5.1.2 Feed Forward

신경망은 Input에서 Weight와 Hidden을 거쳐 Output을 내보냅니다. 이 과정을 'Feed Forward'라 합니다.

5.1.3 Back Propagation

Feed Forward를 이용해 Input에서 Output까지 계산합니다. 여기서 Output은 우리가 얻고자 하는 예측 값을 의미합니다. 그리고 모델(신경망)의 예측 값과 실제 값의 차이(Error)를 계산합니다. 이 에러를 바탕으로 신경망의 Weight들을 업데이트합니다. 뒤의 Weight(Weigth2)부터 업데이트하고 이후에 앞의 Weight(Weight1)를 업데이트합니다. Feed Forward를 이용해 계산된 에러를 바탕으로 뒤의 Weight부터 업데이트한다고 해서 이 과정을 'Back Propagation'이라 합니다. 'Propagate'라는 단어는 '전파하다'라는 뜻입니다. 즉, 에러를 뒤에서부터 전파하겠다는 의미인 것이죠. Feed Forward와 Back Propagation을 계속 반복하면서 Weight를 업데이트하며 점차 신경망의 Output(예측 값)이 실제 값에 가까워지면서 모델의 학습이 이뤄집니다. 여기서 데이터를 여러 번 Feed Forward와 Back Propagation을 반복하면서 학습하는데, 이 반복하는 횟수를 'Epoch(세대)'라고 합니다. 100Epoch라고 하면 전체 데이터셋에 대해 100번의 Feed Forward와 Back Propagation을

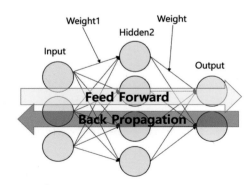

[그림 2-23] MLP의 학습

했다고 이해하면 됩니다.

이를 정리하면 신경망의 Input → Hidden → Output까지는 데이터에서 예측 값을 계산하는 Feed Forward 과정, Output에서 에러를 계산해 Weight를 업데이트하는 과정을 '역전파(Back Propagation)' 과정이라 합니다.

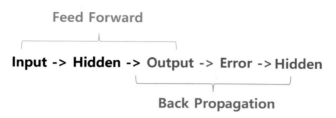

[그림 2-24] MLP의 학습 순서

5.1.4 활성 함수

활성 함수는 어떤 신호를 입력받아 이를 적절히 처리해 출력해주는 함수를 의미합니다. [그림 2-25]처럼 Input과 Weight들의 선형 결합을 어떤 함수 f에 넣어 출력합니다. 이때의 함수 f를 활성 함수라고 합니다. 앞서 퍼셉트론에서 간단한 형태의 활성 함수를 살펴봤습니다. 신경망에서는 기본적으로 비선형 활성 함수를 사용합니다.

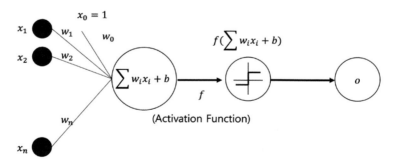

[그림 2-25] Activation 함수

5.1.5 시그모이드 함수

비선형 활성 함수 중 가장 기본적으로 사용하는 함수는 '시그모이드 함수(Sigmoid Function)'입니다. 시그모아드 함수의 수식과 형태는 [그림 2-26]과 같습니다. 입력 값이 0 이하이면 0.5 이하의 값을 출력하고 0 이상이면 0.5 이상의 값을 출력합니다. 다시 말해, 입력 값에 대해 0부터 1 사이로 Scaling해주는 개념이라 보면 될 것 같습니다. 이 비선형 활성 함수를 사용하는 이유는 우리가 풀고자 하는 것이 비선형적인 복잡한 문제이기 때문입니다. Input과 Weight의 선형 결합이 활성 함수로 들어가게 됩니다. 즉, 선형 결합을 비선형화한 개념이라 볼 수 있습니다. 기존에는 신경망 모형이 직선밖에 긋지 못했다면 비선형화시켜 여러 곡선의 조합으로 복잡한 문제를 풀 수 있게 된 것이죠. 그러나 시그모이드 함수는 Back Propagation 과정 중 Gradient Vanishing 현상이 발생할 수 있으며, 이는 Hidden Layer가 쌓일수록, 즉 모델이 깊어질수록 심해집니다. 이 Gradient Vanishing은 PART 03에서 자세히 알아보겠습니다.

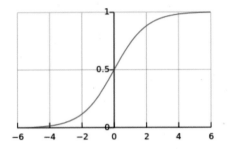

$$\sigma(x) = \frac{1}{1 + e^{-x}}$$

[그림 2-26] 시그모이드 함수의 식과 형태

5.1.6 Gradient Descent Method

Gradient Descent Method는 우리나라 말로 번역하면 '기울기 경사 하강법'으로, 처음 보시는 분들은 약간 생소할 수도 있습니다.

앞서 우리는 Loss Function에 대해 살펴봤습니다. 가장 간단한 선형 회귀 모형은 이 Loss Function을 MSE로 설정해 MSE가 감소하도록 회귀계수(β)를 추정합니다. 그렇다면 이 MSE는 회귀계수(β)에 대한 함수로 볼 수 있습니다. [그림 2-27]처럼 MSE는 2차 함수의 형태이므로 이 MSE가 최소가 되는 지점을 찾을 수 있습니다. MSE는 회귀계수에 대한 함수이므로 회귀계수로 미분해 기울기가 0이 되는 지점을 찾으면 그때의 회귀계수는 MSE가 최소로 만드는 회귀 계수이겠죠. 그런데 선형 회귀 모델의 경우에는 MSE가 최소가 되는 지점을 한 번에 찾을 수 있습

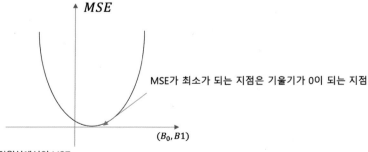

[그림 2-27] 2차원상에서의 MSE

니다. 직선으로 이뤄진 비교적 간단한 모델이기 때문에 MSE를 회귀계수(β)로 미분해 기울기가 0이 되는 지점을 한 번에 찾을 수 있는 것입니다.

그러나 신경망 모형은 Hidden Layer가 깊어질수록, Hidden Node가 많아질수록 더욱 복잡해집니다. 그렇기 때문에 신경망 모형에서 MSE를 신경망 모형의 Weight로 미분해 기울기가 0이 지점을 찾을 수 없습니다. 그래서 MSE를 신경망 모형의 Weight로 미분해 기울기를 감소시켜 최소가 되는 지점을 찾아갑니다. 다시 말해, 한 번에 기울기가 최소가 되는 지점을 찾기 어렵기 때문에 산의 정상에서 차근차근 내려오면서 길을 찾듯이 기울기를 조금씩 구해 MSE가 낮아지는 지점을 찾아갑니다.

[그림 2-28]을 보면 MSE의 Z축, X축, Y축이 Weight로 이뤄진 것을 알 수 있습니다. 즉, MSE값이 Weight에 따라 달라지고 초기 지점에서 MSE가 최소가 되는 지점을 기울기를 구해 찾아갑니다. 물론, 초기 Weight를 어떻게 설정 하느냐에 따라 MSE가 최소가 되는 지점을 찾아가는 시간이 달라질 수 있습니다. 기본적으로는 정규분포(Normal Distribution) 또는 균등분포(Uniform Distribution)에서 난수를 추출해 초기 Weight를 설정하지만, 더 좋은 초기 Weight를 설정하기 위한 방법 또한 존재합니다.

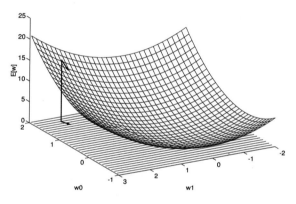

[그림 2-28] 3차원상에서의 MSE

[그림 2-29]와 같이 Input과 Weight에 따른 Hidden Node의 값은 $\sigma(Z_h{}^k) = \frac{1}{1+e^{-Z_h{}^k}}$ 와 같이 설정할 수 있고 마지막 Output Node의 값은 $\sigma(y_j{}^k) = \frac{1}{1+e^{-y_j{}^k}}$ 와 같이 설정할 수 있습니다.

실제 True 값을 t_j로 표현하고 신경망의 Loss를 다음과 같이 MSE로 설정하면 이 Loss를 각각 W_{ih}와 W_{hj}로 미분해 기울기를 구합니다. 그리고 현재 Weight에서 기울기만큼 빼줍니다.

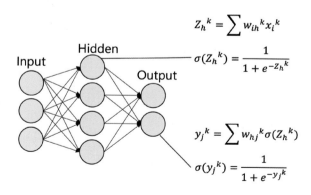

[그림 2-29] MLP에서 각 Layer의 수식 표현

$$\varepsilon_k = \frac{1}{2}\sum(t_j^k - \sigma(y_j^k))^2$$

정리하면, 각각의 Weight는 다음과 같은 식으로 업데이트할 수 있습니다.

$$w_{ih}^{k+1} = w_{ih}^k + \Delta w_{ih}^k \qquad\qquad w_{hj}^{k+1} = w_{hj}^k + \Delta w_{hj}^k$$

$$= w_{ih}^k - \frac{\partial \varepsilon_k}{\partial w_{ih}^k} \qquad\qquad\qquad = w_{hj}^k - \frac{\partial \varepsilon_k}{\partial w_{hj}^k}$$

위 식으로 업데이트하려면 ε_k에 대해 각각의 Weight로 미분해야 합니다. Back Propagation을 이용해 뒤의 Weight부터 업데이트해야 하기 때문에 W_{hj}로 미분하는 것을 살펴보겠습니다. ε_k를 한 번에 W_{hj}로 미분하는 것이 어려우므로 Chain Rule에 따라 다음과 같이 쓸 수 있고 3개의 Term에 대해 각각 다음과 같이 미분할 수 있습니다.

$$\therefore \frac{\partial \varepsilon_k}{\partial w_{hj}^k} = \frac{\partial \varepsilon_k}{\partial \sigma(y_j^k)}\frac{\partial \sigma(y_j^k)}{\partial y_j^k}\frac{\partial y_j^k}{\partial w_{hj}^k}$$

$$-\left(t_j^k - \sigma(y_j^k)\right) = -e_j^k \quad \sigma(y_j^k)\left(1 - \sigma(y_j^k)\right) \qquad\qquad \sigma(Z_h^k)$$

위 식을 정리하면 다음과 같이 정리할 수 있습니다.

$$\frac{\partial \varepsilon_k}{\partial w_{hj}^k} = -e_j^k \sigma\left(y_j^k\right)' \sigma(Z_h^k)$$

위 식을 살펴보면 두 번째 Weight W_{hj}의 기울기는 Error와 해당 Weight의 바로 다음 노드의 미분 값(Output Node) 그리고 해당 Weight의 이전의 Output 값의 결합으로 이뤄지는 것을 알 수 있습니다. 즉, Weight의 기울기는 에러에서 전파된다는 것이죠.

이제, ε_k에 대해 첫 번째 Weight W_{ih}로 미분해보겠습니다. 앞서 미분했던 것

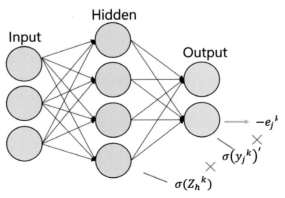

[그림 2-30] MLP의 Back Propagation1

과 마찬가지로 한 번에 미분하기 어려우므로 다음과 같이 Chain Rule에 따라 쓸 수 있고 3개의 Term 또한 각각 다음과 같이 미분할 수 있습니다.

$$\frac{\partial \varepsilon_k}{\partial w_{ih}{}^k} = \frac{\partial \varepsilon_k}{\partial \sigma(Z_h{}^k)} \frac{\partial \sigma(Z_h{}^k)}{\partial Z_h{}^k} \frac{\partial Z_h{}^k}{\partial w_{ih}{}^k}$$

$$\sum \frac{\partial \varepsilon_k}{\partial y_j{}^k} \frac{\partial y_j{}^k}{\partial \sigma(Z_h{}^k)} = \sum -e_j{}^k (\sigma(y_j{}^k)' w_{hj}{}^k) \qquad \sigma(Z_h{}^k)' \qquad x_i{}^k$$

첫 번째 Weight의 기울기를 구하는 것은 조금 복잡합니다. 맨 마지막 Layer의 에러부터 앞 단의 Layer까지 전파해야 하기 때문이죠. 에러, Output Layer의 미분 값, 두 번째 Weight 값, Hidden Layer의 미분 값 그리고 Input Layer 값까지 결합하면 첫 번째 Weight의 기울기가 구해집니다. 얼핏 보면 매우 복잡하게 느낄 수 있지만, 핵심은 Error를 뒤에서부터 역으로 전파해오는 개념 (Back Propagation)을 이해하는 것입니다.

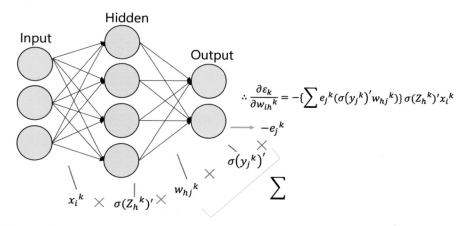

$$\therefore \frac{\partial \varepsilon_k}{\partial w_{ih}{}^k} = -\{\sum e_j{}^k (\sigma(y_j{}^k)' w_{hj}{}^k)\} \sigma(Z_h{}^k)' x_i{}^k$$

[그림 2-31] MLP의 Back Propagation2

신경망의 학습은 이처럼 Feed Forward와 Back Propagation을 번갈아가며 진행되며 학습에 따라 점차 학습 데이터에 대한 MSE가 줄어듭니다. 여기서 우리가 갖고 있는 모든 데이터를 한 번에 Feed Forward하지는 않습니다. 너무 많은 연산을 필요로 하는 컴퓨팅 문제가 발생하기 때문에 매우 비효율적인 학습 과정을 거치게 됩니다. 그래서 우리가 갖고 있는 데이터를 쪼개 Feed Forward합니다. 우리가 갖고 있는 전체 데이터가 1,000개라 하면 100개씩 쪼개 Feed Forward와 Back Propagation을 10번 반복합니다. 이 한 과정을 'Epoch'이라 하고 여기서 100개의 데이터를 'Mini-Batch'라 하며 100의 크기에 대해서는 'Batch Size'라 합니다. 이렇게 데이터를 쪼개 Gradient Descent Method하는 방법을 'Stochastic Gradient Descent(SGD)'라고 부르며 이렇게 Gradient Descent해주는 것을 통틀어 'Optimizer'라 합니다. SGD 외에도 다양한 Optimizer가 존재합니다. Weight의 Gradient는 앞서 언급한 식과 같이 업데이트되지만, 일반적으로 구해지는 Gradient의 크기는 매우 큽니다. 따라서 이 Gradient의 크기를 조절해줄 필요가 있는데, 이 조절해주는 상수를 Learning Rate라 부르고 Learning Rate까지 넣었을 때 Weight가 업데이트되는 식은 다음과 같이 쓸 수 있습니다.

$$w_{ih}{}^{k+1} = w_{ih}{}^{k} + \Delta w_{ih}{}^{k} \qquad w_{hj}{}^{k+1} = w_{hj}{}^{k} + \Delta w_{hj}{}^{k}$$

$$= w_{ih}{}^{k} - \eta \frac{\partial \varepsilon_k}{\partial w_{ih}{}^{k}} \qquad = w_{hj}{}^{k} - \eta \frac{\partial \varepsilon_k}{\partial w_{hj}{}^{k}}$$

Learning Rate를 지정해주지 않으면 [그림 2-32]와 같이 Gradient를 구했을 때 Loss가 제대로 감소되는 방향을 구하지 못할 확률이 높고 아예 학습되지 않는 경우도 많습니다. 그렇기 때문에 Learning Rate는 적절히 지정해줘야 하는데, 일반적으로 0.01 아래로 작은 값을 주면서 여러 번 학습을 시도해가며 조절합니다.

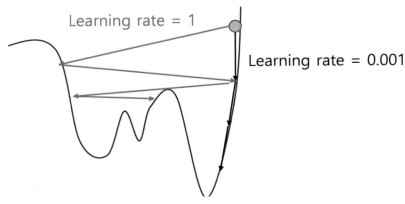

[그림 2-32] Learning Rate의 개념

[예제 2-1] 사람의 손글씨 데이터인 MNIST를 이용해 Multi Layer Perceptron(MLP) 설계하기

0부터 9까지 사람의 손글씨 데이터인 MNIST를 이용해 기본적인 MLP 모델을 설계해보겠습니다.

MLP 모델을 설계하는 순서는 다음과 같습니다.

① 모듈 임포트하기

② 딥러닝 모델을 설계할 때 활용하는 장비 확인하기

③ MNIST 데이터 다운로드하기(Train set, Test set 분리하기)

④ 데이터 확인하기 (1)

⑤ 데이터 확인하기 (2)

⑥ MLP(Multi Layer Perceptron) 모델 설계하기

⑦ Optimizer, Objective Function 설정하기

⑧ MLP 모델 학습을 진행하면서 학습 데이터에 대한 모델 성능을 확인하는 함수 정의하기

⑨ 학습되는 과정 속에서 검증 데이터에 대한 모델의 성능을 확인하는 함수 정의하기

⑩ MLP 학습을 실행하면서 Train, Test set의 Loss 및 Test set Accuracy 확인하기

```
''' 1. Module Import '''
import numpy as np                              #(1)
import matplotlib.pyplot as plt                 #(2)
import torch                                    #(3)
import torch.nn as nn                           #(4)
import torch.nn.functional as F                 #(5)
from torchvision import transforms, datasets    #(6)
```

파이썬 코드를 작성할 때, 기본적으로 필요한 모듈을 미리 임포트해 사용합니다. 파이썬을 실행할 때는 매우 많은 모듈이 구현돼 있기 때문에 실행에 필요한 최소한의 모듈만 자동으로 내장돼 실행됩니다. 예를 들어, print( ), len( ), set( ) 등의 함수가 있습니다. 이외에 파이썬 코드를 작성할 때 이미 구현된 함수를 실행하려면 외부 모듈을 임포트해 사용해야 합니다. 보통 사람이 코드를 작성해 공유할 때, 임포트한 모듈은 가장 위에 작성해 공유하며 해당 코드 파일을 실행할 때 필요한 모듈에는 어떤 것이 있는지 확인할 수 있습니다. 이 예제에서 사용하는 외부 모듈에 대해 간략히 설명하겠습니다.

(1) 선형 대수와 관련된 함수를 쉽게 이용할 수 있는 모듈로, 대부분 파이썬 코드 스크립트에서 가장 자주 언급됩니다.

(2) 함수 실행 결과 산출물에 대한 수치를 사람이 쉽게 이해할 수 있도록 시각화할 수 있는 외부 모듈입니다.

(3) 우리가 이용하는 딥러닝 프레임워크 중 하나인 파이토치의 기본 모듈입니다.

(4) PyTorch Module 중 딥러닝, 즉 인공 신경망 모델을 설계할 때 필요한 함수를 모아 놓은 모듈입니다.

(5) 'torch.nn' Module 중에서도 자주 이용되는 함수를 'F'로 지정합니다.

(6) 컴퓨터 비전 연구 분야에서 자주 이용하는 'torchvision' 모듈 내 'transforms', 'datasets' 함수를 임포트합니다.

```
'''2. 딥러닝 모델을 설계할 때 활용하는 장비 확인'''
if torch.cuda.is_available( ):
    DEVICE = torch.device('cuda')
else:
    DEVICE = torch.device('cpu')

print('Using PyTorch version:', torch.__version__, ' Device:', DEVICE)
# Using PyTorch version: 1.5.0+cu101   Device: cuda
```

파이토치 프레임워크를 이용해 딥러닝 모델을 설계할 때나 딥러닝 모델을 구성하고 있는 파라미터 값을 업데이트할 때 이용하는 장비를 선택할 수 있습니다. 만약 CUDA에서 GPU를 이용하고 있다면 'cuda', 이용하지 않고 있다면 'cpu'로 설정됩니다. 만약 GPU를 이용하고 있다면 계산 속도가 빠르기 때문에 딥러닝 모델의 파라미터 값을 빠르게 업데이트할 수 있습니다.

이 예제를 실행하는 환경에서 현재 이용하고 있는 파이토치는 1.5 버전, cuda는 10.1 버전인 것을 확인할 수 있습니다. GPU를 이용할 수 있기 때문에 Device는 cuda로 출력했습니다.

```
BATCH_SIZE = 32    #(1)
EPOCHS = 10        #(2)
```

파이썬 코드 내 하이퍼파라미터를 지정할 때 보통 영어 대문자로 표기합니다.

(1) BATCH_SIZE: MLP 모델을 학습할 때 필요한 데이터 개수의 단위입니다. Mini-Batch 1개 단위에 대해 데이터가 32개로 구성돼 있는 것을 의미합니다. 좀 더 자세히 설명하면 MLP 모델을 학습할 때 32개의 데이터를 이용해 첫 번째로 학습하고 그다음 32개의 데이터를 이용해 두 번째로 학습합니다. 이 과정을 마지막 데이터까지 반복해 학습을 진행합니다. 32개의 데이터로 1개의 Mini-Batch를 구성하고 있으며 1개의 Mini-Batch로 학습을 1회 진행합니다. 1개의 Mini-Batch를 이용해 학습하는 횟수를 'Iteration', 전체 데이터를 이용해 학습을 진행한 횟수를 'Epoch'이라 합니다. 예를 들어, 전체 데이터가 1만 개이고 1,000개 데이터를 이용해 1개의 Mini-Batch를 구성한다면 1Epoch당 10회의 Iteration이 발생합니다. Epoch은 사용자가 정의하는 하이퍼파라미터이며 Mini-Batch의 데이터 개수를 지정해준다면 Iteration은 전체 데이터 개수에서 1개의 Mini Batch를 구성하고 있는 데이터 개수를 나눠준 몫 만큼 Iteration을 진행합니다.

(2) EPOCHS: Mini-Batch 1개 단위로 Back Propagation을 이용해 MLP의 가중값을 업데이트하는데, Epoch은 존재하고 있는 Mini-batch를 전부 이용하는 횟수를 의미합니다. 즉, 전체 데이터셋을 10번 반복해 학습한다는 것을 의미합니다. Epoch은 사용자가 정의하는 하이퍼파라미터이기 때문에 사용자가 마음대로 정의할 수 있습니다. 이 예제에서는 10으로 정의했습니다.

```
'''3. MNIST 데이터 다운로드(Train set, Test set 분리하기)'''
train_dataset = datasets.MNIST(root = "../data/MNIST",          #(1)
                               train = True,
                               download = True,
                               transform = transforms.ToTensor( ))
test_dataset = datasets.MNIST(root = "../data/MNIST",           #(2)
                              train = False,
                              transform = transforms.ToTensor( ))
train_loader = torch.utils.data.DataLoader(dataset = train_dataset, #(3)
                                           batch_size = BATCH_SIZE,
                                           shuffle = True)
test_loader = torch.utils.data.DataLoader(dataset = test_dataset,  #(4)
                                          batch_size = BATCH_SIZE,
                                          shuffle = False)
```

우리는 흔히 데이터를 외부에서 파이썬으로 불러와 이용합니다. 주로 엑셀 파일로 데이터를 주고받으며 이를 쉽게 처리하기 위해 Pandas Module을 이용해 'pd.read_csv( )', 'pd.read_excel( )' 함수를 이용하기도 합니다. 이외에도 'PyTorch'에서 연구용으로 자주 이용하는 데이터를 쉽게 불러올 수 있도록 구현돼 있습니다. 이 예제에서는 사람의 손글씨 데이터인 MNIST를 이용할 것이기 때문에 'torchvision' 내 'datasets' 함수를 이용해 데이터셋을 다운로드합니다.

MLP 모델을 학습하기 위해 이용하는 학습용 데이터셋과 학습이 진행된 이후 MLP 모델의 성능을 검증하기 위해 이용하는 검증용 데이터셋을 따로 분리해 설정합니다.

(1), (2) MNIST 데이터셋을 다운로드합니다.

- **root:** 데이터가 저장될 장소를 지정합니다. 여기서 '../'은 상위 폴더를 의미합니다. 이 예제에서는 코드가 실행되는 디렉터리의 상위 디렉터리에 존재하는 data 폴더 내 MNIST 폴더에 저장하는 내용입니다.

- **train:** 대상 데이터가 MLP 모델을 학습하기 위해 이용하는 학습용 데이터인지, MLP 모델의 학습된 이후 성능을 검증하기 위한 검증용 데이터인지를 지정합니다. 'train = True'로 표기한 데이터는 학습용 데이터셋인 'train_dataset'으로 설정하며 'train = False'로 표기한 데이터는 검증용 데이터셋인 'test_dataset'으로 설정합니다.

- **download:** 해당 데이터를 인터넷상에서 다운로드해 이용할 것인지를 지정합니다.

- **transform:** 사람의 손글씨 데이터인 MNIST는 이미지 데이터입니다. 데이터를 다운로드할

때, 이미지 데이터에 대한 기본적인 전처리를 동시에 진행할 수 있습니다. 여기서는 'torch' 모듈로 설계한 MLP의 Input으로 이용되기 때문에 'ToTensor( )' 메서드를 이용해 'tensor' 형태로 변경합니다. 또한 한 픽셀은 0~255 범위의 스칼라 값으로 구성돼 있는데, 이를 0~1 범위에서 정규화 과정이 진행됩니다. MLP 모델이 포함된 인공 신경망 모델은 Input 데이터 값의 크기가 커질수록 불안정하거나 과적합되는 방향으로 학습이 진행될 우려가 있기 때문에 정규화 과정을 이용해 Input으로 이용하는 것을 권장합니다.

(3), (4) 다운로드한 MNIST 데이터셋을 Mini-Batch 단위로 분리해 지정합니다. 여기서는 Mini-Batch 단위를 이용해 MLP 모델을 학습시킬 것이므로 Mini-Batch별로 데이터를 묶어 단위를 맞추고자 합니다. 이미지 데이터 1개는 각각을 이용해 MLP 모델을 학습시키는 것이 아니라 이미지 데이터를 Batch Size만큼, 즉 32개만큼 묶어 1개의 Mini-Batch를 구성하는 것을 'DataLoader' 함수를 이용해 진행할 수 있습니다.

- dataset: Mini-Batch 단위로 할당하고자 하는 데이터셋을 지정합니다. 'train_dataset'을 이용해 학습을 진행하는 'DataLoader'를 'train_loader', 학습이 진행된 이후 MLP 모델의 성능을 확인하는 용도로 사용되는 'test_dataset'을 'test_loader'로 설정하겠습니다.

- batch_size: Mini-batch 1개 단위를 구성하는 데이터의 개수를 지정합니다. 이 예제에서는 이미 'BATCH_SIZE = 32'로 지정했습니다.

- shuffle: 데이터의 순서를 섞고자 할 때 이용합니다. MLP 모델이 학습을 진행할 때 Label 정보의 순서를 암기해 학습을 진행할 수 있습니다. 즉, 특정 Label에 매칭된 이미지 데이터의 특징을 보고 학습하는 것이 아니라 특정 이미지 데이터에 매칭된 Label 값만을 집중적으로 학습하는, 즉 잘못된 방향으로 학습하는 것을 방지하기 위해 데이터 순서를 섞는 과정을 진행합니다.

```
''' 4. 데이터 확인하기 (1) '''
for (X_train, y_train) in train_loader:
    print('X_train:', X_train.size( ), 'type:', X_train.type( ))
    print('y_train:', y_train.size( ), 'type:', y_train.type( ))
    break
# X_train: torch.Size([32, 1, 28, 28]) type: torch.FloatTensor
# y_train: torch.Size([32]) type: torch.LongTensor
```

다운로드한 후 Mini-batch 단위로 할당한 데이터의 개수와 형태를 확인합니다.

- X_train: 32개의 이미지 데이터가 1개의 Mini-Batch를 구성하고 있고 가로 28개, 세로 28개의 픽셀로 구성돼 있으며 채널이 1이므로 그레이스케일(Gray Scale)로 이뤄진, 다시 말해 흑백으로 이뤄진 이미지 데이터라는 것을 확인할 수 있습니다.

- y_train: 32개의 이미지 데이터 각각에 label 값이 1개씩 존재하기 때문에 32개의 값을 갖고 있

다는 것을 확인할 수 있습니다. 또한 X_train 이미지 데이터는 torch.FloatTensor, y_train Label 데이터는 torch.LongTensor 형태라는 것도 확인할 수 있습니다.

```
''' 5. 데이터 확인하기 (2) '''
pltsize = 1
plt.figure(figsize=(10 * pltsize, pltsize))
for i in range(10):
    plt.subplot(1, 10, i + 1)
    plt.axis('off')
    plt.imshow(X_train[i, :, :, :].numpy( ).reshape(28, 28), cmap = "gray_r")
    plt.title('Class: ' + str(y_train[i].item( )))
```

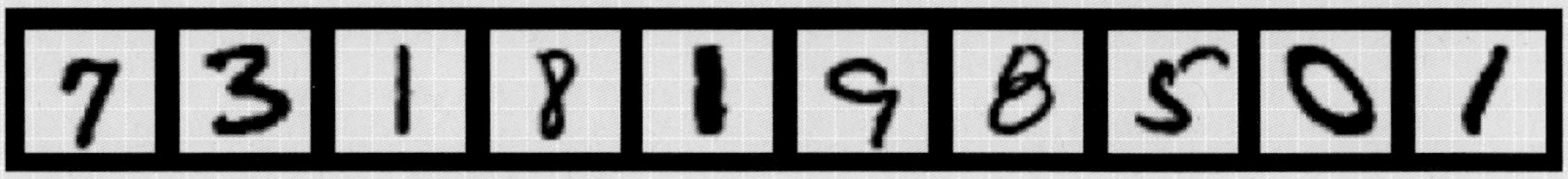

[그림 2-33] MNIST 데이터 실제 출력 결과

다운로드한 후 Mini-batch 단위로 할당한 데이터의 개수와 데이터 형태를 확인합니다.

- X_train: 32개의 이미지 데이터가 1개의 Mini-Batch를 구성하고 있고 가로 28개, 세로 28개의 픽셀로 구성돼 있으며 채널이 1이므로 그레이스케일로 이뤄진, 다시 말해 흑백으로 이뤄진 이미지 데이터라는 것을 확인할 수 있습니다.

- y_train: 32개의 이미지 데이터에 label 값이 1개씩 존재하기 때문에 32개의 값을 갖고 있다는 것을 확인할 수 있습니다. 또한 X_train 이미지 데이터는 torch.FloatTensor, y_train Label 데이터는 torch.LongTensor 형태라는 것도 확인할 수 있습니다.

```
''' 6. MLP(Multi Layer Perceptron) 모델 설계하기 '''
class Net(nn.Module):                              #(1)
    def __init__(self):                            #(2)
        super(Net, self).__init__( )               #(3)
        self.fc1 = nn.Linear(28 * 28, 512)         #(4)
        self.fc2 = nn.Linear(512, 256)             #(5)
        self.fc3 = nn.Linear(256, 10)              #(6)
    def forward(self, x):                          #(7)
        x = x.view(-1, 28 * 28)                    #(8)
        x = self.fc1(x)                            #(9)
        x = F.sigmoid(x)                           #(10)
        x = self.fc2(x)                            #(11)
        x = F.sigmoid(x)                           #(12)
        x = self.fc3(x)                            #(13)
        x = F.log_softmax(x, dim = 1)              #(14)
        return x                                   #(15)
```

torch 모듈을 이용해 본격적으로 MLP를 설계하는 단계입니다.

(1) PyTorch Module 내에 딥러닝 모델 관련 기본 함수를 포함하고 있는 nn.Module 클래스를 상속받는 Net 클래스를 정의합니다. nn.Module 클래스를 상속받았을 때 nn.Module 클래스가 이용할 수 있는 함수를 그대로 이용할 수 있기 때문에 새로운 딥러닝 모델을 설계할 때 자주 이용됩니다.

(2) Net 클래스의 인스턴스를 생성했을 때 지니게 되는 성질을 정의해주는 메서드입니다.

(3) nn.Module 내에 있는 메서드를 상속받아 이용합니다.

(4) 첫 번째 Fully Connected Layer를 정의합니다. MNIST 데이터를 Input으로 사용하기 위해 28 * 28 * 1(가로 픽셀 수 * 세로 픽셀 수 * 채널 수) 크기의 노드 수를 설정한 후 두 번째 Fully Connected Layer의 노드 수를 512개로 설정할 것이기 때문에 output의 노드 수는 512개로 설정합니다.

(5) 두 번째 Fully Connected Layer를 정의합니다. 첫 번째 Fully Connected Layer의 output 크기인 512 크기의 벡터 값을 Input으로 사용하기 위해 노드 수를 512개로 설정하고 세 번째 Fully Connected Layer의 노드 수를 256으로 설정할 것이기 때문에 Output의 노드 수를 256개로 설정합니다.

(6) 세 번째 Fully Connected Layer를 정의합니다. 두 번째 Fully Connected Layer의 Output 크기인 256 크기의 벡터 값을 Input으로 사용하기 위한 노드 수를 256개, Output으로 사용하기 위한 노드 수를 10개로 설정합니다. 0부터 9까지 총 10가지 클래스를 표현하기 위한 Label 값은 원-핫 인코딩으로 표현됩니다. MLP 모델의 Output 값과 Loss를 계산하려면 이에 맞는 크기의 벡터를 계산해야 합니다. 따라서 Output의 노드 수를 10개로 정의합니다.

(7) Net 클래스를 이용해 설계한 MLP 모델의 Forward Propagation을 정의합니다. 즉, 설계한 MLP 모델에 데이터를 입력했을 때 Output을 계산하기까지의 과정을 나열한 것을 의미합니다.

(8) MLP 모델은 1차원의 벡터 값을 입력으로 받을 수 있습니다. 하지만 MNIST 이미지 데이터는 크기가 28 * 28인 2차원 데이터입니다. 따라서 2차원 데이터를 1차원 데이터로 변환하려면 View 메서드를 이용해 784 크기의 1차원 데이터로 변환해 진행해야 합니다. 이를 '2차원의 데이터를 1차원으로 펼친다'라고 표현하며 'Flatten한다'라고 표현하기도 합니다.

(9) __init__( ) method를 이용해 정의한 첫 번째 Fully Connected Layer에 1차원으로 펼친 이미지 데이터를 통과시킵니다.

(10) PyTorch Module 중 인공 신경망(Neural Network) 설계에 유용한 함수를 모아 놓은 torch.nn.functional 내에 정의된 비선형 함수인 sigmoid( )를 이용해 두 번째 Fully Connected Layer

의 Input으로 계산합니다.

(11) __init__( ) method를 이용해 정의한 두 번째 Fully Connected Layer에 (10)에서 sigmoid( ) 함수를 이용해 계산된 결괏값을 통과시킵니다.

(12) PyTorch Module 중 인공 신경망 설계에 유용한 함수를 모아 놓은 torch.nn.functional 내에 정의된 비선형 함수인 sigmoid( )를 이용해 세 번째 Fully Connected Layer의 Input으로 계산합니다.

(13) __init__( ) method를 이용해 정의한 세 번째 Fully Connected Layer에 (11)에서 sigmoid( ) 함수를 이용해 계산된 결괏값을 통과시킵니다.

(14) PyTorch Module 중 인공 신경망 설계에 유용한 함수를 모아 놓은 torch.nn.functional 내의 log.softmax( )를 이용해 최종 Output을 계산합니다. 0부터 9까지, 총 10가지 경우의 수 중 하나로 분류하는 일을 수행하기 때문에 softmax를 이용해 확률 값을 계산합니다. 일반적인 softmax가 아닌 log_softmax( )를 이용하는 이유는 MLP 모델이 Back Propagation 알고리즘을 이용해 학습을 진행할 때 Loss 값에 대한 Gradient 값을 좀 더 원활하게 계산할 수 있기 때문입니다. Log 함수 그래프의 기울기가 부드럽게 변화하는 것을 상상해보면 직관적으로 이해할 수 있습니다.

(15) 최종 계산된 × 값을 Output으로 반환합니다.

```
''' 7. Optimizer, Objective Function 설정하기 '''
model = Net( ).to(DEVICE)                                           #(1)
optimizer = torch.optim.SGD(model.parameters( ), lr = 0.01, momentum = 0.5) #(2)
criterion = nn.CrossEntropyLoss( )                                  #(3)

print(model)

# Net(
#   (fc1) Linear(in_features=784, out_features=512, bias=True)
#   (fc2) Linear(in_features=512, out_features=256, bias=True)
#   (fc3) Linear(in_features=256, out_features=10, bias=True)
# )
```

(1) '6. MLP 모델 설계하기'의 (1)에서 정의한 MLP 모델을 기존에 선정한 'DEVICE'에 할당합니다. 그 이유는 'DEVICE' 장비를 이용해 MLP 모델을 완성하기 위해서입니다.

(2) Back Propagation을 이용해 파라미터를 업데이트할 때 이용하는 Optimizer를 정의합니다. 이 예제에서는 Stochastic Gradient Descent(SGD) 알고리즘을 이용하며 파라미터를 업데이트할 때 반영될 Learning Rate를 '0.01', Optimizer의 관성을 나타내는 momentum을 '0.5'로 설정했습니다.

(3) MLP 모델의 output 값과 계산될 Label 값은 Class를 표현하는 원-핫 인코딩 값입니다. MLP 모델의 output 값과 원-핫 인코딩 값과의 Loss는 CrossEntropy를 이용해 계산하기 위해 criterion은 'nn.CrossEntropyLoss( )'로 설정합니다.

```
'''8. MLP 모델 학습을 진행하며 학습 데이터에 대한 모델 성능을 확인하는 함수 정의'''
def train(model, train_loader, optimizer, log_interval):
    model.train( )                                            #(1)
    for batch_idx,(image, label) in enumerate(train_loader):  #(2)
        image = image.to(DEVICE)                              #(3)
        label = label.to(DEVICE)                              #(4)
        optimizer.zero_grad( )                                #(5)
        output = model(image)                                 #(6)
        loss = criterion(output, label)                       #(7)
        loss.backward( )                                      #(8)
        optimizer.step( )                                     #(9)

        if batch_idx % log_interval == 0:
            print("Train Epoch: {} [{}/{}({:.0f}%)]\tTrain Loss: {:.6f}".format(
                Epoch, batch_idx * len(image),
                len(train_loader.dataset), 100. * batch_idx / len(train loader),
                loss.item( )))
```

MLP 모델을 설계했으므로 기존에 정의한 이미지 데이터와 레이블 데이터를 이용해 MLP 모델을 학습하는 train 함수를 정의합니다.

(1) 기존에 정의한 MLP 모델을 학습 상태로 지정합니다.

(2) 기존에 정의한 'train_loader'에는 학습에 이용되는 이미지 데이터와 레이블 데이터가 Mini-Batch 단위로 묶여 저장돼 있습니다. 해당 'train_loader' 내에 Mini-Batch 단위로 저장된 데이터를 순서대로 이용해 MLP 모형을 학습시키겠습니다.

(3) Mini-Batch 내에 있는 이미지 데이터를 이용해 MLP 모델을 학습시키기 위해 기존에 정의한 장비에 할당합니다.

(4) Mini-Batch 내에 있는 이미지 데이터와 매칭된 레이블 데이터도 기존에 정의한 장비에 할당합니다.

(5) 기존에 정의한 장비에 이미지 데이터와 레이블 데이터를 할당할 경우, 과거에 이용한 Mini-Batch 내에 있는 이미지 데이터와 레이블 데이터를 바탕으로 계산된 Loss의 Gradient 값이 optimizer에 할당돼 있으므로 optimizer의 Gradient를 초기화합니다.

(6) 장비에 할당한 이미지 데이터를 MLP 모델의 Input으로 이용해 Output을 계산합니다.

(7) 계산된 Output과 장비에 할당된 레이블 데이터를 기존에 정의한 CrossEntropy를 이용해 Loss 값을 계산합니다.

(8) Loss 값을 계산한 결과를 바탕으로 Back Propagation을 통해 계산된 Gradient 값을 각 파라미터에 할당합니다.

(9) 각 파라미터에 할당된 Gradient 값을 이용해 파라미터 값을 업데이트합니다.

다음은 학습의 진행 과정을 모니터링하기 위해 출력하는 코드입니다.

```
'''9. 학습되는 과정 속에서 검증 데이터에 대한 모델 성능을 확인하는 함수 정의'''
def evaluate(model, test_loader):
    model.eval( )                                                    #(1)
    test_loss = 0                                                    #(2)
    correct = 0                                                      #(3)

    with torch.no_grad( ):                                           #(4)
        for image, label in test_loader:                            #(5)
            image = image.to(DEVICE)                                #(6)
            label = label.to(DEVICE)                                #(7)
            output = model(image)                                   #(8)
            test_loss += criterion(output, label).item( )          #(9)
            prediction = output.max(1, keepdim = True)[1]          #(10)
            correct += prediction.eq(label.view_as(prediction)).sum( ).item( )  #(11)

    test_loss /= len(test_loader.dataset)                           #(12)
    test_accuracy = 100. * correct / len(test_loader.dataset)       #(13)
    return test_loss, test_accuracy                                 #(14)
```

MLP 모델 학습 과정 또는 학습이 완료된 상태에서 MLP 모델의 성능을 평가하기 위해 'evaluate' 함수를 정의합니다.

(1) 학습 과정 또는 학습이 완료된 MLP 모델을 학습 상태가 아닌, 평가 상태로 지정합니다.

(2) 기존에 정의한 'test_loader' 내의 데이터를 이용해 Loss 값을 계산하기 위해 'test_loss'를 0으로 임시 설정합니다.

(3) 학습 과정 또는 학습이 완료된 MLP 모델이 올바른 Class로 분류한 경우를 세기 위해 correct = 0으로 임시 설정합니다.

(4) MLP 모델을 평가하는 단계에서는 Gradient를 통해 파라미터 값이 업데이트되는 현상을 방지하기 위해 'torch.no_grad( )' 메서드를 이용해 Gradient의 흐름을 억제합니다.

(5) 기존에 정의한 'test_loader' 내의 데이터도 'train_loader'와 동일하게 Mini-Batch 단위로 저장돼 있습니다. Mini-Batch 내에 있는 이미지 데이터와 레이블 데이터에 반복문을 이용해 차례대로 접근합니다.

(6) Mini-Batch 내에 있는 이미지 데이터를 이용해 MLP 모델을 검증하기 위해 기존에 정의한 장비에 할당합니다.

(7) Mini-Batch 내에 있는 이미지 데이터와 매칭된 레이블 데이터도 기존에 정의한 장비에 할당합니다.

(8) 장비에 할당한 이미지 데이터를 MLP 모델의 Input으로 Output을 계산합니다.

(9) 계산된 Output과 장비에 할당된 레이블 데이터를 기존에 정의한 CrossEntropy를 이용해 Loss 값을 계산한 결괏값을 'test_loss'에 더해 업데이트합니다.

(10) MLP 모델의 Output 값은 크기가 10인 벡터 값입니다. 계산된 벡터 값 내 가장 큰 값인 위치에 대해 해당 위치에 대응하는 클래스로 예측했다고 판단합니다.

(11) MLP 모델이 최종으로 예측한 클래스 값과 실제 레이블이 의미하는 클래스가 맞으면 correct에 더해 올바르게 예측한 횟수를 저장합니다.

(12) 현재까지 계산된 'test_loss'의 값을 'test_loader' 내에 존재하는 Mini-Batch 개수만큼 나눠 평균 Loss 값으로 계산합니다.

(13) 'test_loader' 데이터 중 얼마나 맞췄는지를 계산해 정확도를 계산합니다.

(14) 계산된 'test_loss' 값과 'test_accuracy' 값을 반환합니다.

```
'''10. MLP 학습을 실행하면서 Train, Test set의 Loss 및 Test set Accuracy를 확인하기'''
for Epoch in range(1, EPOCHS + 1):
    train(model, train_loader, optimizer, log_interval = 200)   #(1)
    test_loss, test_accuracy = evaluate(model, test_loader)     #(2)
    print("\n[EPOCH: {}], \tTest Loss: {:.4f}, \tTest Accuracy: {:.2f} %\n".
    format(Epoch, test_loss, test_accuracy))

# Train Epoch: 1 [0/60000(0%)]           Train Loss: 2.384513
# Train Epoch: 1 [6400/60000(11%)]       Train Loss: 2.274531
# Train Epoch: 1 [12800/60000(21%)]      Train Loss: 2.335771
# Train Epoch: 1 [19200/60000(32%)]      Train Loss: 2.303067
# Train Epoch: 1 [25600/60000(43%)]      Train Loss: 2.322300
# Train Epoch: 1 [32000/60000(53%)]      Train Loss: 2.293561
# Train Epoch: 1 [38400/60000(64%)]      Train Loss: 2.275125
# Train Epoch: 1 [44800/60000(75%)]      Train Loss: 2.282573
# Train Epoch: 1 [51200/60000(85%)]      Train Loss: 2.221215
# Train Epoch: 1 [57600/60000(96%)]      Train Loss: 2.243059

# [EPOCH: 1],                            Test Loss: 0.0700, Test Accuracy: 21.07 %

# Train Epoch: 2 [0/60000(0%)]           Train Loss: 2.206642

# ...

# Train Epoch: 9 [57600/60000(96%)]      Train Loss: 0.185372

# [EPOCH: 9],                            Test Loss: 0.0107, Test Accuracy: 90.06 %

# Train Epoch: 10 [0/60000(0%)]          Train Loss: 0.410931
```

```
# Train Epoch: 10 [6400/60000(11%)]      Train Loss: 0.525295
# Train Epoch: 10 [12800/60000(21%)]     Train Loss: 0.563060
# Train Epoch: 10 [19200/60000(32%)]     Train Loss: 0.117770
# Train Epoch: 10 [25600/60000(43%)]     Train Loss: 0.276113
# Train Epoch: 10 [32000/60000(53%)]     Train Loss: 0.443184
# Train Epoch: 10 [38400/60000(64%)]     Train Loss: 0.394602
# Train Epoch: 10 [44800/60000(75%)]     Train Loss: 0.400761
# Train Epoch: 10 [51200/60000(85%)]     Train Loss: 0.128174
# Train Epoch: 10 [57600/60000(96%)]     Train Loss: 0.561986

# [EPOCH: 10],                   Test Loss: 0.0104, Test Accuracy: 90.40 %
```

train 함수와 evaluate 함수를 올바르게 정의했다면 정의한 함수를 이용해 MLP 모델을 학습시키거나 검증해보는 과정을 진행합니다. 전체 데이터를 이용해 학습하는 횟수를 의미하는 Epoch을 '10'으로 설정했기 때문에 10번의 학습을 진행하고 학습 과정 속에서 업데이트한 파라미터 값을 바탕으로 MLP 모델의 Output이 변화하며 각 Iteration, Epoch당 Loss 값이 출력되도록 설정했습니다.

(1) 정의한 train 함수를 실행합니다. model은 기존에 정의한 MLP 모델, train_loader는 학습 데이터, optimizer는 SGD, log_interval은 학습이 진행되면서 Mini-Batch의 Index를 이용해 과정을 모니터링할 수 있도록 출력하는 것을 의미합니다.

(2) 각 Epoch별로 출력되는 Loss 값과 accuracy 값을 계산합니다. (2) 아래에 작성된 것은 학습의 진행 과정을 모니터링하기 위해 출력하는 코드입니다.

학습이 완료됐을 때, test_loader 내에 존재하는 데이터의 약 90% 수준의 정확도를 나타내는 것을 확인할 수 있습니다.

전체 코드

```
''' 1. Module Import '''
import numpy as np
import matplotlib.pyplot as plt

import torch
import torch.nn as nn
import torch.nn.functional as F
from torchvision import transforms, datasets

''' 2. 딥러닝 모델을 설계할 때 활용하는 장비 확인 '''
if torch.cuda.is_available( ):
    DEVICE = torch.device('cuda')
else:
    DEVICE = torch.device('cpu')
print('Using PyTorch version:', torch.__version__, ' Device:', DEVICE)
```

```python
BATCH_SIZE = 32
EPOCHS = 10

''' 3. MNIST 데이터 다운로드(Train set, Test set 분리하기) '''
train_dataset = datasets.MNIST(root = "../data/MNIST",
                               train = True,
                               download = True,

                               transform = transforms.ToTensor( ))

test_dataset = datasets.MNIST(root = "../data/MNIST",
                              train = False,
                              transform = transforms.ToTensor( ))

train_loader = torch.utils.data.DataLoader(dataset = train_dataset,
                                           batch_size = BATCH_SIZE,
                                           shuffle = True)
test_loader = torch.utils.data.DataLoader(dataset = test_dataset,
                                          batch_size = BATCH_SIZE,
                                          shuffle = False)

''' 4. 데이터 확인하기 (1) '''
for (X_train, y_train) in train_loader:
    print('X_train:', X_train.size( ), 'type:', X_train.type( ))
    print('y_train:', y_train.size( ), 'type:', y_train.type( ))
    break # 반복문 종료

''' 5. 데이터 확인하기 (2) '''
pltsize = 1
plt.figure(figsize=(10 * pltsize, pltsize))
for i in range(10):
    plt.subplot(1, 10, i + 1)
    plt.axis('off')
    plt.imshow(X_train[i, :, :, :].numpy( ).reshape(28, 28), cmap = "gray_r")
    plt.title('Class: ' + str(y_train[i].item( )))

''' 6. MLP(Multi Layer Perceptron) 모델 설계하기 '''
class Net(nn.Module):
    def __init__(self):
        super(Net, self).__init__( )
        self.fc1 = nn.Linear(28 * 28, 512)
        self.fc2 = nn.Linear(512, 256)
        self.fc3 = nn.Linear(256, 10)

    def forward(self, x):
        x = x.view(-1, 28 * 28)
        x = self.fc1(x)
        x = F.sigmoid(x)
        x = self.fc2(x)
        x = F.sigmoid(x)
        x = self.fc3(x)
        x = F.log_softmax(x, dim = 1)
```

```
        return x

''' 7. Optimizer, Objective Function 설정하기 '''
model = Net( ).to(DEVICE)
optimizer = torch.optim.SGD(model.parameters( ), lr = 0.01, momentum = 0.5)
criterion = nn.CrossEntropyLoss( )

print(model)

''' 8. MLP 모델 학습을 진행하며 학습 데이터에 대한 모델 성능을 확인하는 함수 정의 '''
def train(model, train_loader, optimizer, log_interval):
    model.train( )
    for batch_idx,(image, label) in enumerate(train_loader):
        image = image.to(DEVICE)
        label = label.to(DEVICE)
        optimizer.zero_grad( )
        output = model(image)
        loss = criterion(output, label)
        loss.backward( )
        optimizer.step( )
        if batch_idx % log_interval == 0:
            print("Train Epoch: {} [{}/{}({:.0f}%)]\tTrain Loss: {:.6f}".format(
                Epoch, batch_idx * len(image),
                len(train_loader.dataset), 100. * batch_idx / len(train_loader),
                loss.item( )))

''' 9. 학습되는 과정 속에서 검증 데이터에 대한 모델 성능을 확인하는 함수 정의 '''
def evaluate(model, test_loader):
    model.eval( )
    test_loss = 0
    correct = 0

    with torch.no_grad( ):
        for image, label in test_loader:
            image = image.to(DEVICE)
            label = label.to(DEVICE)
            output = model(image)
            test_loss += criterion(output, label).item( )
            prediction = output.max(1, keepdim = True)[1]
            correct += prediction.eq(label.view_as(prediction)).sum( ).item( )

    test_loss /= len(test_loader.dataset)
    test_accuracy = 100. * correct / len(test_loader.dataset)
    return test_loss, test_accuracy

''' 10. MLP 학습을 실행하며 Train, Test set의 Loss 및 Test set Accuracy 확인하기 '''
for Epoch in range(1, EPOCHS + 1):
    train(model, train_loader, optimizer, log_interval = 200)
    test_loss, test_accuracy = evaluate(model, test_loader)
    print("\n[EPOCH: {}], \tTest Loss: {:.4f}, \tTest Accuracy: {:.2f} % \n".
    format(Epoch, test_loss, test_accuracy))
```

5.1.7 Universal Approximation Theorem

신경망 이론 중 가장 유명하고 신경망 학습의 특성을 잘 나타내주는 이론입니다. 'Hidden Layer 가 1개 이상인 신경망은 학습 데이터 내에서 어떤 함수든 근사(Approximation)시킬 수 있다'라는 이론입니다. Hidden Layer가 1개 이상이라는 것은 기본적인 MLP를 뜻합니다. 다시 말해, 기본적인 MLP 이상의 신경망은 학습 데이터 내에서 어떤 모델이든 만들 수 있다는 것입니다. 극단적으로 이야기하면 '주식 예측 100% 모델'을 개발할 수 있다는 것입니다. 이 이론을 보면 얼핏 봤을 때 크게 두 가지 의문이 생길 수 있습니다. 첫째, '신경망이 엄청 좋은 모델이구나.'라는 생각을 할 수 있습니다. 이 이론의 전제는 '학습 데이터 내에서'라는 것입니다. 다시 말해, 내가 갖고 있는 학습 데이터 내에서는 어떤 함수든 만들 수 있지만, 실제 데이터에는 잘 맞는다는 보장을 하지 못하는 것입니다. 이 이야기는 결국 과적합의 개념과 이어집니다. 학습 데이터내에서 완벽하게 맞춘다는 것은 이전에 설명했던 것처럼 과적합이 굉장히 심해질 수밖에 없다는 것을 뜻합니다. 둘째, 'Hidden Layer가 1개 이상이면 되는 거라면 굳이 깊게 Layer를 쌓을 필요가 있나?'라는 의문이 들 수 있습니다. 이전에 설명했던 바와 같이 Layer를 깊게 쌓는 것은 좀 더 복잡한 모형을 만들 수 있다는 것을 의미합니다. 복잡한 문제에 대해 간단한 모델보다 복잡한 모형을 쓰면 좀 더 효율적으로 모델링할 수 있습니다. 학습 데이터 내에서 어떤 함수든 근사시킬 수 있다는 것은 굉장히 큰 장점이자 단점인 것이죠. 그래서 이 과적합을 방지할 수 있는 여러 가지 알고리즘과 기술이 나오면서 딥러닝으로 발전하게 됐습니다.

5.2 신경망 모형의 단점

5.2.1 과적합

과적합은 신경망 모형뿐 아니라 AI나 Data Science 측면에서 굉장히 큰 이슈입니다. 아직까지 이를 완벽하게 해결하는 방법은 없습니다. 다만, 실험 설계를 통해 적절히 데이터를 나눠 과적합 정도를 파악하고 적절한 모델과 변수를 선택해야 합니다. 그중에서도 신경망은 이전에 살펴봤던 것처럼 과적합이 심하게 일어납니다. 신경망의 목적은 결국 학습 데이터 내에서 loss를 최소화하는 것이기 때문에 좀 더 좋은 Decision Boundary를 만들려고 노력하지 않습니다.

5.2.2 Gradient Vanishing Problem

과적합 외에도 기본적인 신경망이 지니고 있는 단점이 있습니다. 'Vanish'는 '사라지다'라는 뜻입니다. Gradient Vanishing Problem은 기울기가 사라지는 현상을 의미합니다. 앞서 우리는

Hidden Layer가 하나인 신경망에 대해 Back Propagation하는 과정을 살펴봤습니다. Weight를 업데이트하는 것 중에 유심히 살펴봐야 할 곳이 바로 Hidden Layer를 미분한 값입니다. Hidden Layer가 깊어질수록 이 값을 뒤의 에러 값에 곱해야 합니다. 시그모이드 함수의 Output 범위 값은 0과 1 사이입니다. 그러나 시그모이드를

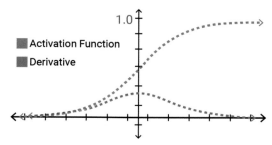

[그림 2-34] Sigmoid Function과 미분한 형태
출처: https://codeodysseys.com/posts/gradient-calculation

미분한 값의 Output 최댓값은 0.25입니다. 그렇다면 Hidden Layer가 깊어질수록 앞의 Gradient 를 구하기 위해서는 이 시그모이드를 미분한 값을 계속 곱해야 합니다. 그러면 그 값은 거의 0에 수렴하게 되겠죠. 즉, Layer가 깊어질수록 Weight의 Gradient는 큰 변화가 없어지고 Weight의 변화도 거의 일어나지 않는다는 것입니다.

[그림 2-35]는 Hidden Layer가 깊어질수록 Weight의 변화가 없어지는 것을 시각화한 것입니다. 앞서 Layer가 깊어질수록 복잡한 모델을 만들어 복잡한 문제를 풀 수 있다고 설명했습니다. 그러나 Gradient Vanishing이 일어나면 신경망이 지니고 있는 장점이 발휘되지 못합니다. 이론적으로는 Layer가 깊어질수록 신경망은 복잡한 모델을 만들 수 있지만, Back Propagation 과정에서 Activation 함수를 미분하는 값을 곱해주는 특성상 실제로는 잘 학습이 이뤄지지 않는다는 단점이 있는 것이죠. 그래서 Gradient가 감소하지 않도록 여러 Activation 함수가 등장했습니다.

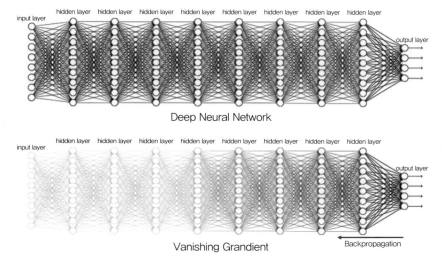

[그림 2-35] Gradient Vanishing을 표현한 그림
출처: https://excelsior-cjh.tistory.com/177

우리가 만든 모델의 성능을 측정할 필요가 있습니다. 일반적으로 학습하는 모델은 Loss를 줄이기 위해 학습을 진행합니다. 사용자가 선택함에 따라 Loss와 성능 지표를 같게 설정할 수도 있고 다르게 설정할 수도 있습니다. 주로 사용하는 성능 지표(Performance Measurement)에 대해 회귀 모형과 분류 모형에 따라 살펴보고자 합니다.

- **MSE**: MSE(Mean Squared Error)는 기본적으로 회귀 모형(Regression Model)에서 많이 사용하는 Loss이자 성능 지표입니다. 신경망 모형뿐 아니라 선형 회귀 모델 또한 MSE를 Loss로서 사용합니다. 예측 값과 실제 값의 차이에 대해 평균 제곱합의 개념으로서 낮을수록 좋은 성능 지표입니다.

- **MAPE**: MSE는 상대적인 성능 지표로, A 문제에 대해 1모델의 MSE가 30이 나왔고 B 문제에 대해 2모델이 MSE가 3,000이 나왔다고 해서 1모델이 2모델보다 좋은 모델이라 말하기는 어렵습니다. 같은 문제에 대해 다른 모델을 적용했을 때만 비교가 가능합니다. MAPE(Mean Absolute Percentage Error)는 MSE에 비해 절대적인 지표라 할 수 있습니다. 예측 값과 실제 값의 차이를 실제 값으로 나눠 실제 값 대비 몇 % 정도의 오차가 있는지에 대한 성능 지표입니다.

[표 2-1] 분류 모형(Classification Model)에서 사용하는 성능 지표

클래스={정상, 불량}		예측한 클래스	
		정상	불량
실제 클래스	정상	TP(True Positive)	FN(False Negative)
	불량	FP(False Positive)	TN(True Negative)

- **정확도**: 정확도(Accuracy)는 분류 문제에서 가장 많이 사용하는 성능 지표입니다. 정확도는 말 그대로 전체 데이터 중 실제로 잘 예측했는지에 대한 비율을 의미합니다. 이진 분류 문제에서 [표 2-1]를 예로 들어 수식을 정리하면 다음과 같이 정리할 수 있습니다.

$$\text{Accuracy} = \frac{\text{옳게 분류된 데이터의 수}}{\text{전체 데이터의 수}} = \frac{TP+TN}{TP+FN+FP+TN}$$

정밀도(Precision), 재현율(Recall), 특이도(Specificity) 분류 문제에서 기본적으로 사용하는 성능 지표는 'Accuracy'입니다. 그렇지만 실제 데이터 분석을 해야 하는 많은 도메인에서는 클래스 간의 불균형 현상이 일어납니다. 즉, 정상의 비율이 99%, 불량의 비율이 1%인 Class Imbalanced Problem이 일어나는 것이죠. 이러한 경우에 성능 지표를 Accuracy로 사용할 경우,

모두 정상이라 예측해버리면 정확도 99%의 매우 좋은 모델이라 잘못 생각할 수 있겠죠. 그렇기 때문에 상황에 따라 성능 지표는 다르게 설정할 필요가 있습니다. 정상에 대해 얼마나 잘 예측했는지, 불량에 대해 얼마나 잘 예측했는지에 대한 성능 지표가 필요합니다. 이에 대한 성능 지표에는 Precision, Recall 그리고 Specificity가 있으며 각각 성능 지표에 대한 수식은 다음과 같습니다.

$$\text{정밀도(Precision)} = \frac{\text{정상으로 올바르게 예측된 데이터의 수}}{\text{정상으로 예측된 데이터의 수}} = \frac{TP}{FP+TP}$$

$$\text{재현율(Recall)} = \frac{\text{정상으로 올바르게 예측된 데이터의 수}}{\text{실제로 정상인 데이터의 수}} = \frac{TP}{FN+TP}$$

$$\text{특이도(Specificity)} = \frac{\text{불량으로 예측된 데이터의 수}}{\text{실제 불량인 데이터의 수}} = \frac{TN}{TN+FP}$$

- **F1-Measure(F1-score)**: F1-Measrue는 Class Imbalance 상황에서 많이 사용하는 성능 지표입니다. Precision과 recall의 조화 평균으로, 불량으로 예측했을 때 정확히 예측한 비율과 실제 불량 중 잘 예측한 비율을 말합니다.

$$\text{F1-Measure} = \frac{2}{\dfrac{1}{\text{precision}} + \dfrac{1}{\text{recall}}} = 2 \cdot \frac{\text{precision} \cdot \text{recall}}{\text{precision}+\text{recall}}$$

PART 03

Deep Learning

많은 사람은 딥러닝이 거의 '만능'이며 이미지 관련 Task에는 CNN, 텍스트 관련 Task에는 RNN을 사용하면 된다고 알고 있습니다. 딥러닝은 이미지나 텍스트에 비해 높은 성능을 지니고 있는 것이 사실이지만, 중요한 것은 '왜' 딥러닝이 이미지나 텍스트에 잘 맞는지를 이해하는 것입니다. PART 03에서는 딥러닝의 기본이 되는 신경망 모델이 암흑기를 거쳐 딥러닝으로 부흥하게 된 계기와 딥러닝의 중요한 특징을 알아보겠습니다.

01 딥러닝의 정의

PART 02에서 설명한 바와 같이 딥러닝은 새로운 모델의 개념이 아니라 신경망이 발전한 모델입니다. 신경망은 학습하는 알고리즘의 특성상 과적합이 심하게 일어나며 Gradient Vanishing이 일어난다고 설명했습니다. 그래서 학습 과정 내에서 과적합을 어느 정도 방지할 수 있는 SVM과 Ensemble Learning이 많이 쓰였습니다(물론, Ensemble Learning은 현재까지도 매우 많이 사용되고 있습니다). 딥러닝의 정의는 크게 두 가지로 나눌 수 있습니다. 딥러닝은 2개 이상의 Hidden Layer를 지니고 있는 다층 신경망(Deep Neural Network, DNN)이라 할 수 있습니다. 신경망을 기반으로 한 모델이기 때문입니다. 그러나 딥러닝이 본격적으로 발전하게 된 것은 단순히 모델이 깊어졌기(deep) 때문만은 아닙니다. 딥러닝에는 Graphical Representation Learning이라는 특징이 있기 때문입니다.

02 딥러닝이 발전하게 된 계기

딥러닝이 발전하게 된 데에는 크게 두 가지 원인이 있습니다.

첫 번째로, 신경망의 단점으로 지적되어 왔던 과적합과 Gradient Vanishing을 완화시킬 수 있는 알고리즘이 효과를 보였다는 점입니다. 두 번째로, 신경망은 타 알고리즘 대비 학습 시간이 매우 오래 걸리는 문제가 있었는데 Graphics Processing Unit(GPU)를 신경망의 연산에 사용할 수 있게 되면서 학습 속도를 높일 수 있게 되었다는 점입니다. 개인용 GPU로 많이 사용되는 NVIDIA GeForce GTX 1080Ti를 사용하면 CPU를 사용했을 때보다 적게는 10배, 많게는 수십 배 이상 빠른 속도로 딥러닝 연산을 수행할 수 있습니다. 과적합을 방지하는 여러 알고리즘은 차근차근 소개하겠습니다.

딥러닝은 매우 다양한 형태로 발전해왔습니다. 딥러닝의 구조에 대해서만 간략하게 이야기해본다면 AI Background 부분에서 서술한 MLP, 이미지 관련 분야에서 많이 사용되는 CNN과 텍스트와 같은 시계열 분야에 많이 사용되는 RNN으로 나눌 수 있습니다. 딥러닝에서 가장 기본적으로 다뤄야 하는 구조이기도 하죠. 딥러닝은 CNN과 RNN 구조를 바탕으로 다양하게 파생돼 발전하고 있습니다. 이 책에서는 CNN과 RNN에 대해 자세히 다룹니다.

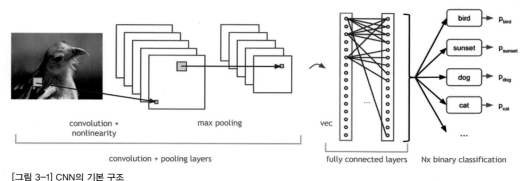

[그림 3-1] CNN의 기본 구조
출처: https://adeshpande3.github.io/A-Beginner%27s-Guide-To-Understanding-Convolutional-Neural-Networks/

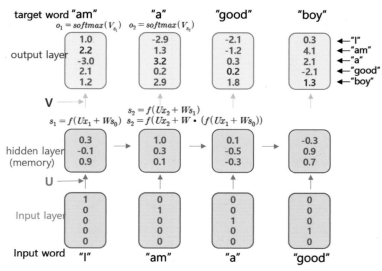

[그림 3-2] RNN의 기본 구조

4.1 Dropout

신경망이 지니고 있는 단점인 과적합과 Gradient Vanishing을 완화시킬 수 있는 여러 알고리즘이 나오기 시작하면서 딥러닝이 발전하게 됐습니다. 이 알고리즘에 대해 알아보겠습니다.

Dropout은 신경망의 학습 과정 중 Layer의 노드를 랜덤하게 Drop함으로써 Generalization 효과를 가져오게 하는 테크닉입니다. [그림 3-3]은 일반적인 신경망 구조와 Dropout이 적용된 신경망의 구조를 비교한 것입니다. 신경망을 비롯한 많은 머신러닝 알고리즘은 행렬로 연산됩니다. Input Data, Weight, Hidden Layer 모두 행렬입니다.

Dropout을 적용한다는 것은 Weight Matrix에 랜덤하게 일부 Column에 0을 집어넣어 연산을 한다고 이해하면 됩니다. Dropout을 적용할 때는 얼마나 랜덤하게 Dropout 기법을 적용할 것인지에 대한 확률 값을 지정해야 하며 이는 Input Layer와 Hidden Layer에도 적용할 수 있습니다. 또한 Epoch마다 랜덤하게 Dropout합니다. 예를 들어, Input Layer에 대해 20%, Hidden Layer에 대해 30%를 적용한다고 가정해봅시다. 그러면 Input Data의 Column에 랜덤하게 20%는 0을 집어넣고 Weight Matrix의 Column에도 랜덤하게 30%는 0을 집어넣어 Feed Forward를 진행하고 Back Propagation을 진행합니다. 그다음 Epoch에서 Dropout을 적용할 때 이번 Epoch와 독립적으로 랜덤하게 적용합니다. 즉, 이전 Epoch과는 다른 Column에 0을 집어넣는 것입니

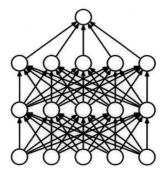 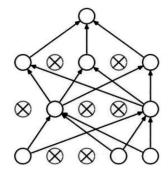

일반적인 신경망 구조   Dropout이 적용된 신경망 구조

[그림 3-3] Dropout이 적용된 신경망 구조
출처: Dropout: A Simple Way to Prevent Neural Networks from Overfitting(http://jmlr.org/papers/volume15/srivastava14a/srivastava14a.pdf)
일반적인 신경망 구조/Dropout이 적용된 신경망

다. 이러한 방식으로 계속 연산하면 과적합을 어느 정도 방지하는 효과를 가져온다는 것입니다. Dropout은 처음 제안된 이후로도 현재까지 기본적으로 신경망을 디자인할 때 범용적으로 많이 사용되고 있는 테크닉입니다.

[그림 3-4]는 MNIST라는 숫자 손글씨 데이터에 Dropout을 적용한 신경망과 적용하지 않은 신경망의 성능을 비교한(Test Error) Plot입니다. Dropout을 적용한 신경망이 적용하지 않은 신경망에 비해 Test Error가 낮다는 것을 알 수 있습니다.

Dropout은 유전 알고리즘에서 아이디어를 차용한 것입니다. 인류는 부모 간의 교배와 소수의 돌연변이 개체로 인해 발전해왔다는 게 유전 알고리즘의 기본 개념입니다. 여기서의 핵심은 소수의 돌연변이입니다. 이 돌연변이의 개념을 신경망에서 랜덤한 Dropout으로 적용한 것입니다.

Dropout은 Ensemble Learning의 RandomForest의 개념과 비교해볼 수도 있습니다. Ensemble Learning의 기본 콘셉트는 다양한 모델입니다. 다양한 모델을 만들기 위해 데이터를 랜덤하게 구성하고 변수도 랜덤하게 구성한 것이 RandomForest입니다. 신경망의 한 Epoch을 하나의 모델로 보고 Dropout을 랜덤한 변수의 구성으로 본다면 Dropout을 적용한 신경망은 일종의 RandomForest와 비슷한 모델 구성이라 볼 수 있습니다.

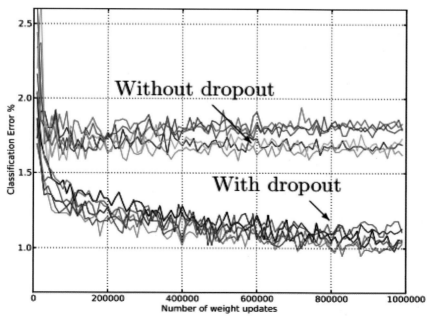

[그림 3-4] MNIST Data에 Dropout을 적용한 결과
출처: Dropout: A Simple Way to Prevent Neural Networks from Overfitting(http://jmlr.org/papers/volume15/srivastava14a/srivastava14a.pdf)

[예제 3-1] 사람의 손글씨 데이터인 MNIST를 이용해 Multi Layer Perceptron 설계할 때 Dropout 적용해보기

Dropout을 파이토치를 이용해 적용하는 것은 매우 간단합니다. 0부터 9까지 사람이 그린 손글씨 데이터인 MNIST를 활용해 10개의 클래스로 분류한 예제가 기억 나시나요? 여기서 사용한 코드를 바탕으로 Dropout을 적용해보겠습니다. 잘 기억이 나지 않을 수 있으므로 복습할 겸 Intro에서의 실습 부분 중 'PART 02 AI Background − 예제 1) Multi Layer Perceptron(MLP) 모델 설계하기' 부분을 다시 확인해봅시다.

```
''' 6. Multi Layer Perceptron(MLP) 모델 설계하기 '''
class Net(nn.Module):
    def __init__(self):
        super(Net, self).__init__()
        self.fc1 = nn.Linear(28 * 28, 512)
        self.fc2 = nn.Linear(512, 256)
        self.fc3 = nn.Linear(256, 10)

    def forward(self, x):
        x = x.view(-1, 28 * 28)
        x = self.fc1(x)
        x = F.sigmoid(x)
        x = self.fc2(x)
        x = F.sigmoid(x)
        x = self.fc3(x)
        x = F.log_softmax(x, dim = 1)
        return x
```

지난번에 실습할 때는 nn.Module을 이용해 MLP를 설계했습니다. `def __init__(self)` 메서드를 이용해 MLP를 설계하는 데 필요한 요소를 정의했고 `def forward(self, x)` 메서드를 이용해 MLP에 데이터를 입력했을 때 Output으로 계산되는 과정을 정의했습니다.

MLP를 설계하는 이 부분에 Dropout을 적용하고자 합니다. 파이토치를 이용해 Dropout을 적용하는 것은 매우 간단합니다. 우선, 해당 Layer에 몇 퍼센트의 노드에 대해 가중값을 계산하지 않을 것인지 명시적으로 정해줘야 합니다. 이 예제에서는 50%의 노드들은 계산하지 않는 것으로 정의하겠습니다.

그다음, 설계한 MLP 구조 내의 어느 부분에 Dropout을 적용할 것인지 명시해야 합니다. 이 예제에서는 비선형 함수의 Output에 적용하기 위해 `x = F.sigmoid(x)`의 결괏값과 `x = F.sigmoid(x)`의 결괏값에 Dropout을 적용하고자 합니다.

몇 퍼센트의 노드에 대해 가중값을 계산하지 않을 것인지와 설계한 MLP 구조 내의 어느 부분에 dropout을 적용할 것인지를 코드로 구현한 결과는 다음과 같습니다.

```
''' 6. Multi Layer Perceptron(MLP) 모델 설계하기 '''
class Net(nn.Module):
    def __init__(self):
        super(Net, self).__init__()
        self.fc1 = nn.Linear(28 * 28, 512)
        self.fc2 = nn.Linear(512, 256)
        self.fc3 = nn.Linear(256, 10)
        self.dropout_prob = 0.5                                      #(1)
    def forward(self, x):
        x = x.view(-1, 28 * 28)
        x = self.fc1(x)
        x = F.sigmoid(x)
        x = F.dropout(x, training = self.training, p = self.dropout_prob)  #(2)
        x = self.fc2(x)
        x = F.sigmoid(x)
        x = F.dropout(x, training = self.training, p = self.dropout_prob)  #(3)
        x = self.fc3(x)
        x = F.log_softmax(x, dim = 1)
    return x
```

(1) 몇 퍼센트의 노드에 대해 가중값을 계산하지 않을 것인지를 명시해주는 부분입니다. 이 예제에서는 50%의 노드에 대해 가중값을 계산하지 않기 위해 '0.5'으로 정의했습니다.

(2), (3) 각 sigmoid() 함수의 결괏값에 대해 Dropout을 적용하는 부분입니다. 계산되는 과정 속에 있는 x 값에 적용하며 p 값은 몇 퍼센트의 노드에 대해 계산하지 않을 것인지를 조정하는 요소입니다. 여기서 training = self.training 부분이 있는데, 이 부분은 학습 상태일 때와 검증 상태에 따라 다르게 적용되기 위해 존재하는 파라미터입니다. Dropout은 학습 과정 속에서 랜덤으로 노드를 선택해 가중값이 업데이트되지 않도록 조정하지만, 평가 과정 속에서는 모든 노드를 이용해 Output을 계산하기 때문에 학습 상태와 검증 상태에서 다르게 적용돼야 합니다. 이를 반영하기 위한 파라미터 값을 model.train()으로 명시할 때 self.training = True, model.eval()으로 명시할 때 self.training = False로 적용됩니다.

앞에서 실습했던 예제와 동일한 설정에 Epoch을 10에서 30으로 증가해 Dropout을 적용했을 때와 적용하지 않았을 때의 Test Accuracy를 결과를 비교한 결과는 다음과 같습니다.

```
''' Dropout 적용 전 Test Accuracy '''
# [EPOCH: 1],       Test Loss: 0.0698,       Test Accuracy: 23.32 %
# [EPOCH: 2],       Test Loss: 0.0402,       Test Accuracy: 58.52 %
# [EPOCH: 3],       Test Loss: 0.0234,       Test Accuracy: 77.72 %
# [EPOCH: 4],       Test Loss: 0.0169,       Test Accuracy: 84.12 %
# [EPOCH: 5],       Test Loss: 0.0144,       Test Accuracy: 86.40 %

# ...

# [EPOCH: 26],      Test Loss: 0.0077,       Test Accuracy: 92.59 %
# [EPOCH: 27],      Test Loss: 0.0073,       Test Accuracy: 93.11 %
# [EPOCH: 28],      Test Loss: 0.0073,       Test Accuracy: 93.28 %
# [EPOCH: 29],      Test Loss: 0.0071,       Test Accuracy: 93.30 %
# [EPOCH: 30],      Test Loss: 0.0070,       Test Accuracy: 93.30 %

''' Dropout 적용 후 Test Accuracy '''
# [EPOCH: 1],       Test Loss: 0.0713,       Test Accuracy: 12.46 %
# [EPOCH: 2],       Test Loss: 0.0649,       Test Accuracy: 44.95 %
# [EPOCH: 3],       Test Loss: 0.0368,       Test Accuracy: 64.02 %
# [EPOCH: 4],       Test Loss: 0.0273,       Test Accuracy: 71.46 %
# [EPOCH: 5],       Test Loss: 0.0236,       Test Accuracy: 76.24 %

# ...

# [EPOCH: 25],      Test Loss: 0.0090,       Test Accuracy: 91.32 %
# [EPOCH: 26],      Test Loss: 0.0088,       Test Accuracy: 91.47 %
# [EPOCH: 27],      Test Loss: 0.0087,       Test Accuracy: 91.66 %
# [EPOCH: 28],      Test Loss: 0.0086,       Test Accuracy: 91.70 %
# [EPOCH: 29],      Test Loss: 0.0084,       Test Accuracy: 91.89 %
# [EPOCH: 30],      Test Loss: 0.0083,       Test Accuracy: 91.96 %
```

물론 이론상 Dropout을 적용했을 때 일반화가 강해져 Test Accuracy가 높아지는 결과가 기대되지만, 이는 학습 데이터셋과 검증 데이터셋의 피처 및 레이블의 분포 간 많은 차이가 있을 때 유효하게 작용합니다. MNIST 데이터셋은 학습 데이터와 검증 데이터 간 많은 차이가 발생하지 않기 때문에 오히려 성능이 조금 하락할 수도 있습니다. 하지만 Epoch을 늘려 추가로 학습을 진행하면 성능이 좋아지는 경향이 있습니다.

Dropout은 보통 ReLU( ) 비선형 함수와 잘 어울립니다. 바로 다음 예제에서 비선형 함수를 Sigmoid( )에서 ReLU( )로 변경했을 때 Dropout의 효과를 살펴봅시다.

4.2 Activation 함수

이전 파트에서 Activation 함수를 다뤘습니다. Activation 함수는 어떤 신호를 입력받아 이를 적절히 처리해 출력해주는 함수를 의미하고 MLP에서 기본적으로 시그모이드 함수를 사용한다고 설명했습니다. 그런데 Back Propagation 과정 중에 시그모이드를 미분한 값을 계속 곱해주면서 Gradient 값이 앞 단의 Layer로 올수록 0으로 수렴하는 현상이 발생합니다. 이를 'Gradient Vanishing'이라 하며 이는 Hidden Layer가 깊어질수록 심해지기 때문에 Hidden Layer를 깊게 쌓아 복잡한 모델을 만들 수 있다는 장점이 의미가 없게 된다고 설명했습니다.

4.2.1 ReLU 함수

ReLU(Rectified Linear Unit) 함수는 기존의 시그모이드 함수와 같은 비선형 활성 함수가 지니고 있는 문제점을 어느 정도 해결한 활성 함수입니다. 활성 함수 ReLU는 $f(x)=max(0,x)$와 같이 정의되고 [그림 3-5]와 같이 나타낼 수 있습니다. 입력 값이 0 이상이면 이 값을 그대로 출력하고 0 이하이면 0으로 출력하는 함수입니다. 이 활성 함수가 시그모이드 함수에 비해 좋은 이유는 이 활성 함수를 미분할 때 입력 값이 0 이상인 부분은 기울기가 1, 입력 값이 0 이하인 부분은 0이 되기 때문입니다. 즉, Back Propagation 과정 중 곱해지는 Activation 미분 값이 0 또는 1이 되기 때문에 아예 없애거나 완전히 살리는 것으로 해석할 수 있습니다. 이를 통해 Hidden

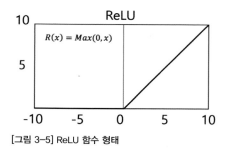

[그림 3-5] ReLU 함수 형태

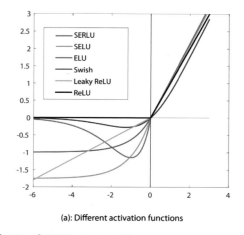

(a): Different activation functions

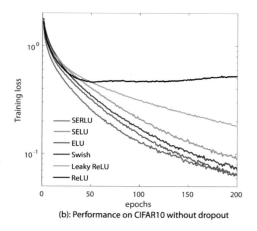

(b): Performance on CIFAR10 without dropout

[그림 3-6] 다양한 Activation 함수

출처: https://towardsdatascience.com/a-comprehensive-guide-on-activation-functions-b45ed37a4fa5

Layer가 깊어져도 Gradient Vanishing이 일어나는 것을 완화시키며 Layer를 깊게 쌓아 복잡한 모형을 만들 수 있게 된 것이죠.

ReLU 함수가 나오면서 ReLU의 변형 함수가 많이 나오기 시작했습니다. Leaky ReLU, ELU, parametric ReLU, SELU, SERLU 등 다양한 Activation 함수가 나오고 있고 각 함수의 형태와 CIFAR10 데이터에 각 활성 함수를 적용한 성능 그래프는 다음 그림과 같습니다. CIFAR10 데이터에 적용한 것을 보면 SERLU의 성능이 가장 좋다는 것을 알 수 있습니다. 하지만 모든 Task에 대해 이 활성 함수가 항상 가장 좋다고는 말하기 어렵습니다. 실제로 많은 논문의 코드를 살펴보면 다양한 활성 함수를 사용하는 것을 알 수 있습니다. 즉, 활성 함수 내에서 어느 정도 일반화된 성능 차이는 있을 수 있지만, 딥러닝을 적용하는 분야에 따라 조금씩 성능의 차이는 있을 수 있다는 것입니다.

사람의 손글씨 데이터인 MNIST를 이용해 Multi Layer Perceptron 설계할 때 Dropout + ReLU 적용해보기

이번에는 기존에 Fully Connected Layer 간 비선형 함수로 sigmoid( )를 이용했는데, 이를 ReLU( ) 비선형 함수로 변경해봅시다. 코드상에서는 x = F.sigmoid(x) 부분을 x = F.relu(x)로 변경하기만 하면 됩니다. 매우 간단하죠? x = F.sigmoid(x) 부분을 x = F.relu(x)로 변경한 결과는 다음과 같습니다.

```
''' 6. Multi Layer Perceptron(MLP) 모델 설계하기 '''
class Net(nn.Module):
    def __init__(self):
        super(Net, self).__init__()
        self.fc1 = nn.Linear(28 * 28, 512)
        self.fc2 = nn.Linear(512, 256)
        self.fc3 = nn.Linear(256, 10)
        self.dropout_prob = 0.5

    def forward(self, x):
        x = x.view(-1, 28 * 28)
        x = self.fc1(x)
        x = F.relu(x)                                           #(1)
        x = F.dropout(x, training = self.training, p = self.dropout_prob)
        x = self.fc2(x)
        x = F.relu(x)                                           #(2)
        x = F.dropout(x, training = self.training, p = self.dropout_prob)
        x = self.fc3(x)
        x = F.log_softmax(x, dim = 1)
        return x
```

ReLU( ) 함수는 0 미만인 값은 0으로 계산하고 양수 값은 그대로 반영하는 비선형 함수이며 Gradient를 빠르게 계산하고 Back Propagation을 효과적으로 이용할 수 있기 때문에 많은 딥러닝 모형을 설계할 때 많이 이용합니다. 이와 반대로 sigmoid( ) 비선형 함수는 0에서 멀어질수록 Gradient 값이 0에 가까워 Back Propagation이 효과적으로 이용되기 어려울 수 있습니다. sigmoid( ) + Dropout 성능 결과와 ReLU( ) + Dropout 성능 결과를 비교한 결과는 다음과 같습니다.

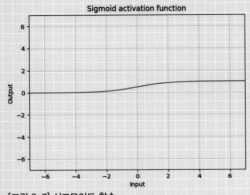

[그림 3-7] 시그모이드 함수
출처: https://pytorch.org/docs/master/generated/torch.nn.Sigmoid.ht
ml?highlight=sigmoid#torch.nn.Sigmoid

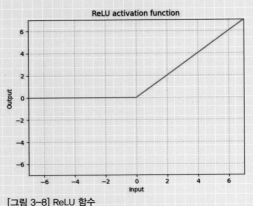

[그림 3-8] ReLU 함수
출처: https://pytorch.org/docs/master/generated/torch.nn.ReLU.
html?highlight=torch nn relu#torch.nn.ReLU

```
''' sigmoid( ) + Dropout을 적용했을 때 Test Accuracy '''
# [EPOCH: 1],      Test Loss: 0.0713,    Test Accuracy: 12.46 %
# [EPOCH: 2],      Test Loss: 0.0649,    Test Accuracy: 44.95 %
# [EPOCH: 3],      Test Loss: 0.0368,    Test Accuracy: 64.02 %
# [EPOCH: 4],      Test Loss: 0.0273,    Test Accuracy: 71.46 %
# [EPOCH: 5],      Test Loss: 0.0236,    Test Accuracy: 76.24 %
# [EPOCH: 6],      Test Loss: 0.0206,    Test Accuracy: 80.33 %
# [EPOCH: 7],      Test Loss: 0.0180,    Test Accuracy: 82.90 %
# [EPOCH: 8],      Test Loss: 0.0159,    Test Accuracy: 85.01 %
# [EPOCH: 9],      Test Loss: 0.0146,    Test Accuracy: 86.08 %
# [EPOCH: 10],     Test Loss: 0.0136,    Test Accuracy: 86.95 %

''' ReLU( ) + Dropout 적용했을 때 Test Accuracy '''
# [EPOCH: 1],      Test Loss: 0.0101,    Test Accuracy: 90.76 %
# [EPOCH: 2],      Test Loss: 0.0070,    Test Accuracy: 93.35 %
# [EPOCH: 3],      Test Loss: 0.0054,    Test Accuracy: 94.95 %
# [EPOCH: 4],      Test Loss: 0.0044,    Test Accuracy: 95.94 %
# [EPOCH: 5],      Test Loss: 0.0039,    Test Accuracy: 96.09 %
# [EPOCH: 6],      Test Loss: 0.0035,    Test Accuracy: 96.56 %
# [EPOCH: 7],      Test Loss: 0.0032,    Test Accuracy: 96.88 %
# [EPOCH: 8],      Test Loss: 0.0030,    Test Accuracy: 97.17 %
# [EPOCH: 9],      Test Loss: 0.0027,    Test Accuracy: 97.37 %
# [EPOCH: 10],     Test Loss: 0.0026,    Test Accuracy: 97.45 %
```

sigmoid( ) 함수를 적용했을 때보다 ReLU( ) 함수를 적용해 비선형 함수를 이용했을 때 학습시
작부터 높은 성능을 유지하며 학습이 진행될수록 점점 성능이 높아진다는 것을 확인할 수 있습
니다.

4.3 Batch Normalization

신경망에는 과적합과 Gradient Vanishing 외에도 Internal Covariance Shift라는 현상이 발생합니다. Internal Covariance Shift란, 각 Layer마다 Input 분포가 달라짐에 따라 학습 속도가 느려지는 현상을 말합니다. Batch Normalization은 이를 방지하기 위한 기법으로, 말 그대로 Layer의 Input 분포를 정규화해 학습 속도를 빠르게 하겠다는 것입니다. Batch Normalization 수식은 다음과 같습니다. h는 Input 분포를 의미합니다. Beta(β)와 Gamma(r)가 없다고 가정하면 기본적으로 정규화하는 수식과 일치하는 것을 알 수 있습니다. Beta와 Gamma는 각각 분포를 shift시키고 Scaling시키는 값으로 Back Propagation을 통해 학습시킵니다. Batch Normalization을 사용하면 학습 속도를 향상시켜주고 Gradient Vanishing 문제도 완화해줍니다.

$$BN(h; \gamma, \beta) = \beta + \gamma \frac{h - E(h)}{\sqrt{(Var(h) + \epsilon)}}$$

[그림 3-9]를 보면 ReLU 함수를 통해 데이터의 0의 미만 값이 0으로 된 것을 알 수 있습니다. 이후 다음 Weight와 선형 결합을 통해 분포가 우측으로 이동되는 것을 볼 수 있고 Batch Normalization을 통해 정규 분포와 비슷한 형태로 정규화되는 것을 볼 수 있습니다. 이 분포를 다시 ReLU 함수를 통해 0 미만 값이 0으로 되는 것을 볼 수 있습니다. 만약, Batch Normalization을 하지 않고 바로 ReLU 함수에 들어갔다면 다음 두 번째 그림에 있는 분포의 형태가 그대로 유지될 것입니다. ReLU 함수는 Input 값이 0미만이면 0, Input 값이 0 이상이면 그 값 그대로 출력하는 함수이기 때문이죠. 즉, Batch Normalization을 사용하지 않는다면 Hidden Layer를 쌓으면서 비선형 활성 함수를 사용하는 의미가 없어질 가능성이 있습니다. Batch Normalization의 분포를 정규화해 비선형 활성 함수의 의미를 살리는 개념이라 볼 수 있습니다.

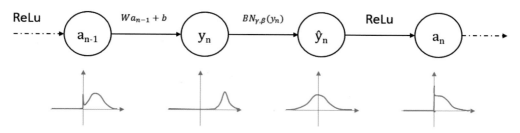

[그림 3-9] BN이 적용됐을 때의 Layer 분포
출처: https://guillaumebrg.wordpress.com/2016/02/28/dogs-vs-cats-adding-batch-normalization-5-1-error-rate/

[예제 3-3] 사람의 손글씨 데이터인 MNIST를 이용해 Multi Layer Perceptron 설계할 때 Dropout + ReLU + Batch Normalization 적용해보기

이번에는 Batch Normalization을 적용해봅시다. Batch Normalization은 각 Layer마다 Input의 분포가 달라짐에 따라 학습 속도가 현저히 느려지는 것을 방지하기 위해 이용되는 기법입니다.

Batch Normalization은 1-Dimension, 2-Dimension, 3-Dimension 등 다양한 차원에 따라 적용되는 함수명이 다르기 때문에 유의해서 사용해야 합니다. MLP 내 각 Layer에서 데이터는 1-Dimension 크기의 벡터 값을 계산하기 때문에 nn.BatchNorm1d( )를 이용합니다.

nn.BatchNorm( ) 함수를 이용해 적용하는 부분은 논문이나 코드에 따라 Activation Fuction 이전에 적용하는지, 이후에 적용하는지 연구자들의 선호도에 따라 다르게 이용됩니다. Activation 함수 이전에 적용했을 때 성능이 더 좋아진다고 주장하는 연구자도 있고 Activation 함수 이후에 적용했을 때 성능이 더 좋아진다고 주장하는 연구자들도 있습니다. 이 예제에서는 Activation 함수 이전에 적용하는 방식으로 실습해보겠습니다. 전체 코드는 MLP를 정의하는 Class 영역을 수정한 결과를 첨부하겠습니다.

```
''' 6. Multi Layer Perceptron(MLP) 모델 설계하기 '''
class Net(nn.Module):
    def __init__(self):
        super(Net, self).__init__()
        self.fc1 = nn.Linear(28 * 28, 512)
        self.fc2 = nn.Linear(512, 256)
        self.fc3 = nn.Linear(256, 10)
        self.dropout_prob = 0.5
        self.batch_norm1 = nn.BatchNorm1d(512)        #(1)
        self.batch_norm2 = nn.BatchNorm1d(256)        #(2)

    def forward(self, x):
        x = x.view(-1, 28 * 28)
        x = self.fc1(x)
        x = self.batch_norm1(x)                       #(3)
        x = F.relu(x)
        x = F.dropout(x, training = self.training, p = self.dropout_prob)
        x = self.fc2(x)
        x = self.batch_norm2(x)                       #(4)
        x = F.relu(x)
        x = F.dropout(x, training = self.training, p = self.dropout_prob)
        x = self.fc3(x)
        x = F.log_softmax(x, dim = 1)
        return x
```

(1) 'nn.BatchNorm( )'을 Class 내에서 이용하기 위해 'self.batch_norm1'으로 정의하며 512차원으로 설정합니다. 이는 첫 번째 Fully Connected Layer의 Output이 512 크기의 벡터 값이기 때문에 512로 설정합니다.

(2) 'nn.BatchNorm( )'을 Class 내에서 이용하기 위해 'self.batch_norm2'으로 정의하며 256차원으로 설정합니다. 이는 두 번째 Fully Connected Layer의 Output이 256 크기의 벡터 값이기 때문에 256으로 설정합니다.

(3) 첫 번째 Fully Connected Layer의 Output을 위에서 정의한 'self.batch_norm1'의 Input으로 이용합니다.

(4) 두 번째 Fully Connected Layer의 Output을 위에서 정의한 'self.batch_norm2'의 Input으로 이용합니다.

Batch Normalization을 적용하기 전의 모델 성능 결과와 Batch Normalization을 적용한 후 모델 성능 결과를 비교해봅시다. Batch Normalization을 적용했을 때 Test Loss는 감소하며, Test Accuracy 값이 높아진 것을 확인했으며 이를 통해 MLP 모델의 성능이 향상됐다고 판단할 수 있습니다.

```
''' ReLU( ) + Dropout을 적용했을 때 Test Accuracy '''
# [EPOCH: 1],      Test Loss: 0.0101,      Test Accuracy: 90.76 %
# [EPOCH: 2],      Test Loss: 0.0070,      Test Accuracy: 93.35 %
# [EPOCH: 3],      Test Loss: 0.0054,      Test Accuracy: 94.95 %
# [EPOCH: 4],      Test Loss: 0.0044,      Test Accuracy: 95.94 %
# [EPOCH: 5],      Test Loss: 0.0039,      Test Accuracy: 96.09 %
# [EPOCH: 6],      Test Loss: 0.0035,      Test Accuracy: 96.56 %
# [EPOCH: 7],      Test Loss: 0.0032,      Test Accuracy: 96.88 %
# [EPOCH: 8],      Test Loss: 0.0030,      Test Accuracy: 97.17 %
# [EPOCH: 9],      Test Loss: 0.0027,      Test Accuracy: 97.37 %
# [EPOCH: 10],     Test Loss: 0.0026,      Test Accuracy: 97.45 %

''' ReLU( ) + Dropout + BN을 적용했을 때 Test Accuracy '''
# [EPOCH: 1],      Test Loss: 0.0048,      Test Accuracy: 95.39 %
# [EPOCH: 2],      Test Loss: 0.0036,      Test Accuracy: 96.52 %
# [EPOCH: 3],      Test Loss: 0.0032,      Test Accuracy: 97.00 %
# [EPOCH: 4],      Test Loss: 0.0027,      Test Accuracy: 97.25 %
# [EPOCH: 5],      Test Loss: 0.0026,      Test Accuracy: 97.43 %
# [EPOCH: 6],      Test Loss: 0.0024,      Test Accuracy: 97.67 %
# [EPOCH: 7],      Test Loss: 0.0023,      Test Accuracy: 97.81 %
# [EPOCH: 8],      Test Loss: 0.0023,      Test Accuracy: 97.75 %
# [EPOCH: 9],      Test Loss: 0.0021,      Test Accuracy: 97.95 %
# [EPOCH: 10],     Test Loss: 0.0021,      Test Accuracy: 97.94 %
```

4.4 Initialization

'Initialize'는 '초기화하다'라는 뜻입니다. 앞서 Learning Rate에 대한 개념을 설명했습니다. 신경망은 처음에 Weight를 랜덤하게 초기화하고 Loss가 최소화되는 부분을 찾아갑니다. 이전에는 초기 분포로 Uniform Distribution이나 Normal Distribution을 사용했습니다. Weight를 랜덤하게 초기화하면 [그림 3-10]과 같이 신경망의 초기 Loss가 달라집니다. 즉, 신경망을 초기화할 때

마다 신경망의 Loss상에서의 위치가 A에서 D까지 달라질 수 있다는 것입니다. 따라서 최적의 신경망 Loss를 갖기 위해서는 C 위치에서 출발하는 것이 유리할 것입니다. 즉, 신경망을 어떻게 초기화하느냐에 따라 학습 속도가 달라질 수 있다는 것입니다. 그렇기 때문에 신경망의 초기화 기법에 대해 다양한 연구가 이뤄지고 있습니다. 대표적인 초기화 기법으로 Xavier Initialization, LeCun Initialization 그리고 He Initialization 등이 있습니다.

- LeCun Initialization: LeCun이라는 CNN 창시자의 이름에서 따온 기법으로, LeCun Normal Initialization과 LeCun Uniform Initialization이 있습니다. 각각 초기 분포가 다음과 같은 분포를 따르도록 weight를 초기화하는 것입니다.

  - LeCun Normal Initialization

  $$W \sim N(0, Var(W))$$
  $$Var(W) = \sqrt{\frac{1}{n_{in}}}$$

  - LeCun Uniform Initialization

  $$W \sim U(-\sqrt{\frac{1}{n_{in}}}, +\sqrt{\frac{1}{n_{in}}})$$

  여기서 n_{in}: 이전 Layer의 노드 수

- Xavier Initialization : 이전 Layer의 노드 수에 따라 가중치를 결정짓는 LeCun Initialization과 비슷하게 이전 Layer의 노드 수와 다음 Layer의 노드 수에 따라 가중치를 결정 짓습니다.

  - Xavier Normal Initialization

  $$W \sim N(0, Var(W))$$
  $$Var(W) = \sqrt{\frac{1}{n_{in} + n_{out}}}$$

  - Xavier Uniform Initialization

  $$W \sim U(-\sqrt{\frac{6}{n_{in} + n_{out}}}, +\sqrt{\frac{6}{n_{in} + n_{out}}})$$

  n_{in}: 이전 Layer의 노드 수, n_{out}= 다음 Layer의 노드 수

- He Initialization: Xavier Initialization은 ReLU 함수를 사용할 때 비효율적이라는 것을 보이는데, 이를 보완한 초기화 기법이 He Initialization입니다.

[예제 3-4] 사람의 손글씨 데이터인 MNIST를 이용해 Multi Layer Perceptron 설계할 때 Dropout + ReLU + Batch Normalization + He Uniform Initialization 적용해보기

일반적인 딥러닝 모델은 다음 순서대로 설계해 학습하고 성능을 평가합니다.

① 모델 구조를 설계하고 설계된 모델 구조의 파라미터 값을 랜덤으로 샘플링

② Feature 값으로 이용되는 데이터를 설계한 모델의 Input으로 사용해 Output을 계산

③ 계산된 Output을 Input으로 이용한 Feature 값과 매칭되는 레이블 값을 기존에 정의한 objective function을 통해 Loss 값으로 계산

④ 계산된 Loss 값을 통해 Gradient를 계산해 모델 내 파라미터 값을 Back Propagation에 의해 업데이트

⑤ 이를 반복해 학습을 진행하며 학습이 완료된 이후 완성된 모델의 성능을 평가

이 중 ①에서 설계한 모델 구조의 파라미터 값을 랜덤으로 샘플링하는 과정에서 어떤 분포에서 샘플링을 진행하는지에 따라 모델의 학습이 좋은 방향으로 진행될 수도 있고 나쁜 방향으로 진행될 수도 있습니다. 즉, 학습의 시작점을 좋게 설정하면 학습을 수월하게 진행할 수 있습니다.

그렇다면 현재 이용하고 있는 파이토치 내의 nn.linear는 어떤 분포에서 샘플링을 통해 파라미터를 초기화하는 것인지 궁금할 것입니다. 파이토치 내의 nn.linear는 Output으로 계산되는 벡터의 차원 수의 역수 값에 대한 +/− 범위 내 Uniform Distribution을 설정해 샘플링합니다. 수식은 다음과 같습니다.

$$\mathcal{U}(-\sqrt{k}, \sqrt{k})$$

$$k = \frac{1}{\text{in\_features}}$$

여기서 정의한 분포가 아닌, He Initialization을 이용해 파라미터를 초기화해보겠습니다. 코드는 다음과 같습니다.

```
''' 7. Optimizer, Objective Function 설정하기 '''
import torch.nn.init as init                                    #(1)
def weight_init(m):                                             #(2)
    if isinstance(m, nn.Linear):                               #(3)
        init.kaiming_uniform_(m.weight.data)                  #(4)

model = Net( ).to(DEVICE)
model.apply(weight_init)                                        #(5)
optimizer = torch.optim.SGD(model.parameters( ), lr = 0.01, momentum = 0.5)
criterion = nn.CrossEntropyLoss( )
```

(1) Weight, Bias 등 딥러닝 모델에서 초깃값으로 설정되는 요소에 대한 모듈인 init를 임포트합니다.

(2) MLP 모델 내의 Weight를 초기화할 부분을 설정하기 위해 `weight_init` 함수를 정의합니다.

(3) MLP 모델을 구성하고 있는 파라미터 중 `nn.Linear`에 해당하는 파라미터 값에 대해서만 지정합니다.

(4) `nn.Linear`에 해당하는 파라미터 값에 대해 `he_initialization`을 이용해 파라미터 값을 초기화합니다.

(5) (2)에서 정의한 `weight_init` 함수를 `Net( )` 클래스의 인스턴스인 `model`에 적용합니다.

지금까지 다룬 예제가 Class 내 모델을 설계하는 영역에서 설정했다면 이번에는 모델을 정의하는 부분에서 설정을 바꿔주게 됩니다. 우선 model을 정의한 후 apply를 이용해 모델의 파라미터를 초기화합니다. 초기화를 진행할 때, 정의된 `weight_init` 함수를 보면 모델 내 파라미터 값 중 `nn.Linear` 인스턴스에 대해서는 `kaiming_uniform_`을 이용해 초기화하는 것으로 설정돼 있습니다. 여기서 `kaiming_uniform_`는 'He Initialization'을 의미합니다. 이외에 파라미터 값은 기본값으로 설정된 분포에서 샘플링해 랜덤으로 설정됩니다. 마치 `nn.Linear`가 위의 분포에서 샘플링된 결과처럼 말이죠.

```
''' ReLU( ) + Dropout + BN 적용했을 때 Test Accuracy '''
# [EPOCH: 1],        Test Loss: 0.0048,        Test Accuracy: 95.39 %
# [EPOCH: 2],        Test Loss: 0.0036,        Test Accuracy: 96.52 %
# [EPOCH: 3],        Test Loss: 0.0032,        Test Accuracy: 97.00 %
# [EPOCH: 4],        Test Loss: 0.0027,        Test Accuracy: 97.25 %
# [EPOCH: 5],        Test Loss: 0.0026,        Test Accuracy: 97.43 %
# [EPOCH: 6],        Test Loss: 0.0024,        Test Accuracy: 97.67 %
# [EPOCH: 7],        Test Loss: 0.0023,        Test Accuracy: 97.81 %
# [EPOCH: 8],        Test Loss: 0.0023,        Test Accuracy: 97.75 %
# [EPOCH: 9],        Test Loss: 0.0021,        Test Accuracy: 97.95 %
# [EPOCH: 10],       Test Loss: 0.0021,        Test Accuracy: 97.94 %

''' ReLU( ) + Dropout + BN + He 적용했을 때 Test Accuracy '''
# [EPOCH: 1],        Test Loss: 0.0069,        Test Accuracy: 93.43 %
# [EPOCH: 2],        Test Loss: 0.0054,        Test Accuracy: 94.84 %
# [EPOCH: 3],        Test Loss: 0.0045,        Test Accuracy: 95.67 %
# [EPOCH: 4],        Test Loss: 0.0040,        Test Accuracy: 95.96 %
# [EPOCH: 5],        Test Loss: 0.0038,        Test Accuracy: 96.31 %
# [EPOCH: 6],        Test Loss: 0.0034,        Test Accuracy: 96.71 %
# [EPOCH: 7],        Test Loss: 0.0032,        Test Accuracy: 96.72 %
# [EPOCH: 8],        Test Loss: 0.0030,        Test Accuracy: 97.01 %
# [EPOCH: 9],        Test Loss: 0.0029,        Test Accuracy: 97.25 %
# [EPOCH: 10],       Test Loss: 0.0027,        Test Accuracy: 97.39 %
```

4.5 Optimizer

앞서 Batch 단위로 Back Propagation하는 과정을 Stochastic Gradient Descent(SGD)라 하고 이러한 과정을 'Optimization'이라 한다고 설명했습니다. SGD 외에도 SGD의 단점을 보완하기 위한 다양한 Optimizer가 있습니다. 대표적인 Optimizer에 대해 간단하게 살펴보겠습니다. 수학적인 이해보다는 개념적인 이해를 하는 것이 더 중요합니다. 일반적으로 신경망의 Weight(θ)는 Loss Function J에 대해 다음과 같이 업데이트할 수 있습니다.

$$\theta_{t+1} \leftarrow \theta_t - \eta \nabla_\theta J(\theta)$$

▪ Momentum: Momentum은 미분을 통한 Gradient 방향으로 가되, 일종의 관성을 추가하는 개념입니다. 기본적인 SGD에 Momentum을 추가한 수식은 다음과 같습니다. 여기서 Gamma(γ)가 Momentum의 파라미터입니다.

$$\nu_t = \gamma \nu_{t-1} - \eta \nabla_\theta J(\theta)$$
$$\theta_{t+1} \leftarrow \theta_t - \nu_t$$

일반적인 SGD는 다음과 같이 조금씩 최적 해(Global Optimum)를 찾아갑니다. 전체 데이터에 대해 Back Propagation을 하는 것이 아니라 Batch 단위로 Back Propagation하기 때문에 일직선으로 찾아가지 않습니다.

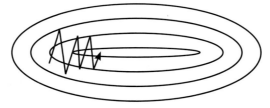

[그림 3-11] SGD의 해를 찾는 모습
출처: http://shuuki4.github.io/deep%20learning/2016/05/20/Gradient-Descent-Algorithm-Overview.html

Momentum을 사용하면 [그림 3-12] 같이 최적의 장소로 더 **빠르게** 수렴하는 것을 볼 수 있습니다. 걸어가는 보폭을 크게 하는 개념이라 이해하면 될 것 같습니다. 또한 최적 해가 아닌 지역해(Local Minimum)를 지나칠 수도 있다는 장점이 있습니다.

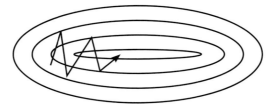

[그림 3-12] SGD에 Momentum이 적용돼 해를 찾는 모습
출처: http://shuuki4.github.io/deep%20learning/2016/05/20/Gradient-Descent-Algorithm-Overview.html

- **Nesterov Accelerated Gradient(NAG):** NAG는 Momentum을 약간 변형한 방법입니다. Momentum으로 이동한 후 Gradient를 구해 이동하는 방식을 수식으로 표현하면 다음과 같습니다.

$$v_t = \gamma v_{t-1} - \eta \nabla_\theta J(\theta - \gamma v_{t-1})$$
$$\theta_{t+1} = \theta_t - v_t$$

- **Adaptive Gradient(Adagrad):** Adagrad의 개념은 '가보지 않은 곳은 많이 움직이고 가본 곳은 조금씩 움직이자.'입니다. 수식으로는 다음과 같이 표현할 수 있습니다.

$$G_t = G_{t-1} - (\nabla_\theta J(\theta_t))^2$$
$$\theta_{t+1} \leftarrow \theta_t - \frac{\eta}{\sqrt{G + \epsilon}} \nabla_\theta J(\theta_t)$$

- **RMSProp:** RMSProp는 Adagrad의 단점을 보완한 방법입니다. Adagrad의 단점은 학습이 오래 진행될수록 G_t 부분이 계속 증가해 Step Size가 작아진다는 것인데, RMSProp는 G_t가 무한히 커지지 않도록 지수 평균을 계산하여 이용합니다. 수식으로 표현하면 다음과 같습니다.

$$G = \gamma G + (1 - \gamma)(\nabla_\theta J(\theta_t))^2$$
$$\theta_{t+1} \leftarrow \theta_t - \frac{\eta}{\sqrt{G + \epsilon}} \nabla_\theta J(\theta_t)$$

- **Adaptive Delta(Adadelta):** Adadelta 또한 Adagrad의 단점을 보완한 방법입니다. Gradient를 구해 움직이는데, Gradient의 양이 너무 적어지면 움직임이 멈출 수 있습니다. 이를 방지하기 위한 방법이 'Adadelta'입니다. 수식으로 표현하면 다음과 같습니다.

$$G = \gamma G + (1 - \gamma)(\nabla_\theta J(\theta_t))^2$$
$$\Delta_\theta = \frac{\sqrt{s + \epsilon}}{\sqrt{G + \epsilon}} \nabla_\theta J(\theta_t)$$
$$\theta_{t+1} \leftarrow \theta_t - \Delta_\theta$$
$$s = \gamma s + (1 - \gamma)\Delta_\theta^2$$

- **Adaptive Moment Estimation(Adam):** Adam은 딥러닝 모델을 디자인할 때 기본적으로 가장 많이 사용하는 Optimizer로, RMSProp와 Momentum 방식의 특징을 결합한 방법입니다. 2020년을 기준으로 많은 딥러닝 모델에서 기본적으로 Adam을 많이 사용하고 있습니다.

- **Rectified Adam optimizer(RAdam):** Adam뿐 아니라 대부분의 Optimizer는 학습 초기에 Bad Local Optimum에 수렴해 버릴 수 있는 단점이 있습니다. 학습 초기에 Gradient가 매우 작아져서 학습이 더 이상 일어나지 않는 현상이 발생하는 것입니다.

RAdam은 이러한 Adaptive Learning Rate Term의 분산을 교정(Recify)하는 Optimizer로, 논문의 저자는 실험 결과를 통해 Learning Rate를 어떻게 조절하든 성능이 비슷하다는 것을 밝혔습니다. 딥러닝 모델을 디자인하려면 다양한 요소가 필요합니다. Hidden Layer와 Hidden 노드의 수, Activation 함수, Initialization 기법 그리고 Optimizer 등과 같은 다양한 요소를 고려해야 합니다. '각 요소는 항상 이렇게 하는 것이 좋다'라는 법은 없습니다. 기본적으로 많이 사용하는 기법이 있지만, 각 기법이 지니고 있는 장단점이 있기 때문에 딥러닝 모델을 디자인할 때 여러 가지 방식으로 시도해보는 것이 좋습니다.

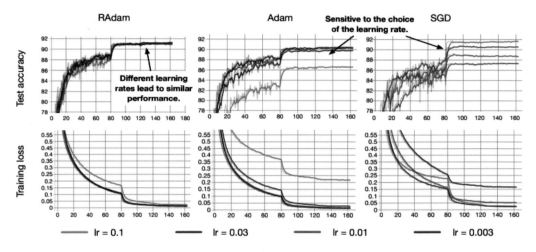

[그림 3-13] RAdam의 실험 결과
출처: On the variance of the adaptive learning rate and beyond(https://arxiv.org/pdf/1908.03265.pdf)

[예제 3-5] 사람의 손글씨 데이터인 MNIST를 이용해 Multi Layer Perceptron 설계할 때 Dropout + ReLU + Batch Normalization + He Uniform Initialization + Adam 적용해보기

지금까지 다양한 요소를 조절해봤습니다. 그중에서도 가장 중요한 것은 바로 학습에 이용되는 Optimizer입니다. Optimizer 중에서도 가장 자주 이용되는 Adam을 이용해 실습해보겠습니다.

```
optimizer = torch.optim.SGD(model.parameters( ), lr = 0.01, momentum = 0.5)  #(1)
optimizer = torch.optim.Adam(model.parameters( ), lr = 0.01)                  #(2)
```

optimizer를 정의하는 단 한 줄만 변경하면 됩니다. Adam은 대체적으로 RMSProp과 Momentum의 특징을 결합하며 다양한 optimizer 중 기본적으로 자주 이용되는 최적화 기법입니다.

```
''' ReLU( ) + Dropout + BN + He 적용했을 때 Test Accuracy '''
# [EPOCH: 1],      Test Loss: 0.0069,      Test Accuracy: 93.43 %
# [EPOCH: 2],      Test Loss: 0.0054,      Test Accuracy: 94.84 %
# [EPOCH: 3],      Test Loss: 0.0045,      Test Accuracy: 95.67 %
# [EPOCH: 4],      Test Loss: 0.0040,      Test Accuracy: 95.96 %
# [EPOCH: 5],      Test Loss: 0.0038,      Test Accuracy: 96.31 %
# [EPOCH: 6],      Test Loss: 0.0034,      Test Accuracy: 96.71 %
# [EPOCH: 7],      Test Loss: 0.0032,      Test Accuracy: 96.72 %
# [EPOCH: 8],      Test Loss: 0.0030,      Test Accuracy: 97.01 %
# [EPOCH: 9],      Test Loss: 0.0029,      Test Accuracy: 97.25 %
# [EPOCH: 10],     Test Loss: 0.0027,      Test Accuracy: 97.39 %


''' ReLU( ) + Dropout + BN + He + Adam 적용했을 때 Test Accuracy '''
# [EPOCH: 1],      Test Loss: 0.0040,      Test Accuracy: 96.19 %
# [EPOCH: 2],      Test Loss: 0.0035,      Test Accuracy: 96.56 %
# [EPOCH: 3],      Test Loss: 0.0027,      Test Accuracy: 97.15 %
# [EPOCH: 4],      Test Loss: 0.0026,      Test Accuracy: 97.42 %
# [EPOCH: 5],      Test Loss: 0.0024,      Test Accuracy: 97.54 %
# [EPOCH: 6],      Test Loss: 0.0024,      Test Accuracy: 97.61 %
# [EPOCH: 7],      Test Loss: 0.0023,      Test Accuracy: 97.76 %
# [EPOCH: 8],      Test Loss: 0.0024,      Test Accuracy: 97.82 %
# [EPOCH: 9],      Test Loss: 0.0023,      Test Accuracy: 97.69 %
# [EPOCH: 10],     Test Loss: 0.0021,      Test Accuracy: 97.87 %
```

4.6 AutoEncoder(AE)

회귀와 분류모델은 지도학습으로, 신경
망 모델은 처음에 이 지도학습을 위해 개
발됐습니다. 그러나 신경망 모델의 학
습 알고리즘의 특성상 다른 방식으로도
(비지도학습, Unsupervised Learning) 개발
되기 시작했습니다. 앞서 간단하게 서
술한 데이터를 생성하는 딥러닝 모델인
Generative Adversarial Networks(GAN)
도 그중 하나입니다. AutoEncoder(AE)
는 대표적인 비지도학습 신경망 모델
로, Input과 Output을 [그림 3−14]와

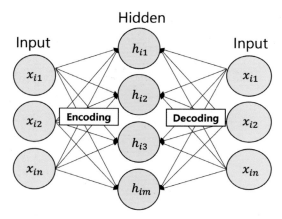

[그림 3−14] AE의 구조

똑같이 설정합니다. [그림 3−14]는 기본적인 AE의 구조인데, Hidden Layer의 앞부분을 '인
코더(Encoder)', 뒷부분을 '디코더(Decoder)'라고 합니다. 즉, Input Data에 대해 Hidden Layer
로 인코딩(압축)한 후 다시 원래 Input Data로 디코딩(복원)하는 개념이라 볼 수 있습니다. AE
를 활용하면 Input Data를 Latent Space에 압축시켜 이 값을 새로운 Feature로 사용할 수 있
습니다. Feature Extraction의 일종으로 새로운 Feature를 사용했을 때 기존의 Feature를 사
용할 때보다 성능이 좋고(항상은 아닙니다), Dimension을 줄일 수 있다는 장점이 있습니다.
AE의 학습 과정은 데이터를 원래의 데이터로 잘 복원하도록 학습시키는 것으로 이해할 수 있
습니다. 자기자신을 잘 복원할 수 있는 모델이라면 복원하는 과정 중에 있는 압축했을 때의
Feature는 Feature로서의 의미가 있을 것이라 이해할 수 있습니다.

4.7 Stacked AutoEncoder

AE가 나온 후 AE의 변형된 모델이 나오기 시작했습니다. Stacked AutoEncoder(SAE)는 말 그대
로 AE를 [그림 3−15]와 같이 쌓아 올린 모델입니다. 학습하는 과정은 다음과 같습니다. 앞서
AE의 학습 과정과 Feature로서 사용하는 것의 의미에 대해 설명했습니다. AE의 새로운 Feature
가 Feature로서의 의미가 있다면 이를 쌓아 올려 학습하면 더 좋은 학습 모델을 만들 수 있을 것
이라 생각한 것이죠.

① Input Data로 AE1을 학습

② ①에서 학습된 모형의 Hidden Layer를 Input으로 해 AE2를 학습

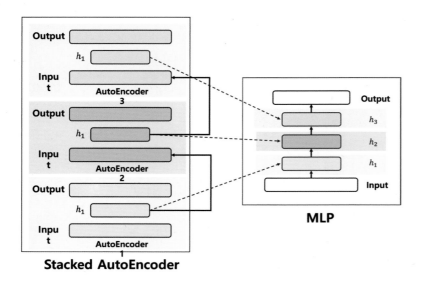

[그림 3-15] SAE의 학습 과정

③ ② 과정을 원하는 만큼 반복

④ ①~③에서 학습된 Hidden Layer를 쌓아 올림.

⑤ 마지막 Layer에 Softamx와 같은 Classification 기능이 있는 Output Layer를 추가

⑥ Fine-tuning으로 전체 다층 신경망을 재학습

Fine-tuning이라는 개념은 따로 학습시킨 모델을 재학습시키는 개념입니다. 이전에 우리는 Initialization기법을 간단히 다뤘습니다. 네트워크의 초기 Weight에 따라 Loss상의 공간이 결정되고 Global Optimum으로 가는 경로가 결정된다고 설명했습니다. 이와 마찬가지로 SAE의 개념은 '좋은 Feature를 지니고 있는 Hidden Layer를 쌓아 네트워크를 학습시키면 더 좋은 모델을 만들 수 있을 것이다'입니다. 여기서 미리 학습시키는 것을 'Pre-Trained Model'이라 하고 이 모델을 재학습시키는 과정을 'Fine-tuning'이라 합니다.

4.8 Denoising AutoEncoder(DAE)

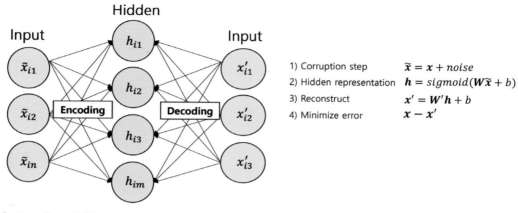

1) Corruption step $\tilde{x} = x + noise$
2) Hidden representation $h = sigmoid(W\tilde{x} + b)$
3) Reconstruct $x' = W'h + b$
4) Minimize error $x - x'$

[그림 3-16] DAE의 학습 구조

'Robust'라는 뜻은 '강건한'이라는 뜻을 지니며 머신러닝이나 AI 분야에 자주 등장하는 단어입니다. 학습해보지 않은 데이터라 하더라도 잘 분류하도록 강건한 모형을 만들어야 하기 때문이죠. Denoising AutoEncoder(DAE)는 좀 더 강건한 Feature를 만들기 위한 AE입니다. AE와 마찬가지로 Input 데이터를 잘 복원하도록 학습시키는 모델이지만, Input에 약간의 Noise를 추가해 학습시킵니다. 즉, Input이 $x + noise$이고 Output이 x인 것입니다. 네트워크 구조와 Notation은 [그림 3-16]과 같습니다. Input Data에 Noise를 주어 학습시킴으로써 어떤 데이터가 Input으로 오든 강건한 모델을 만들겠다는 의미입니다. DAE의 학습 과정을 이해하기 쉽도록 현실 세계와 비교해본다면 '안개가 낀 상황(Training)에서 운전을 연습하면 실전(Test)에 도움이 된다', 또는 '극한 상황에서 훈련(Training)해야 실전(Test)에 도움이 된다'라는 말로 이해할 수 있습니다. Stacked Denoising AutoEncoder(SDAE)는 SAE에서 AE를 DAE로 대체한 모형입니다.

[예제 3-6] 옷 종류 데이터 FashionMNIST를 활용해 AutoEncoder 설계하기

이번에는 특정 값으로 예측하거나 특정 클래스로 분류하는 것이 아니라 원본 데이터를 생성하는 AutoEncoder를 실습해보겠습니다.

흑백 이미지가 10개의 옷 종류로 분류돼 있는 FashionMNIST 데이터를 이용해 기본적인 MLP 구조의 AutoEncoder 모델을 설계해보겠습니다. AutoEncoder 모델을 설계하는 순서는 다음과 같습니다.

① 모듈 임포트하기

② 딥러닝 모델을 설계할 때 활용하는 장비 확인하기

③ FashionMNIST 데이터 다운로드하기(Train set, Test set 분리하기)

④ 데이터 확인하기 (1)

⑤ 데이터 확인하기 (2)

⑥ AutoEncoder(AE) 모델 설계하기

⑦ Optimizer, Objective Function 설정하기

⑧ AE 모델 학습을 진행하면서 학습 데이터에 대한 모델의 성능을 확인하는 함수 정의하기

⑨ 학습되는 과정 속에서 검증 데이터에 대한 모델 성능을 확인하는 함수 정의하기

⑩ AutoEncoder 학습을 실행하면서 Test set의 Reconstruction Error 확인하기

기존의 Code 예제와 겹치는 부분이 있지만, 복습한다고 생각하고 다시 한번 읽어보시기 바랍니다.

```
''' 1. Module Import '''
import numpy as np                              #(1)
import matplotlib.pyplot as plt                 #(2)

import torch                                    #(3)
import torch.nn as nn                           #(4)
import torch.nn.functional as F                 #(5)
from torchvision import transforms, datasets    #(6)
```

파이썬 코드를 작성할 때는 기본적으로 필요한 모듈을 미리 임포트해 사용합니다. 파이썬을 실행할 때는 많은 모듈이 구현돼 있기 때문에 실행에 필요한 최소한의 모듈만 자동으로 내장돼 실행됩니다. 예를 들어, print( ), len( ), set( ) 등의 함수가 있습니다. 이외에 파이썬 코드를 작성할 때 이미 구현된 함수를 실행하려면 외부 모듈을 임포트해 사용해야 합니다. 보통 사람이 코드를 작성해 공유할 때, 임포트한 모듈은 가장 위에 작성해 공유하며 해당 코드 파일을 실행할 때 필요한 모듈은 어떤 것이 있는지 확인합니다. 이 예제에서 사용되는 외부 모듈을 간략히 설명하겠습니다.

(1) 선형 대수 관련된 함수를 쉽게 이용할 수 있는 모듈이며 대부분의 파이썬 코드 스크립트에서 가장 자주 언급되는 모듈입니다.

(2) 함수 실행 결과 산출물에 대한 수치에 대해 사람이 쉽게 이해할 수 있도록 시각화할 수 있는 외부 모듈입니다.

(3) 이 책에서 이용하는 딥러닝 프레임워크 중 하나인 'PyTorch'의 기본 모듈입니다.

(4) PyTorch Module 중 딥러닝, 즉 인공 신경망 모델을 설계하는 데 필요한 함수를 모아 놓은 모듈입니다.

(5) 'torch.nn' Module 중에서도 자주 이용되는 함수를 'F'로 지정합니다.

(6) 컴퓨터 비전 연구 분야에서 자주 이용되는 'torchvision' Module 내의 'transforms', 'datasets' 함수를 임포트합니다.

```
''' 2. 딥러닝 모델을 설계할 때 활용하는 장비 확인 '''
if torch.cuda.is_available( ):
    DEVICE = torch.device('cuda')
else:
    DEVICE = torch.device('cpu')
print('Using PyTorch version:', torch.__version__, ' Device:', DEVICE)
# Using PyTorch version: 1.5.0+cu101  Device: cuda
```

파이토치 프레임워크를 이용해 딥러닝 모델을 설계할 때나 딥러닝 모델을 구성하고 있는 파라미터 값을 업데이트할 때 이용할 수 있는 장비를 선택할 수 있습니다. 만약 CUDA에서 GPU를 이용하고 있다면 'cuda', 이용하지 않고 있다면 'cpu'로 설정됩니다. 만약 GPU를 이용하고 있다면 계산 속도가 빠르기 때문에 딥러닝 모델의 파라미터 값을 빠르게 업데이트할 수 있습니다.

이 예제를 실행하는 환경의 파이토치 버전은 1.5이며 CUDA를 이용하고 있는 것을 확인할 수 있습니다.

```
BATCH_SIZE = 32                                          #(1)
EPOCHS = 10                                              #(2)
```

파이썬 코드 내 하이퍼파라미터를 지정할 때는 보통 영어 대문자로 표기합니다.

(1) BATCH_SIZE: AE 모델을 학습할 때 필요한 데이터 개수의 단위입니다. Mini-Batch 1개에 데이터가 32개로 구성돼 있는 것을 의미합니다. 좀 더 자세히 설명하면 AE 모델을 학습할 때 32개의 데이터를 이용해 첫 번째로 학습하고 그다음 32개의 데이터를 이용해 두 번째로 학습하고 이를 반복해 마지막 데이터를 이용해 학습합니다. 32개의 데이터로 1개의 Mini-Batch를 구성하고 있으며 1개의 Mini-Batch로 학습을 1회 진행합니다. 이를 대중적으로 1개의 Mini-Batch를 통해 학습하는 횟수를 'Iteration', 전체 데이터를 이용해 학습을 진행한 횟수를 'Epoch'

이라 합니다. 예를 들어, 전체 데이터가 1만 개이고 1,000개 데이터를 이용해 1개의 Mini-Batch를 구성한다면 1Epoch당 10회의 Iteration이 발생합니다. Epoch은 사용자가 정의하는 하이퍼파라미터이고 Mini-Batch의 데이터 개수를 지정해주면 Iteration은 전체 데이터 개수에서 1개의 Mini Batch를 구성하고 있는 데이터 개수를 나눠준 몫만큼 진행합니다.

(2) EPOCHS: Mini-Batch 1개 단위로 Back Propagation을 이용해 AE의 가중값을 업데이트하는데, Epoch은 존재하고 있는 Mini-batch를 전부 이용하는 횟수를 의미합니다. 즉, 전체 데이터셋을 10번 반복해 학습한다는 것을 의미합니다. Epoch은 사용자가 정의하는 하이퍼파라미터이기 때문에 사용자가 마음대로 정의할 수 있습니다. 이 예제에서는 '10'으로 정의했습니다.

```
''' 3. FashionMNIST 데이터 다운로드(Train set, Test set 분리하기) '''
train_dataset = datasets.FashionMNIST(root = "../data/FashionMNIST",      #(1)
                                       train = True,
                                       download = True,
                                       transform = transforms.ToTensor( ))

test_dataset = datasets.FashionMNIST(root = "../data/FashionMNIST",       #(2)
                                      train = False,
                                      transform = transforms.ToTensor( ))

train_loader = torch.utils.data.DataLoader(dataset = train_dataset,       #(3)
                                            batch_size = BATCH_SIZE,
                                            shuffle = True)

test_loader = torch.utils.data.DataLoader(dataset = test_dataset,         #(4)
                                           batch_size = BATCH_SIZE,
                                           shuffle = False)
```

▪ 우리는 흔히 데이터를 외부에서 파이썬으로 불러와 이용합니다. 주로 데이터를 엑셀 파일로 주고받으며 이를 쉽게 처리하기 위해 Pandas Module을 이용해 pd.read_csv( ), pd.read_excel( ) 함수를 이용하기도 합니다. 이외에도 파이토치에서 연구용으로 자주 이용되는 데이터를 쉽게 불러올 수 있도록 구현돼 있습니다. 이 예제에서는 FashionMNIST를 이용할 것이기 때문에 torchvision 내의 datasets 함수를 이용해 데이터셋을 다운로드합니다.

AE 모델을 학습하는 데 이용되는 학습용 데이터셋과 학습이 진행된 이후 AE 모델의 성능을 검증하기 위한 검증용 데이터셋을 따로 분리해 설정합니다.

(1), (2) FashionMNIST 데이터셋을 다운로드합니다.

▪ root: 데이터가 저장될 장소를 지정합니다. 여기서 '../'은 상위 폴더를 의미합니다. 이 예제에서는 코드가 실행되는 디렉터리의 상위 디렉터리에 존재하는 data 폴더 내의 FashionMNIST 폴더에 저장하는 내용입니다.

▪ train: 대상 데이터가 AE 모델을 학습하기 위해 이용되는 학습용 데이터인지, AE 모델을 학습

한 이후의 성능을 검증하기 위한 검증용 데이터인지 지정합니다. `train = True`로 표기한 데이터는 학습용 데이터셋인 train_dataset로 설정하고 `train = False`로 표기한 데이터는 검증용 데이터셋인 test_dataset로 설정합니다.

- download: FashionMNIST 데이터셋은 의류, 가방, 신발 등 10가지 종류로 구성된 이미지 데이터셋입니다.

- transform: 사람의 손글씨 데이터인 MNIST는 이미지 데이터입니다. 데이터를 다운로드할 때 이미지 데이터에 대한 기본적인 전처리를 동시에 진행할 수 있습니다. 여기서는 Torch Module로 설계한 AE의 Input으로 이용되기 때문에 `ToTensor( )` 메서드를 이용해 tensor 형태로 변경해야 합니다. 또한 한 픽셀은 0~255 범위의 스칼라 값으로 구성돼 있는데, 이를 0~1 범위로 정규화하는 과정이 진행됩니다. AE 모델을 비롯한 인공 신경망 모델은 학습이 Input 데이터 값의 크기가 커질수록 불안정하거나 과적합되는 방향으로 진행될 우려가 있기 때문에 정규화 과정을 통해 Input으로 이용하는 것을 권장합니다.

(3), (4) 다운로드한 FashionMNIST 데이터셋을 Mini-Batch 단위로 분리해 지정합니다. 우리는 Mini-Batch 단위를 통해 AE 모델을 학습시킬 것이므로 Mini-Batch별로 데이터를 묶어 단위를 맞추려고 합니다. DataLoader 함수를 이용하면 각 이미지 데이터 1개를 이용해 AE 모델을 학습시키는 것이 아니라 이미지 데이터를 Batch Size만큼, 즉 32개만큼 묶어 1개의 Mini-Batch를 구성할 수 있습니다.

- dataset: Mini-Batch 단위로 할당하고자 하는 데이터셋을 지정합니다. train_Dataset를 이용해 학습을 진행하는 DataLoader를 train_loader, 학습이 진행된 이후 AE 모델의 성능을 확인하는 용도로 사용되는 test_dataset를 test_loader로 설정하겠습니다.

- batch_size: Mini-batch 1개 단위를 구성하는 데이터의 개수를 지정합니다. 이 예제에서는 BATCH_SIZE = 32로 이미 지정했습니다.

- shuffle: 데이터의 순서를 섞고자 할 때 이용합니다. AE 모델이 학습을 진행할 때 Label 정보의 순서를 암기해 학습을 진행할 수 있습니다. 즉, 특정 Label에 매칭된 이미지 데이터의 특징을 보고 학습하는 것이 아니라 특정 이미지 데이터에 매칭된 Label 값에 집중해 학습하는, 즉 잘못된 방향으로 학습하는 것을 방지하기 위해 데이터 순서를 섞어주기도 합니다.

```
''' 4. 데이터 확인하기 (1) '''
for (X_train, y_train) in train_loader:
    print('X_train:', X_train.size( ), 'type:', X_train.type( ))
    print('y_train:', y_train.size( ), 'type:', y_train.type( ))
    break

# X_train: torch.Size([32, 1, 28, 28]) type: torch.FloatTensor
# y_train: torch.Size([32]) type: torch.LongTensor
```

다운로드한 후 Mini-batch 단위로 할당한 데이터의 개수와 데이터 형태를 확인합니다.

- X_train: 32개의 이미지 데이터가 1개의 Mini-Batch를 구성하고 있고 가로 28개, 세로 28개의 픽셀로 구성돼 있으며 채널이 1이므로 그레이스케일이 이뤄진, 다시 말해 흑백으로 이뤄진 이미지 데이터라는 것을 확인할 수 있습니다.

- y_train: 32개의 이미지 데이터에 Label 값이 1개씩 존재하기 때문에 32개의 값을 지니고 있다는 것을 확인할 수 있습니다.

X_train 이미지 데이터는 torch.FloatTensor, y_train Label 데이터는 torch.LongTensor 형태라는 것을 확인할 수 있습니다.

```
''' 5. 데이터 확인하기 (2) '''
pltsize = 1
plt.figure(figsize=(10 * pltsize, pltsize))
for i in range(10):
    plt.subplot(1, 10, i + 1)
    plt.axis('off')
    plt.imshow(X_train[i, :, :, :].numpy( ).reshape(28, 28), cmap = "gray_r")
    plt.title('Class: ' + str(y_train[i].item( )))
```

[그림 3-17] FashionMNIST 데이터 실제 출력 결과

데이터가 실제로 어떻게 생겼는지 사람의 눈으로 직접 확인할 수 있도록 시각화하는 코드입니다.

[Mini-Batch, Channel, Height, Width]의 형태, 즉 1개의 Mini-Batch 내에는 32개의 데이터가 있고 채널이 1개이며 세로 28, 가로 28인 이미지 데이터를 의미하는 [32, 1,28, 28] 데이터 모양을 사람의 눈으로 직접 확인할 수 있도록 이미지 데이터를 시각화하거나 [Width, Height, Channel] 형태로 변환하기 위해 [28, 28, 1]로 각각 변환해 시각화합니다.

제시된 10개의 이미지 데이터 각각은 28 * 28 * 1 개의 픽셀로 구성돼 있는 이미지이고 각 이미지별로 할당된 Label 값 역시 올바르게 매칭돼 있다는 것을 확인할 수 있습니다.

```
''' 6. AutoEncoder(AE) 모델 설계하기 '''
class AE(nn.Module):                                #(1)
    def __init__(self):                             #(2)
        super(AE, self).__init__()                  #(3)

        self.encoder = nn.Sequential(               #(4)
            nn.Linear(28 * 28, 512),                #(5)
            nn.ReLU( ),                             #(6)
            nn.Linear(512, 256),                    #(7)
            nn.ReLU( ),                             #(8)
            nn.Linear(256, 32),)                    #(9)

        self.decoder = nn.Sequential(               #(10)
            nn.Linear(32, 256),                     #(11)
            nn.ReLU( ),                             #(12)
            nn.Linear(256, 512),                    #(13)
            nn.ReLU( ),                             #(14)
            nn.Linear(512, 28 * 28),)               #(15)

    def forward(self, x):                           #(16)
        encoded = self.encoder(x)                   #(17)
        decoded = self.decoder(encoded)             #(18)
        return encoded, decoded                     #(19)
```

Torch Module을 이용해 본격적으로 AE를 설계하는 단계입니다.

(1) PyTorch Module 내에 딥러닝 모델 관련 기본 함수를 포함하고 있는 nn.Module 클래스를 상속받는 Net 클래스를 정의합니다. nn.Module 클래스를 상속받았을 때 nn.Module 클래스가 이용할 수 있는 함수를 그대로 이용할 수 있기 때문에 새로운 딥러닝 모델을 설계할 때 자주 이용됩니다.

(2) AE 클래스의 인스턴스를 생성했을 때 지니게 되는 성질을 정의해주는 메서드입니다.

(3) nn.Module 내에 있는 메서드를 상속받아 이용합니다.

(4) AutoEncoder는 인코더와 디코더로 이뤄져 있는데, 그중 인코더를 정의하는 부분으로, 기존에는 def __init__(self)를 이용해 모델을 설계하는 데 필요한 요소를 사전에 정의한 후 forward( ) 부분에서 호출해 사용했다면 이번에는 nn.Sequential( )을 이용해 인코더 단위를 한 번에 정의하겠습니다.

(5) AutoEncoder의 인코더 부분을 정의합니다. FashionMNIST 데이터는 28 * 28 크기의 이미지 데이터이므로 해당 이미지 데이터를 입력받을 수 있도록 노드 수를 28 * 28로 설정합니다. 인코더의 두 번째 레이어의 노드 수를 512로 설정할 것이기 때문에 첫 번째 레이어의 Output을 512 크기로 설정합니다.

(6) AutoEncoder의 인코더 부분 첫 번째 레이어의 Output에 대해 ReLU( ) 비선형 함수를 적용

해 두 번째 레이어의 Input으로 전달합니다.

(7) AutoEncoder의 인코더 부분 두 번째 레이어의 Input 크기는 '512'이고 세 번째 레이어의 노드 수를 '256'으로 설정하기 위해 두 번째 레이어의 Output 크기를 '256'으로 설정합니다.

(8) AutoEncoder의 인코더 부분 두 번째 레이어의 Output에 대해 ReLU( ) 비선형 함수를 적용해 세 번째 레이어의 Input으로 전달합니다.

(9) AutoEncoder의 인코더 부분 세 번째 레이어의 Input 크기는 '256'이고 Latent Variable Vector의 크기를 '32'로 설정하기 위해 Output의 노드 수를 '32'로 설정합니다.

(10) AutoEncoder의 디코더 부분을 정의하겠습니다. 이 부분 역시 인코더와 마찬가지로 nn.Sequential( )을 이용해 디코더의 단위를 한 번에 정의하겠습니다.

(11) AutoEncoder의 인코더로 생성한 Latent Variable Vector을 Input으로 이용하기 위해 디코더의 첫 번째 레이어의 노드 수를 '32'로 설정합니다. 디코더의 두 번째 레이어 노드 수를 '256'으로 설정하기 위해 첫 번째 레이어의 Output 크기를 '256'으로 설정합니다.

(12) AutoEncoder의 디코더 부분 첫 번째 레이어의 Output에 대해 ReLU( ) 비선형 함수를 적용해 두 번째 레이어의 Input으로 전달합니다.

(13) AutoEncoder의 디코더 부분 두 번째 레이어의 Input 크기는 '256'이고 세 번째 레이어의 노드 수를 '512'로 설정하기 위해 두 번째 레이어의 Output의 크기를 '512'로 설정합니다.

(14) AutoEncoder의 디코더 부분 두 번째 레이어의 Output에 대해 ReLU( ) 비선형 함수를 적용해 세 번째 레이어의 Input으로 전달합니다.

(15) AutoEncoder의 디코더 부분 세 번째 레이어의 Input 크기는 '512'이고 Output의 노드 수는 원래 이미지 데이터와 Loss를 계산하기 때문에 기존 이미지 데이터의 크기인 28 * 28 크기로 노드 수를 설정합니다.

(16) nn.Sequential을 이용해 정의한 AutoEncoder의 인코더와 디코더에 대해 Forward Propagation을 정의합니다. 즉, 설계한 AutoEncoder의 인코더와 디코더에 데이터를 입력했을 때 Output을 계산하기까지의 과정을 나열한 것을 의미합니다.

(17) 이미지 데이터를 사전에 정의한 인코더의 Input으로 이용해 Latent Variable Vector을 생성합니다. 생성된 Latent Variable Vector을 Encoded로 저장합니다.

(18) Latent Variable Vector 값이 저장된 Encoded를 디코더의 Input으로 이용합니다.

(19) 최종 계산된 Encoded와 Decoded 두 결괏값을 반환합니다.

```
''' 7. Optimizer, Objective Function 설정하기 '''

model = AE( ).to(DEVICE)                                              #(1)
optimizer = torch.optim.Adam(model.parameters( ), lr = 0.001)        #(2)
criterion = nn.MSELoss( )                                            #(3)

print(model)

# AE(
#   (encoder) Sequential(
#     (0) Linear(in_features=784, out_features=512, bias=True)
#     (1) ReLU( )
#     (2) Linear(in_features=512, out_features=256, bias=True)
#     (3) ReLU( )
#     (4) Linear(in_features=256, out_features=32, bias=True)
#   )
#   (decoder) Sequential(
#     (0) Linear(in_features=32, out_features=256, bias=True)
#     (1) ReLU( )
#     (2) Linear(in_features=256, out_features=512, bias=True)
#     (3) ReLU( )
#     (4) Linear(in_features=512, out_features=784, bias=True)
#   )# )
```

(1) '6. AutoEncoder(AE) 모델 설계하기'의 (1)에서 정의한 AE 모델을 기존에 선정한 DEVICE에 할당합니다. 그 이유는 DEVICE 장비를 이용해 AE 모델을 완성하기 위해서입니다.

(2) Back Propagation을 통해 파라미터를 업데이트할 때 이용하는 Optimizer를 정의합니다. 이 예제에서는 Adam 알고리즘을 이용하고 파라미터를 업데이트할 때 반영될 Learning Rate를 '0.001'로 설정합니다. 보통 Adam을 기본 옵션으로 설정하고 Learning Rate는 분석가의 취향에 따라 다르게 설정하기도 합니다.

(3) AE 모델의 Output 값과 계산될 Label 값은 이미지 데이터 그 자체입니다. AE 모델의 Output 값은 Input으로 이용된 이미지 데이터와 복원된 이미지 데이터 값 간의 MeanSquaredError를 이용해 계산하기 위해 criterion은 nn.MSELoss( )로 설정합니다.

```
''' 8. AE 모델 학습을 진행하며 학습 데이터에 대한 모델 성능을 확인하는 함수 정의 '''
def train(model, train_loader, optimizer, log_interval):
    model.train( )                                                   #(1)
    for batch_idx,(image, _) in enumerate(train_loader):             #(2)
        image = image.view(-1, 28 * 28).to(DEVICE)                   #(3)
        target = image.view(-1, 28 * 28).to(DEVICE)                  #(4)
        optimizer.zero_grad( )                                       #(5)
        encoded, decoded = model(image)                              #(6)
        loss = criterion(decoded, target)                            #(7)
        loss.backward( )                                             #(8)
        optimizer.step( )                                            #(9)

        if batch_idx % log_interval == 0:
            print("Train Epoch: {} [{}/{}({:.0f}%)]\tTrain Loss: {:.6f}".format(
                Epoch, batch_idx * len(image),
                len(train_loader.dataset), 100. * batch_idx / len(train_loader),
                loss.item( )))
```

AE 모델을 설계했으므로 기존에 정의한 이미지 데이터와 레이블 데이터를 이용해 MLP 모델을 학습하는 train 함수를 정의해야 합니다.

(1) 기존에 정의한 AE 모델을 학습 상태로 지정합니다.

(2) 기존에 정의한 train_loader에는 학습에 이용되는 이미지 데이터와 레이블 데이터가 Mini-Batch 단위로 묶여 저장돼 있습니다. 해당 train_loader 내의 Mini-Batch 단위로 저장된 데이터를 순서대로 이용해 AE 모형을 학습시키겠습니다. 이 예제에서는 레이블 데이터를 활용해 학습하는 것이 아니라 입력 데이터를 타깃으로 학습하기 때문에 레이블 데이터를 이용할 필요가 없습니다. 여기서 기존에 이용된 Label 값을 _로 대신 설정해 생략했습니다.

(3) Mini-Batch 내에 있는 이미지 데이터를 기존에 정의한 장비에 할당합니다. 이때 기존에 정의한 AutoEncoder의 Input은 28 * 28 크기의 1차원 레이어이므로 2차원 이미지 데이터를 1차원 데이터로 재구성해 할당해야 합니다.

(4) Mini-Batch 내에 있는 이미지 데이터를 AE의 Output과 비교하는 대상으로 설정하기 위해 기존에 정의한 장비에 할당합니다. 이때 기존에 정의한 AutoEncoder의 Input은 28 * 28 크기의 1차원 레이어이므로 (3)과 마찬가지로 2차원의 이미지 데이터를 1차원 데이터로 재구성해 할당해야 합니다.

(5) 이미지 데이터를 기존에 정의한 장비에 할당했을 때 과거에 이용한 Mini-Batch 내에 있는 이미지 데이터를 바탕으로 계산된 Loss의 Gradient 값이 Optimizer에 할당돼 있으므로 Optimizer의 Gradient를 초기화합니다.

(6) 장비에 할당한 이미지 데이터를 AE 모델의 Input으로 이용해 Output을 계산합니다.

(7) 계산된 Output과 장비에 할당된 이미지 데이터를 기존에 정의한 MeanSquaredError를 이용해 Loss 값을 계산합니다.

(8) Loss 값을 계산한 결과를 바탕으로 Back Propagation을 통해 계산된 Gradient 값을 각 파라미터에 할당합니다.

(9) 각 파라미터별 할당된 Gradient 값을 이용해 파라미터 값을 업데이트합니다.

다음은 학습의 진행 과정을 모니터링하기 위해 출력하는 코드입니다.

```
''' 9. 학습되는 과정 속에서 검증 데이터에 대한 모델 성능을 확인하는 함수 정의 '''
def evaluate(model, test_loader):
    model.eval( )                                            #(1)
    test_loss = 0                                            #(2)
    real_image = []                                          #(3)
    gen_image = []                                           #(4)
    with torch.no_grad( ):                                   #(5)
        for image, _ in test_loader:                         #(6)
            image = image.view(-1, 28 * 28).to(DEVICE)       #(7)
            target = image.view(-1, 28 * 28).to(DEVICE)      #(8)
            encoded, decoded = model(image)                  #(9)

            test_loss += criterion(decoded, image).item( )   #(10)
            real_image.append(image.to("cpu"))               #(11)
            gen_image.append(decoded.to("cpu"))              #(12)

    test_loss /= len(test_loader.dataset)                    #(13)
    return test_loss, real_image, gen_image                  #(14)
```

AE 모델 학습 과정 또는 학습이 완료된 상태에서 MLP 모델의 성능을 평가하기 위해 'evaluate' 함수를 정의합니다.

(1) 학습 과정 속 또는 학습이 완료된 AE 모델을 학습 상태가 아닌, 평가 상태로 지정합니다.

(2) 기존에 정의한 'test_loader' 내의 데이터로 Loss 값을 계산하기 위해 'test_loss'를 0으로 임시 설정합니다.

(3) 학습 과정 속에서 AutoEncoder에 이용되는 실제 이미지 데이터를 리스트에 저장하기 위해 빈 리스트를 할당합니다.

(4) 학습 과정 속에서 AutoEncoder을 통해 생성되는 이미지 데이터를 리스트에 저장하기 위해 빈 리스트를 할당합니다.

(5) AutoEncoder 모델을 평가하는 단계에서는 Gradient를 통해 파라미터 값이 업데이트되는 현상을 방지하기 위해 'torch.no_grad( )' 메서드를 이용해 Gradient의 흐름을 억제합니다.

(6) 기존에 정의한 'test_loader' 내의 데이터도 'train_loader'와 동일하게 Mini-Batch 단위로 저장돼 있습니다. Mini-Batch 내에 있는 이미지 데이터에 반복문을 이용해 차례대로 접근합니다.

(7) Mini-Batch 내에 있는 이미지 데이터를 이용해 AE 모델을 검증하기 위해 기존에 정의한 장비에 할당합니다. 이때 AutoEncoder의 Input으로 이용하기 위해 'train' 함수에서 정의한 것과 마찬가지로 이미지를 28 * 28 크기의 1차원 데이터로 재구성해 할당해야 합니다.

(8) Mini-Batch 내에 있는 이미지 데이터를 이용해 AE 모델의 Output과 비교하기 위해 기존에 정의한 장비에 할당합니다. 이때 AutoEncoder의 Output으로 이용하기 위해 'train' 함수에서 정의한 것과 마찬가지로 이미지를 28 * 28 크기의 1차원 데이터로 재구성해 할당해야 합니다.

(9) 장비에 할당한 이미지 데이터를 AE 모델의 Input으로 이용해 Output을 계산합니다.

(10) AutoEncoder 모델을 통해 생성된 이미지와 실제 이미지 간 MeanSquaredError 값을 계산해 test_loss 값을 업데이트합니다.

(11) 실제 이미지로 할당된 이미지를 'real_image' 리스트에 추가합니다.

(12) AutoEncoder 모델을 통해 생성된 이미지를 'gen_image' 리스트에 추가합니다.

(13) 현재까지 계산된 'test_loss' 값을 'test_loader' 내에 있는 데이터 개수만큼 나눠 평균 Loss 값으로 계산합니다.

(14) 계산된 'test_loss' 값과 저장된 'real_image', 'gen_image' 리스트를 반환합니다.

```
''' 10. AutoEncoder 학습을 실행하며 Test set의 Reconstruction Error 확인하기 '''
for Epoch in range(1, EPOCHS + 1):
    train(model, train_loader, optimizer, log_interval = 200)          #(1)
    test_loss, real_image, gen_image = evaluate(model, test_loader)     #(2)
    print("\n[EPOCH: {}], \tTest Loss: {:.4f}".format(Epoch, test_loss))
    f, a = plt.subplots(2, 10, figsize =(10, 4))
    for i in range(10):
        img = np.reshape(real_image[0][i],(28, 28))
        a[0][i].imshow(img, cmap = "gray_r")
        a[0][i].set_xticks(( ))
        a[0][i].set_yticks(( ))

    for i in range(10):
        img = np.reshape(gen_image[0][i],(28, 28))
        a[1][i].imshow(img, cmap = "gray_r")
        a[1][i].set_xticks(( ))
        a[1][i].set_yticks(( ))
    plt.show( )
```

기존에 정의한 Epoch 수만큼 학습을 진행합니다.

(1) 정의한 'train' 함수를 실행합니다. 'model'은 기존에 정의한 MLP 모델, 'train_loader'는 학습 데이터, 'optimizer'는 SGD, 'log_interval'은 학습이 진행되면서 Mini-Batch의 Index를 이용해 과정을 모니터링할 수 있도록 출력하는 것을 의미합니다.

(2) 각 Epoch별 출력되는 Loss 값과 실제 이미지, 생성된 이미지를 저장한 'real_image', 'gen_image' 리스트를 생성합니다.

다음은 학습이 진행될 때, 진행 과정을 모니터링하기 위해 출력하는 코드입니다. 2개의 'for' 반복문을 이용하면 실제 이미지와 생성된 이미지를 비교해 학습의 진행도를 확인할 수 있습니다. AutoEncoder 모델을 이용해 생성된 이미지와 실제 이미지 간 MeanSquaredError 값을 계산해 test_loss 값을 업데이트합니다.

```
Train Epoch: 1 [0/60000 (0%)]    Train Loss: 0.180956
Train Epoch: 1 [6400/60000 (11%)]      Train Loss: 0.031688
Train Epoch: 1 [12800/60000 (21%)]     Train Loss: 0.025533
Train Epoch: 1 [19200/60000 (32%)]     Train Loss: 0.020352
Train Epoch: 1 [25600/60000 (43%)]     Train Loss: 0.017371
Train Epoch: 1 [32000/60000 (53%)]     Train Loss: 0.017922
Train Epoch: 1 [38400/60000 (64%)]     Train Loss: 0.016320
Train Epoch: 1 [44800/60000 (75%)]     Train Loss: 0.017874
Train Epoch: 1 [51200/60000 (85%)]     Train Loss: 0.014445
Train Epoch: 1 [57600/60000 (96%)]     Train Loss: 0.015363

[EPOCH: 1],    Test Loss: 0.0005
```

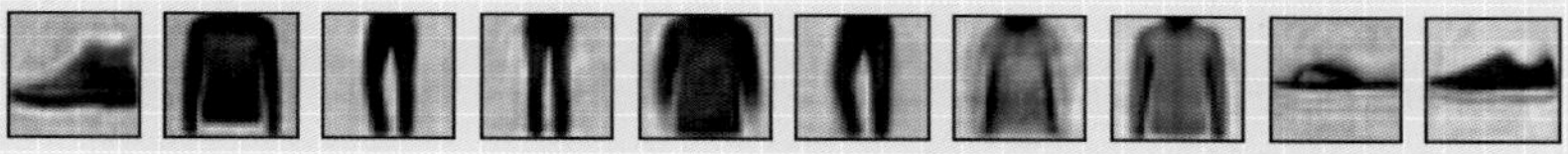

```
Train Epoch: 2 [0/60000 (0%)]    Train Loss: 0.018115
Train Epoch: 2 [6400/60000 (11%)]      Train Loss: 0.014221
Train Epoch: 2 [12800/60000 (21%)]     Train Loss: 0.015676
Train Epoch: 2 [19200/60000 (32%)]     Train Loss: 0.016719
Train Epoch: 2 [25600/60000 (43%)]     Train Loss: 0.013522
Train Epoch: 2 [32000/60000 (53%)]     Train Loss: 0.012446
Train Epoch: 2 [38400/60000 (64%)]     Train Loss: 0.013480
Train Epoch: 2 [44800/60000 (75%)]     Train Loss: 0.012880
Train Epoch: 2 [51200/60000 (85%)]     Train Loss: 0.015434
Train Epoch: 2 [57600/60000 (96%)]     Train Loss: 0.012847

[EPOCH: 2],    Test Loss: 0.0004
```

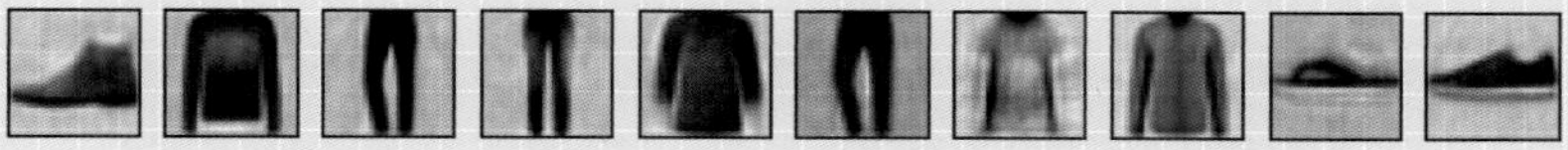

```
Train Epoch: 3 [0/60000 (0%)]    Train Loss: 0.013296
Train Epoch: 3 [6400/60000 (11%)]      Train Loss: 0.015819
```

[그림 3-18] AutoEncoder 학습 과정 예시

전체 코드

```
''' 1. Module Import '''
import numpy as np
import matplotlib.pyplot as plt

import torch
import torch.nn as nn
import torch.nn.functional as F
from torchvision import transforms, datasets

''' 2. 딥러닝 모델을 설계할 때 활용하는 장비 확인 '''
if torch.cuda.is_available( ):
    DEVICE = torch.device('cuda')
else:
    DEVICE = torch.device('cpu')
print('Using PyTorch version:', torch.__version__, ' Device:', DEVICE)


BATCH_SIZE = 32
EPOCHS = 10

''' 3. FashionMNIST 데이터 다운로드(Train set, Test set 분리하기) '''
train_dataset = datasets.FashionMNIST(root = "../data/FashionMNIST",
                                       train = True,
                                       download = True,
                                       transform = transforms.ToTensor( ))

test_dataset = datasets.FashionMNIST(root = "../data/FashionMNIST",
                                      train = False,
                                      transform = transforms.ToTensor( ))

train_loader = torch.utils.data.DataLoader(dataset = train_dataset,
                                            batch_size = BATCH_SIZE,
                                            shuffle = True)

test_loader = torch.utils.data.DataLoader(dataset = test_dataset,
                                           batch_size = BATCH_SIZE,
                                           shuffle = False)

''' 4. 데이터 확인하기 (1) '''
for (X_train, y_train) in train_loader:
    print('X_train:', X_train.size( ), 'type:', X_train.type( ))
    print('y_train:', y_train.size( ), 'type:', y_train.type( ))
    break

''' 5. 데이터 확인하기 (2) '''
pltsize = 1
plt.figure(figsize=(10 * pltsize, pltsize))
for i in range(10):
    plt.subplot(1, 10, i + 1)
    plt.axis('off')
    plt.imshow(X_train[i, :, :, :].numpy( ).reshape(28, 28), cmap = "gray_r")
    plt.title('Class: ' + str(y_train[i].item( )))
```

```
''' 6. AutoEncoder(AE) 모델 설계하기 '''
class AE(nn.Module):
    def __init__(self):
        super(AE, self).__init__()

        self.encoder = nn.Sequential(
            nn.Linear(28 * 28, 512),
            nn.ReLU( ),
            nn.Linear(512, 256),
            nn.ReLU( ),
            nn.Linear(256, 32),)

        self.decoder = nn.Sequential(
            nn.Linear(32, 256),
            nn.ReLU( ),
            nn.Linear(256, 512),
            nn.ReLU( ),
            nn.Linear(512, 28 * 28),)

    def forward(self, x):
        encoded = self.encoder(x)
        decoded = self.decoder(encoded)
        return encoded, decoded

''' 7. Optimizer, Objective Function 설정하기 '''

model = AE( ).to(DEVICE)
optimizer = torch.optim.Adam(model.parameters( ), lr = 0.001)
criterion = nn.MSELoss( )

print(model)

''' 8. AE 모델 학습을 진행하며 학습 데이터에 대한 모델 성능을 확인하는 함수 정의 '''
def train(model, train_loader, optimizer, log_interval):
    model.train( )
    for batch_idx,(image, _) in enumerate(train_loader):
        image = image.view(-1, 28 * 28).to(DEVICE)
        target = image.view(-1, 28 * 28).to(DEVICE)
        optimizer.zero_grad( )
        encoded, decoded = model(image)
        loss = criterion(decoded, target)
        loss.backward( )
        optimizer.step( )

        if batch_idx % log_interval == 0:
            print("Train Epoch: {} [{}/{}({:.0f}%)]\tTrain Loss: {:.6f}".format(
                Epoch, batch_idx * len(image),
                len(train_loader.dataset), 100. * batch_idx / len(train_loader),
                loss.item( )))
```

```
''' 9. 학습되는 과정 속에서 검증 데이터에 대한 모델 성능을 확인하는 함수 정의 '''
def evaluate(model, test_loader):
    model.eval( )
    test_loss = 0
    real_image = []
    gen_image = []
    with torch.no_grad( ):
        for image, _ in test_loader:
            image = image.view(-1, 28 * 28).to(DEVICE)
            target = image.view(-1, 28 * 28).to(DEVICE)
            encoded, decoded = model(image)

            test_loss += criterion(decoded, image).item( )
            real_image.append(image.to("cpu"))
            gen_image.append(decoded.to("cpu"))

    test_loss /= len(test_loader.dataset)

    return test_loss, real_image, gen_image

''' 10. AutoEncoder 학습을 실행하며 Test set의 Reconstruction Error 확인하기 '''
for Epoch in range(1, EPOCHS + 1):
    train(model, train_loader, optimizer, log_interval = 200)
    test_loss, real_image, gen_image = evaluate(model, test_loader)
    print("\n[EPOCH: {}], \tTest Loss: {:.4f}".format(Epoch, test_loss))
    f, a = plt.subplots(2, 10, figsize =(10, 4))
    for i in range(10):
        img = np.reshape(real_image[0][i],(28, 28))
        a[0][i].imshow(img, cmap = "gray_r")
        a[0][i].set_xticks(( ))
        a[0][i].set_yticks(( ))

    for i in range(10):
        img = np.reshape(gen_image[0][i],(28, 28))
        a[1][i].imshow(img, cmap = "gray_r")
        a[1][i].set_xticks(( ))
        a[1][i].set_yticks(( ))
    plt.show( )
```

MEMO

PART 04
컴퓨터 비전

컴퓨터 비전(Computer Vision)이라는 개념은 이미지뿐 아니라 비디오 등과 같은 모든 Task를 포함합니다. 컴퓨터 비전 Task에 모델을 적용하려면 딥러닝 모델 중 CNN을 사용해야 합니다. CNN은 이미지의 Feature를 잘 뽑을 수 있도록 특화돼 있는 모델이기 때문이죠. PART 04에서는 CNN이 왜 이미지에 특화돼 있는 모델인지를 집중적으로 알아보겠습니다. 또한 CNN이 기존의 머신러닝 기법, 이미지 처리와 어떤 차이점이 있는지 그리고 성능은 어떻게 발전했는지 알아보겠습니다.

특정 이미지를 컴퓨터에게 보여주거나 이미지를 분류하는 모델을 만들 때는 이미지를 구성하는 픽셀 값을 Input으로 사용합니다. 일반적으로 머신러닝 모델을 적용할 때는 Input 변수가 서로 독립적이라는 가정이 있습니다. 그래서 '독립 변수(Independent Variable)'라 부릅니다. 하지만 이미지의 픽셀 값이 서로 독립적이 아니라는 것은 직관적으로도 알 수 있죠. [그림 4-1]의 x_{11}에 해당하는 픽셀은 x_{12}, x_{21}, x_{22} 등 주변 픽셀과 매우 가까운 픽셀 값이라는 것을 알 수 있습니다. 그래서 이 픽셀 값을 [그림 4-1]과 같이 독립 변수로 늘어뜨려 Input으로 사용하는 것은 일반적인 머신러닝의 가정에 위배되는 행위였습니다. 하지만 현실적으로 이렇게 사용할 수밖에 없었고 어느 정도 성능이 나오기는 했기 때문에 이렇게 이미지의 2차원 픽셀 값을 Vector로 Flatten 시켜 Input으로 사용해왔습니다.

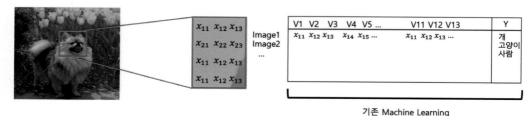

[그림 4-1] Image의 픽셀 값을 Flatten시켜서 Feature로 활용하는 예

- Region Feature: 앞에서 언급한 것처럼 이미지 픽셀을 Flatten해서 사용하면 x_{11}과 x_{21} 픽셀은 굉장히 가까운 위치에 있는 픽셀이지만 이러한 정보를 전혀 반영하지 못합니다. 이러한 지역 정보(Region Feature)를 학습할 수 있는 신경망 구조가 필요했고 이러한 신경망 구조를 CNN이라고 합니다. x_{11}과 가까운 x_{12}, x_{21}, x_{22} 픽셀의 가까운 정보까지 함께 학습시키고자 하는 것입니다.

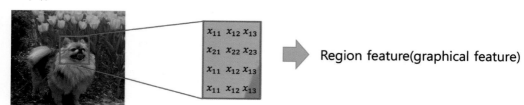

[그림 4-2] Image의 픽셀 값에 대해 Region Feature를 뽑는 예

▪ CNN: CNN은 앞서 언급한 것처럼 Region Feature(Graphical Feature)를 학습시키기 위한 신경망 모형으로, Yann LeCun 교수가 1998년에 제안했습니다. 당시 Yann LeCun 교수는 숫자 손글 씨를 분류하는 CNN 모형을 제안했지만, 학습 시간이 너무 오래 걸리고 신경망 모형이 지니고 있는 단점 때문에 많이 주목받지는 못했습니다.

그러나 2010년대에 들어 알고리즘과 하드웨어의 발전으로 CNN이 이미지를 처리하는 신경망 모형으로 급부상하게 됐습니다. 딥러닝하면 가장 먼저 떠오르는 CNN 모형은 새롭게 개발된 모형이 아니라 이전부터 있었던 모형이며 여러 가지 요건이 맞춰지면서 이제서야 빛을 발하고 있습니다. CNN은 기본적으로 [그림 4-3]과 같은 구조를 지닙니다. Region Feature를 뽑아내는 Convolution Layer와 Feature Dimension을 위한 Pooling Layer 그리고 최종적인 분류를 위한 (일반적인 MLP 구조를 지니는) Fully Connected Layer로 구성돼 있습니다.

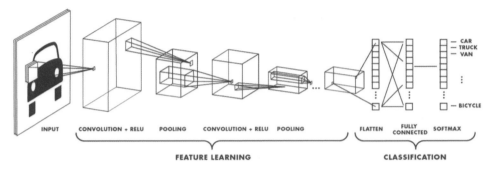

[그림 4-3] CNN의 기본적인 구조
출처: https://towardsdatascience.com/a-comprehensive-guide-to-convolutional-neural-networks-the-eli5-way-3bd2b1164a53

▪ Convolution Layer: Convolutional Layer는 Receptive Field를 정의해 입력 층의 이미지의 Feature를 추출하는 역할을 담당합니다. [그림 4-4]에서 이미지가 Input으로 들어왔을 때 사각형 모양의 Receptive Field가 이미지를 스캔(Scan)하면서 이미지의 Region Feature를 추출합니다. 이때 이미지 픽셀 값, Receptive Field의 Weight의 선형 결합으로 1개의 값이 나옵니다.

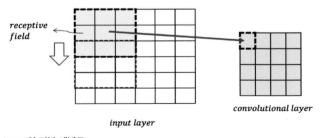

[그림 4-4] Convolution Layer의 기본 개념도

예를 들어, [그림 4-5]처럼 Input 이미지가 들어왔을 때 빨간색 3 × 3 Receptive Filed가 돌아가면서 해당 사각형 안에 있는 픽셀 값(5, 2, 2 , … , 1, 4, 1)과 Weight(1, 0, 1, … , 1, 0, 1)의 선형 결합 값인 '18'을 추출합니다. 이 빨간색 사각형이 이미지 전체를 돌면서 값을 추출합니다. Input 이미지의 Dimension이 20 × 20이고 Receptive Field가 3 × 3이면 여기서 추출한 Feature의 Dimension은 18 × 18이 되겠죠. 여기서 추출한 Feature를 'Feature Map'이라 부릅니다. 여기서 Weight는 고정된 값이 아니라 신경망 모형을 이용해 학습하면서 바뀌는 값입니다. MLP에서 서술한 Weight와 역할은 같습니다. CNN의 학습은 이미지를 잘 분류할 수 있도록 Feature를 추출해내는 Weight를 학습시키는 것입니다.

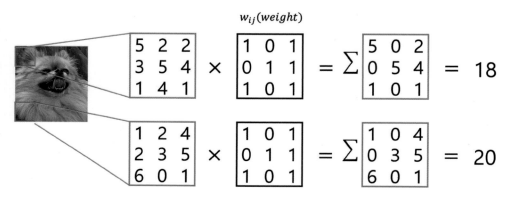

[그림 4-5] Convolution 연산의 예시

▪ Stride: Stride는 Convolution Layer에서 Receptive Field가 이미지를 돌면서 Feature를 뽑을 때 [그림 4-6]처럼 이동하는 칸 수를 의미합니다. 즉, [그림 4-6]에서는 Stride가 1인 것이죠.

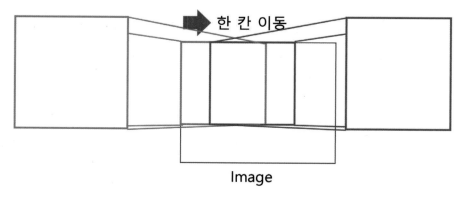

[그림 4-6] Stride의 예시

▪ Padding: [그림 4-7]의 왼쪽 그림처럼 5 × 5 Image에 3 × 3 Convolution을 적용하면 3 × 3 이미지로 줄어들게 됩니다. 이와 같이 일반적인 Convolution을 적용하면 다음 Image 또는 Feature의 Size가 줄어들고 가장자리에 있는 픽셀 값은 안쪽에 있는 픽셀 값보다 적게 Convolution이 적용되는 단점이 있습니다. Image Size를 줄이지 않고 모든 픽셀 값에 Convolution을 적용하기 위해 [그림 4-7]처럼 Padding이라는 개념을 적용합니다. 기본 이미지 사이즈의 테두리에 0 값을 넣어 이미지의 사이즈를 유지하고 테두리에 있는 픽셀 값도 안에 있는 픽셀 값과 똑같이 Convolution을 거치도록 하는 것입니다.

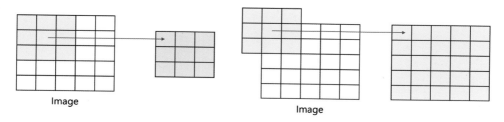

[그림 4-7] Padding의 예시

▪ Weight Sharing: Convolution Layer에서 Receptive Field를 움직여가며 다음 Feature Map을 추출할 때 다른 Weight로 Feature를 추출하려면 매우 많은 파라미터를 학습해야 합니다. 여기서 우리는 한 이미지에 추출할 Feature Map의 수를 정합니다.

[그림 4-8]의 예에서 32 × 32 이미지에 5 × 5 Convolution을 적용하고 30개의 Feature Map을 뽑겠다고 정하면 이 Convolution에서만 학습해야 할 파라미터의 수가 약 60만 개에 이릅니다. 다음 Convolution과 다음에 이어질 Fully Connected Layer까지 합치면 CNN이 학습해야 할 파라미터의 수는 기하급수적으로 증가합니다.

많은 파라미터의 수를 줄이기 위해 CNN을 학습할 때는 Weight Sharing이라는 기법을 이용합니다. 이는 말 그대로 Weight를 공유하는 개념으로, [그림 4-8]처럼 한 이미지에서 Receptive Field를 옮길 때마다 같은 Weight를 사용한다는 것입니다. [그림 4-8]의 예를 보면 Weight를 Sharing하게 될 경우에 해당 Convolution Layer에서 학습해야 할 파라미터의 수는 750개로 대폭 줄일 수 있습니다. 이와 같이 CNN을 학습할 때는 기본적으로 학습해야 할 파라미터의 수가 매우 많기 때문에 파라미터의 수를 최대한 줄이려면 Weight Sharing 기법을 사용해야 합니다.

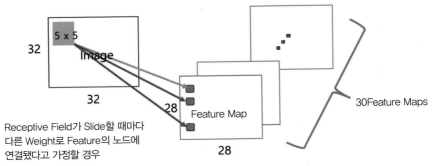

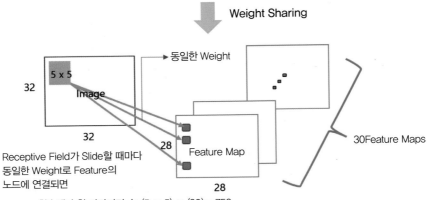

[그림 4-8] Weight Sharing을 사용했을 때와 하지 않았을 때 연산해야 할 파라미터 수

• Pooling Layer: 일반적으로 Image 또는 Feature의 Convolution을 거친 후에 Pooling layer를 거칩니다. 여기서 Pooling이라는 개념은 [그림 4-9]처럼 Feature Size를 반으로 줄여주는 것입니다. [그림 4-9]는 2 × 2 Stride Max Pooling을 적용한 것입니다. Convolution과 비슷하게 2 × 2 사각형이 두 칸씩 이동하며(2 Stride) 그 사각형 안에서 가장 큰 값을 추출하는 것입니다. Pooling Layer를 거치지 않으면 많은 파라미터를 학습시켜야 하기 때문에 학습 시간이 오래 걸릴 수 있습니다. 즉, Pooling Layer의 개념은 CNN의 학습 속도를 향상시키기 위해 Feature의 Dimension을 줄이는 개념입니다. 사각형 안의 픽셀 중 최대값을 추출하는 것을 'Max Pooling', 사각형 안의 픽셀 값의 평균을 계산하여 추출하는 것을 'Average Pooling'이라고 합니다.

Pooling의 목적은 CNN의 학습 속도를 높이기 위해 Feature의 Dimension을 줄이는 것이기 때문에 정보의 손실이 있을 수밖에 없습니다. 직관적으로 생각해보면 Pooling Layer를 거치지 않을 경우 더 많은 Feature를 학습시킬 수 있는 장점이 있을 수 있습니다. 최근에는 최대한 정보를 활용하고 학습 속도를 높일 수 있는 알고리즘이 많이 개발돼 상황에 따라 Pooling Layer 를 쓰지 않는 경우도 있습니다. 그렇지만 일반적인 CNN 모델을 디자인할 때 Convolution − Pooling Layer를 번갈아 가면서 설계합니다.

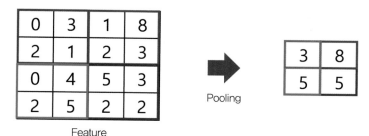

Feature

[그림 4-9] Pooling의 예시

▪ Fully Connected Layer: Fully Connected Layer는 일반적인 MLP 구조와 동일합니다. [그림 4-10]처럼 Pooling Layer에 나온 Feature를 Flatten시켜(풀어헤쳐) MLP의 Input으로 놓고 학습 을 진행합니다. 기본적인 CNN의 구조는 Convolution − Pooling − Convolution − Pooling − Fully Connected Layer와 같은 구조를 지닙니다.

여기서 Convolution의 Receptive Field 크기와 Stride, Pooling의 종류, Layer를 쌓는 횟수 등 모 두 사용자가 지정해야 하는 하이퍼파라미터입니다. '이렇게 하이퍼파라미터를 튜닝(Tuning)하 면 잘된다'라는 것은 정해져 있지 않습니다. 파라미터의 종류가 많아지면 과적합에 걸릴 확률 이 높고 복잡한 모델에 적합하다는 일반적인 머신러닝의 개념을 갖고 디자인합니다. '개와 고 양이를 분류하는 단순한 모델이라면 Convolution Layer를 2개만 쌓으면 되고 Filter 수는 많지 않아도 되겠구나'라는 정도만 알고 디자인하는 것이지, 최적의 하이퍼파라미터를 알기는 어렵 습니다. 다양한 시도를 통해 최적의 모델을 만들어가는 것이 중요합니다.

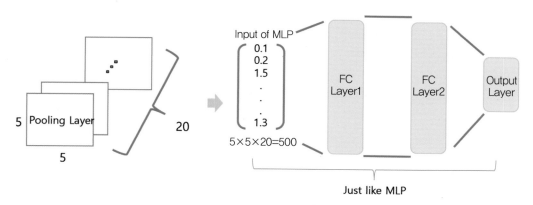

[그림 4-10] Fully Connected Layer의 예시

이미지를 분류하는 모델을 만들고자 할 때 CNN과 MLP의 가장 큰 차이점은 [그림 4-11]에서 볼 수 있듯이, 이미지의 Feature를 어떻게 추출하느냐에 있습니다. MLP는 이미지의 픽셀 값을 바로 네트워크(Network)의 Input으로 사용하는 것이고 CNN은 이미지의 Region Feature를 Convolution Layer와 Pooling Layer를 이용해 추출하고 그 Feature를 MLP의 Input으로 사용하는 것입니다. CNN이 이미지 처리와 관련된 Vision 쪽에서 성능이 좋은 이유는 단지 Region Feature를 추출할 수 있기 때문인 것입니다. 여기서 알 수 있는 중요한 사실은 딥러닝은 새로운 모델이라기보다 Graphical Feature를 추출하는 것에 초점을 맞춘 모델이며 모델을 만들 때는 Feature가 매우 중요하다는 사실입니다.

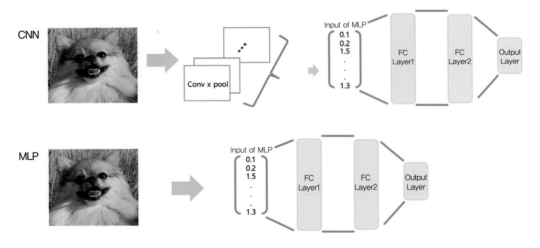

[그림 4-11] Image 분류 문제에서 CNN과 MLP의 차이

PART 03에서는 사람의 손글씨 데이터인 MNIST, 옷 종류 데이터인 FashionMNIST의 흑백 이미지 두 종류의 데이터셋을 다뤄봤습니다. 이번 파트에서는 r, g, b의 컬러 이미지를 이용해 실습하려고 합니다.

컬러 이미지 중 딥러닝 실험용 데이터로 자주 쓰이는 데이터로는 CIFAR-10 Dataset과 ImageNet Dataset를 들 수 있습니다. 엄청난 수의 이미지와 많은 클래스를 지니고 있는 ImageNet 데이터를 이용해 실습을 진행하는 데는 높은 수준의 컴퓨팅 파워가 필요하기 때문에

[그림 4-12] CIFAR-10 Dataset 예시
출처: https://www.cs.toronto.edu/~kriz/cifar.html

CIFAR-10 Dataset를 이용해 실습을 진행하겠습니다.

CIFAR-10 Dataset는 토론토 대학교에서 제공하고 있으며 많은 논문의 실험 대상으로 이용되고 있습니다.

CIFAR-10 Dataset는 비행기, 자동차, 새, 고양이, 사슴, 개, 개구리, 말, 배, 트럭의 10개의 클래스로 구성돼 있으며 각 클래스별 5,000장의 이미지인 학습 데이터셋과 1,000장의 이미지인 검증 데이터셋으로 구성돼 있습니다. 다시 말해, 5만 장의 학습 데이터셋과 10,000장의 검증 데이터셋으로 이뤄져 있죠.

PART 02에서 사람의 손글씨 데이터인 MNIST를 이용해 MLP를 설계해봤습니다. 또한 다양한 실험을 진행하면서 정확도를 향상시킬 수 있었죠.

기본적인 MLP 모델도 검증 데이터셋 기준 정확도 90% 수준으로 MLP 모델을 설계할 수 있었습니다. 단순한 구조의 흑백 이미지를 잘 분류할 수 있었던 MLP 모델이 컬러 이미지도 잘 분류할 수 있는지 확인해보겠습니다. MLP 모델을 설계하는 순서는 지난번과 동일합니다.

① 모듈 임포트하기
② 딥러닝 모델을 설계할 때 활용하는 장비 확인하기
③ CIFAR10 데이터 다운로드하기(Train set, Test set 분리하기)
④ 데이터 확인하기 (1)
⑤ 데이터 확인하기 (2)
⑥ MLP(Multi Layer Perceptron) 모델 설계하기
⑦ Optimizer, Objective Function 설정하기
⑧ MLP 모델 학습을 진행하면서 학습 데이터에 대한 모델의 성능을 확인하는 함수 정의하기
⑨ 학습되는 과정 속에서 검증 데이터에 대한 모델의 성능을 확인하는 함수 정의하기
⑩ MLP 학습을 실행하면서 Train, Test set의 Loss 및 Test set Accuracy 확인하기

기존에 실습했던 코드들과 다소 비슷한 내용이 포함돼 있을 수 있지만, 복습한다는 생각으로 다시 한번 읽어보기 바랍니다.

```
''' 1. Module Import '''
import numpy as np                              #(1)
import matplotlib.pyplot as plt                 #(2)

import torch                                    #(3)
import torch.nn as nn                           #(4)
import torch.nn.functional as F                 #(5)
from torchvision import transforms, datasets    #(6)
```

(1) 선형 대수 관련된 함수를 쉽게 이용할 수 있는 모듈이고 대부분 파이썬 코드 스크립트에서 가장 자주 언급되는 모듈입니다.

(2) 함수 실행 결과 산출물에 대한 수치에 대해 사람이 쉽게 이해할 수 있도록 시각화할 수 있는 외부 모듈입니다.

(3) 여기서 이용하는 딥러닝 프레임워크 중 하나인 'PyTorch'의 기본 모듈입니다.

(4) PyTorch Module 중 딥러닝, 즉 인공 신경망 모델을 설계하는 데 필요한 함수를 모아 놓은 모듈입니다.

(5) 'torch.nn' Module 중에서도 자주 이용되는 함수를 'F'로 지정합니다.

(6) 컴퓨터 비전 연구 분야에서 자주 이용되는 'torchvision' Module 내의 'transforms', 'datasets' 함수를 임포트합니다.

```
''' 2. 딥러닝 모델을 설계할 때 활용하는 장비 확인 '''
if torch.cuda.is_available( ):
    DEVICE = torch.device('cuda')
else:
    DEVICE = torch.device('cpu')

print('Using PyTorch version:', torch.__version__, ' Device:', DEVICE)
# Using PyTorch version: 1.5.0+cu101  Device: cuda
```

파이토치 프레임워크를 이용해 딥러닝 모델을 설계할 때나 딥러닝 모델을 구성하고 있는 파라미터 값을 업데이트할 때 이용할 수 있는 장비를 선택할 수 있습니다. 만약 CUDA에서 GPU를 이용하고 있다면 'cuda', 이용하지 않고 있다면 'cpu'로 설정됩니다. 만약 GPU를 이용하고 있다면 계산 속도가 빠르기 때문에 딥러닝 모델의 파라미터 값을 빠르게 업데이트할 수 있습니다. 이 예제를 실행하는 환경에서 파이토치의 버전은 1.5이고 CUDA를 이용하고 있다는 것을 확인할 수 있습니다.

```
BATCH_SIZE = 32                                          #(1)
EPOCHS = 10                                              #(2)
```

파이썬 코드 내 하이퍼파라미터를 지정할 때는 보통 영어 대문자로 표기합니다.

(1) BATCH_SIZE: MLP 모델을 학습할 때 필요한 데이터 개수의 단위입니다. Mini-Batch 1개 단위에 대해 데이터가 32개로 구성돼 있는 것을 의미합니다. 좀 더 자세히 설명하면 MLP 모델을 학습할 때 32개의 데이터를 이용해 첫 번째로 학습하고 그다음 32개의 데이터를 이용해 두 번째로 학습하고 이를 반복해 마지막 데이터를 이용해 학습합니다. 32개의 데이터로 1개의 Mini-Batch를 구성하고 있으며 1개의 Mini-Batch로 학습을 1회 진행합니다. 이를 대중적으로 1개의 Mini-Batch를 통해 학습하는 횟수를 'Iteration', 전체 데이터를 이용해 학습을 진행한 횟수를 'Epoch'이라 합니다. 예를 들어, 전체 데이터가 1만 개이고 1,000개 데이터를 이용해 1개의 Mini-Batch를 구성한다면 1Epoch당 10회의 Iteration이 발생합니다. Epoch은 사용자가 정의하는 하이퍼파라미터이고 Mini-Batch의 데이터 개수를 지정해준다면 Iteration은 전체 데이터 개수에서 1개의 Mini Batch를 구성하고 있는 데이터 개수를 나눠준 몫만큼 Iteration이 진행됩니다.

(2) EPOCHS: Mini-Batch 1개 단위로 Back Propagation을 이용해 MLP의 가중값을 업데이트하는데, Epoch은 존재하고 있는 Mini-batch를 전부 이용하는 횟수를 의미합니다. 즉, 전체 데이터셋을 10번 반복해 학습한다는 것을 의미합니다. Epoch은 사용자가 정의하는 하이퍼파라미터이기 때문에 사용자가 마음대로 정의할 수 있습니다. 이 예제에서는 '10'으로 정의했습니다.

```
''' 3. CIFAR10 데이터 다운로드(Train set, Test set 분리하기) '''
train_dataset = datasets.CIFAR10(root = "../data/CIFAR_10",          #(1)
                                 train = True,
                                 download = True,
                                 transform = transforms.ToTensor( ))

test_dataset = datasets.CIFAR10(root = "../data/CIFAR_10",           #(2)
                                train = False,
                                transform = transforms.ToTensor( ))

train_loader = torch.utils.data.DataLoader(dataset = train_dataset,  #(3)
                                           batch_size = BATCH_SIZE,
                                           shuffle = True)

test_loader = torch.utils.data.DataLoader(dataset = test_dataset,    #(4)
                                          batch_size = BATCH_SIZE,
                                          shuffle = False)
```

우리는 흔히 데이터를 외부에서 파이썬으로 불러와 이용합니다. 주로 데이터를 엑셀 파일로 주고받으며 이를 쉽게 처리하기 위해 Pandas Module을 이용해 pd.read_csv( ), pd.read_excel( ) 함수를 이용하기도 합니다. 이외에도 파이토치에서 연구용으로 자주 이용되는 데이터를 쉽게 불러올 수 있도록 구현돼 있습니다. 이 예제에서는 컬러 이미지의 CIFAR10 Dataset를 이용할 것이기 때문에 torchvision 내의 Datasets 함수를 이용해 데이터셋을 다운로드합니다.

MLP 모델을 학습하기 위해 이용하는 학습용 데이터셋과 학습이 진행된 이후 MLP 모델의 성능을 검증하기 위한 검증용 데이터셋을 따로 분리해 설정합니다.

(1), (2) CIFAR10 데이터셋을 다운로드합니다.

- root: 데이터가 저장될 장소를 지정합니다. 여기서 '../'은 상위 폴더를 의미합니다. 이 예제에서는 코드가 실행되는 디렉터리의 상위 디렉터리에 존재하는 data 폴더 내의 CIFAR_10 폴더에 저장하는 내용입니다.

- train: 대상 데이터가 MLP 모델을 학습하기 위해 이용하는 학습용 데이터인지, MLP 모델의 학습된 이후 성능을 검증하기 위한 검증용 데이터인지 지정합니다. train = True로 표기한 데이터는 학습용 데이터셋인 train_dataset, train = False로 표기한 데이터는 검증용 데이터셋인 test_dataset로 설정합니다.

- download: 해당 데이터를 인터넷상에서 다운로드해 이용할 것인지를 지정합니다.

- transform: 컬러 이미지인 CIFAR-10 Dataset는 이미지 데이터입니다. 데이터를 다운로드할 때 이미지 데이터에 대해 기본적인 전처리를 동시에 진행할 수 있습니다. 여기서는 Torch Module로 설계한 MLP의 Input으로 이용되기 때문에 ToTensor( ) 메서드를 이용해 Tensor 형태로 변경시킵니다. 또한 한 픽셀은 0~255 범위의 스칼라 값으로 구성돼 있는데, 이를 0~1 범위로 정규화하는 과정이 진행됩니다. 인공 신경망 모델은 MLP 모델을 포함해 Input 데이터 값의 크기가 커질수록 불안정하거나 과적합되는 방향으로 학습이 진행될 우려가 있기 때문에 정규화 과정을 통해 Input으로 이용하는 것을 권장합니다.

(3), (4) 다운로드한 CIFAR-10 Dataset를 Mini-Batch 단위로 분리해 지정합니다. 우리는 Mini-Batch 단위를 이용해 MLP 모델을 학습시킬 것이므로 Mini-Batch별로 데이터를 묶어 단위를 맞추려고 합니다. 각 이미지 데이터 1개를 이용해 MLP 모델을 학습시키는 것이 아니라 이미지 데이터를 Batch Size만큼, 즉 32개만큼 묶어 1개의 Mini-Batch를 구성하는 것을 DataLoader 함수를 이용해 진행할 수 있습니다.

- dataset: Mini-Batch 단위로 할당하고자 하는 데이터셋을 지정합니다. train_dataset를 이용해 학습을 진행하는 DataLoader를 train_loader, 학습이 진행된 이후 MLP 모델의 성능을 확인하는 용도로 사용되는 test_dataset을 test_loader로 설정하겠습니다.

- batch_size: Mini-batch 1개 단위를 구성하는 데이터의 개수를 지정합니다. 이 예제에서는 BATCH_SIZE = 32로 이미 지정했습니다.

- shuffle: 데이터의 순서를 섞고자 할 때 이용합니다. MLP 모델이 학습을 진행할 때 Label 정보의 순서를 암기해 학습을 진행할 수 있습니다. 즉, 특정 Label에 매칭된 이미지 데이터의 특징을 보고 학습하는 것이 아니라 특정 이미지 데이터에 매칭된 Label 값만을 집중적으로 학습하는, 즉 잘못된 방향으로 학습하는 것을 방지하기 위해 데이터 순서를 섞는 과정을 진행합니다.

```
''' 4. 데이터 확인하기 (1) '''
for (X_train, y_train) in train_loader:
    print('X_train:', X_train.size( ), 'type:', X_train.type( ))
    print('y_train:', y_train.size( ), 'type:', y_train.type( ))
    break

# X_train: torch.Size([32, 3, 32, 32]) type: torch.FloatTensor
# y_train: torch.Size([32]) type: torch.LongTensor
```

다운로드한 후 Mini-batch 단위로 할당한 데이터의 개수와 데이터 형태를 확인합니다.

- X_train: 32개의 이미지 데이터가 1개의 Mini-Batch를 구성하고 있고 가로 32개, 세로 32개의 픽셀로 구성돼 있으며 채널이 3이므로 Red, Green, Blue 색상으로 이뤄진, 다시 말해 컬러로 이뤄진 이미지 데이터라는 것을 확인할 수 있습니다.

- y_train: 32개의 이미지 데이터 각각에 대해 Label 값이 1개씩 존재하기 때문에 32개의 값을 갖고 있는 것을 확인할 수 있습니다.

X_train 이미지 데이터는 torch.FloatTensor, y_train Label 데이터는 torch.LongTensor 형태도 확인할 수 있습니다.

```
''' 5. 데이터 확인하기 (2) '''
pltsize = 1
plt.figure(figsize=(10 * pltsize, pltsize))

for i in range(10):
    plt.subplot(1, 10, i + 1)
    plt.axis('off')
    plt.imshow(np.transpose(X_train[i],(1, 2, 0)))
    plt.title('Class: ' + str(y_train[i].item( )))
```

[그림 4-13] CIFAR-10 데이터 실제 출력 결과

데이터가 실제로 어떻게 생겼는지 사람의 눈으로 직접 확인할 수 있도록 시각화하는 코드입니다.

[Mini-Batch, Channel, Height, Width]의 형태, 즉 1개의 Mini-Batch 내에는 32개의 데이터가 있으며 채널이 1개이며 세로 32, 가로 32인 이미지 데이터를 의미하는 [32, 3,32, 32]라는 데이터의 모양을 사람의 눈으로 직접 확인할 수 있도록 이미지 데이터를 시각화하기 위해 [Width, Height, Channel] 형태로 변환한 후 [32, 32, 3]으로 각각 변환해 시각화합니다.

제시된 10개의 이미지 데이터 각각은 32 * 32 * 3 개의 픽셀로 구성돼 있는 이미지이며 각 이미지별로 할당된 label 값 역시 올바르게 매칭돼 있는 것을 확인할 수 있습니다.

```
''' 6. Multi Layer Perceptron(MLP) 모델 설계하기 '''
class Net(nn.Module):                               #(1)
    def __init__(self):                             #(2)
        super(Net, self).__init__( )                #(3)
        self.fc1 = nn.Linear(32 * 32 * 3, 512)      #(4)
        self.fc2 = nn.Linear(512, 256)              #(5)
        self.fc3 = nn.Linear(256, 10)               #(6)

    def forward(self, x):                           #(7)
        x = x.view(-1, 32 * 32 * 3)                 #(8)
        x = self.fc1(x)                             #(9)
        x = F.relu(x)                               #(10)
        x = self.fc2(x)                             #(11)
        x = F.relu(x)                               #(12)
        x = self.fc3(x)                             #(13)
        x = F.log_softmax(x, dim = 1)               #(14)
        return x                                    #(15)
```

MLP를 Torch Module로 설계하는 단계입니다.

(1) PyTorch Module 내에 딥러닝 모델 관련 기본 함수를 포함하고 있는 nn.Module 클래스를 상속받는 Net 클래스를 정의합니다. nn.Module 클래스를 상속받았을 때 nn.Module 클래스가 이용할 수 있는 함수를 그대로 이용하기 때문에 새로운 딥러닝 모델을 설계할 때 자주 이용하는 방식입니다.

(2) Net 클래스의 인스턴스를 생성했을 때 갖게 되는 성질을 정의하는 메서드입니다.

(3) nn.Module 내에 있는 메서드를 상속받아 이용합니다.

(4) 첫 번째 Fully Connected Layer를 정의합니다. CIFAR-10 이미지 데이터를 Input으로 사용하기 위해 32 * 32 * 3(가로 픽셀 수 * 세로 픽셀 수 * 채널 수) 크기의 노드 수를 설정하고 두 번째 Fully Connected Layer의 노드 수를 512개로 설정할 것이기 때문에 output의 노드 수는 512개로 설정합니다.

(5) 두 번째 Fully Connected Layer를 정의합니다. 첫 번째 Fully Connected Layer의 output 크기인 512 크기의 벡터 값을 Input으로 사용하기 위해 노드 수를 512개로 설정하고 세 번째 Fully Connected Layer의 노드 수를 256으로 설정할 것이기 때문에 Output의 노드 수를 256개로 설정합니다.

(6) 세 번째 Fully Connected Layer를 정의합니다. 두 번째 Fully Connected Layer의 Output 크기인 256 크기의 벡터 값을 Input으로 사용하기 위해 노드 수를 256개, Output의 노드 수를 10개로 설정합니다. CIFAR-10 Dataset는 총 10가지 클래스로 구성돼 있고 이를 표현하기 위해 Label 값은 원-핫 인코딩으로 표현되며 MLP 모델의 Output 값과 Loss를 계산하기 위해 이에 맞는 크기의 벡터를 계산해야 합니다. 따라서 Output의 노드 수를 10개로 정의해야 합니다.

(7) Net 클래스를 이용해 설계한 MLP 모델의 Forward Propagation을 정의합니다. 즉, 설계한 MLP 모델에 데이터를 입력했을 때 Output을 계산하기까지의 과정을 나열한 것을 의미합니다.

(8) MLP 모델은 1차원의 벡터 값을 입력으로 받을 수 있습니다. 하지만 CIFAR-10 이미지 데이터는 32 * 32 * 3 크기의 2차원 데이터입니다. 따라서 2차원 데이터를 1차원 데이터로 변환하기 위해 View 메서드를 이용해 32 * 32 * 3 크기의 1차원 데이터로 변환해 진행합니다. 2차원의 데이터를 1차원으로 펼친다고 표현하며 Flatten한다고 표현하기도 합니다.

(9) '__init__( )'method를 이용해 정의한 첫 번째 Fully Connected Layer에 1차원으로 펼친 이미지 데이터를 통과시킵니다.

(10) PyTorch Module 중 인공 신경망 설계에 유용한 함수를 모아 놓은 'torch.nn.functional'

내에 정의된 비선형 함수인 ReLU( )를 이용해 두 번째 Fully Connected Layer의 Input으로 계산합니다.

(11) '__init__( )' method를 이용해 정의한 두 번째 Fully Connected Layer에 (10)에서 ReLU( ) 함수를 이용해 계산된 결괏값을 통과시킵니다.

(12) PyTorch Module 중 인공 신경망 설계에 유용한 함수를 모아 놓은 'torch.nn.functional' 내에 정의된 비선형 함수인 ReLU( )를 이용해 세 번째 Fully Connected Layer의 Input으로 계산합니다.

(13) '__init__( )' method를 이용해 정의한 세 번째 Fully Connected Layer에 (11)에서 ReLU( ) 함수를 이용해 계산된 결괏값을 통과시킵니다.

(14) PyTorch Module 중 인공 신경망 설계에 유용한 함수를 모아 놓은 'torch.nn.functional' 내의 'log.softmax( )'를 이용해 최종 Output을 계산합니다. 0부터 9까지, 총 10가지 경우의 수 중 하나로 분류하는 일을 수행하기 때문에 'softmax'를 이용해 확률 값을 계산합니다. 일반적인 'softmax'가 아닌 'log_softmax( )'를 이용하는 이유는 Back Propagation을 이용해 학습이 좀 더 원활하게 진행될 수 있도록 하기 위해서입니다.

(15) 최종 계산된 x 값을 Output으로 반환합니다.

```
''' 7. Optimizer, Objective Function 설정하기 '''
model = Net( ).to(DEVICE)                                          #(1)
optimizer = torch.optim.Adam(model.parameters( ), lr = 0.001)     #(2)
criterion = nn.CrossEntropyLoss( )                                 #(3)

print(model)

# Net(
#   (fc1) Linear(in_features=784, out_features=512, bias=True)
#   (fc2) Linear(in_features=512, out_features=256, bias=True)
#   (fc3) Linear(in_features=256, out_features=10, bias=True)
# )
```

(1) '6. MLP 모델 설계하기'의 (6)에서 정의한 MLP 모델을 기존에 선정한 'DEVICE'에 할당합니다. 'DEVICE' 장비를 이용해 MLP 모델을 완성하기 위한 것입니다.

(2) Back Propagation을 통해 파라미터를 업데이트할 때 이용하는 옵티마이저를 정의합니다. 이 예제에서는 Adam 알고리즘을 이용하며, 파라미터를 업데이트할 때 반영될 학습률을 0.001로 설정합니다. 보통 Adam을 기본 옵션으로 설정하며 학습률은 분석가 취향에 따라 다르게 설정하기도 합니다.

(3) MLP 모델의 output 값과 계산될 Label 값은 Class를 표현하는 원-핫 인코딩 값입니다. MLP 모델의 output 값과 원-핫 인코딩 값과의 Loss는 CrossEntropy를 이용해 계산하기 위해 Criterion을 'nn.CrossEntropyLoss( )'로 설정합니다.

```
''' 8. MLP 모델 학습을 진행하며 학습 데이터에 대한 모델 성능을 확인하는 함수 정의 '''
def train(model, train_loader, optimizer, log_interval):
    model.train()                                               #(1)
    for batch_idx,(image, label) in enumerate(train_loader):    #(2)
        image = image.to(DEVICE)                                #(3)
        label = label.to(DEVICE)                                #(4)
        optimizer.zero_grad()                                   #(5)
        output = model(image)                                   #(6)
        loss = criterion(output, label)                         #(7)
        loss.backward()                                         #(8)
        optimizer.step()                                        #(9)

        if batch_idx % log_interval == 0:
            print("Train Epoch: {} [{}/{}({:.0f}%)]\tTrain Loss: {:.6f}".format(
                Epoch, batch_idx * len(image),
                len(train_loader.dataset), 100. * batch_idx / len(train_loader),
                loss.item() )))
```

MLP 모델을 설계했으므로 기존에 정의한 이미지 데이터와 레이블 데이터를 이용해 MLP 모델을 학습하는 train 함수를 정의합니다.

(1) 기존에 정의한 MLP 모델을 학습 상태로 지정합니다.

(2) 기존에 정의한 train_loader에는 학습에 이용되는 이미지 데이터와 레이블 데이터가 Mini-Batch 단위로 묶여 저장돼 있습니다. 해당 train_loader 내에 Mini-Batch 단위로 저장된 데이터를 순서대로 이용해 MLP 모형을 학습시키겠습니다.

(3) Mini-Batch 내에 있는 이미지 데이터를 이용해 MLP 모델을 학습하기 위해 기존에 정의한 장비에 할당합니다.

(4) Mini-Batch 내에 있는 이미지 데이터와 매칭된 레이블 데이터도 기존에 정의한 장비에 할당합니다.

(5) 기존에 정의한 장비에 이미지 데이터와 레이블 데이터를 할당했을 때, 과거에 이용한 Mini-Batch 내에 있는 이미지 데이터와 레이블 데이터를 바탕으로 계산된 Loss의 Gradient 값이 Optimizer에 할당돼 있으므로 Optimizer의 Gradient를 초기화합니다.

(6) 장비에 할당한 이미지 데이터를 MLP 모델의 Input으로 이용해 Output을 계산합니다.

(7) 계산된 Output과 장비에 할당된 레이블 데이터를 기존에 정의한 CrossEntropy를 이용해 Loss 값을 계산합니다.

(8) Loss 값을 계산한 결과를 바탕으로 Back Propagation을 통해 계산된 Gradient 값을 각 파라미터에 할당합니다.

(9) 각 파라미터별로 할당된 Gradient 값을 이용해 파라미터 값을 업데이트합니다.

다음은 학습의 진행 과정을 모니터링하기 위해 출력하는 코드입니다.

```
''' 9. 학습되는 과정 속에서 검증 데이터에 대한 모델 성능을 확인하는 함수 정의 '''
def evaluate(model, test_loader):
    model.eval( )                                                    #(1)
    test_loss = 0                                                    #(2)
    correct = 0                                                      #(3)
    with torch.no_grad( ):                                           #(4)
        for image, label in test_loader:                            #(5)
            image = image.to(DEVICE)                                 #(6)
            label = label.to(DEVICE)                                 #(7)
            output = model(image)                                   #(8)
            test_loss += criterion(output, label).item( )           #(9)
            prediction = output.max(1, keepdim = True)[1]           #(10)
            correct += prediction.eq(label.view_as(prediction)).sum( ).item( ) #(11)
    test_loss /= len(test_loader.dataset)                           #(12)
    test_accuracy = 100. * correct / len(test_loader.dataset)       #(13)
    return test_loss, test_accuracy                                 #(14)
```

MLP 모델 학습 과정 또는 학습이 완료된 상태에서 MLP 모델의 성능을 평가하기 위해 evaluate 함수를 정의합니다.

(1) 학습 과정 속 또는 학습이 완료된 MLP 모델을 학습 상태가 아닌, 평가 상태로 지정합니다.

(2) 기존에 정의한 test_loader 내에 있는 데이터를 이용해 Loss 값을 계산하기 위해 test_loss를 0으로 임시 설정합니다.

(3) 학습 과정 속 또는 학습이 완료된 MLP 모델이 올바른 Class로 분류한 경우를 세기 위해 correct = 0으로 임시 설정합니다.

(4) MLP 모델을 평가하는 단계에서는 Gradient를 통해 파라미터 값들이 업데이트되는 현상을 방지하기 위해 torch.no_grad( ) 메서드를 이용해 Gradient의 흐름을 억제합니다.

(5) 기존에 정의한 test_loader 내에 있는 데이터 역시 train_loader와 동일하게 Mini-Batch 단위로 저장돼 있습니다. Mini-Batch 내에 있는 이미지 데이터와 레이블 데이터에 반복문을 이용해 차례대로 접근합니다.

(6) Mini-Batch 내에 있는 이미지 데이터를 이용해 MLP 모델을 검증하기 위해 기존에 정의한 장비에 할당합니다.

(7) Mini-Batch 내에 있는 이미지 데이터와 매칭된 레이블 데이터도 기존에 정의한 장비에 할당합니다.

(8) 장비에 할당한 이미지 데이터를 MLP 모델의 Input으로 이용해 Output을 계산합니다.

(9) 계산된 Output과 장비에 할당된 레이블 데이터를 기존에 정의한 CrossEntropy를 이용해 Loss 값을 계산한 결괏값을 test_loss에 더해 업데이트합니다.

(10) MLP 모델의 Output 값은 크기가 '10'인 벡터 값입니다. 계산된 벡터 값 내의 가장 큰 값인 위치에 대해 해당 위치에 대응하는 클래스로 예측했다고 판단합니다.

(11) MLP 모델이 최종으로 예측한 클래스 값과 실제 레이블이 의미하는 클래스를 비교해 맞으면 correct에 더해 올바르게 예측한 횟수를 저장합니다.

(12) 현재까지 계산된 test_loss 값을 test_loader 내에 있는 Mini-Batch 개수만큼 나눠 평균 Loss 값으로 계산합니다.

(13) test_loader 데이터 중 얼마나 맞췄는지를 계산해 정확도를 계산합니다.

(14) 계산된 test_loss 값과 test_accuracy 값을 반환합니다.

```
''' 10. MLP 학습을 실행하며 Train, Test set의 Loss 및 Test set Accuracy 확인하기 '''
for Epoch in range(1, EPOCHS + 1):
    train(model, train_loader, optimizer, log_interval = 200)   #(1)
    test_loss, test_accuracy = evaluate(model, test_loader)     #(2)
    print("\n[EPOCH: {}], \tTest Loss: {:.4f}, \tTest Accuracy: {:.2f} % \n".
    format(Epoch, test_loss, test_accuracy))

# Train Epoch: 1 [0/50000(0%)]                    Train Loss: 2.296769
# Train Epoch: 1 [6400/50000(13%)]                Train Loss: 1.973778
# Train Epoch: 1 [12800/50000(26%)]               Train Loss: 2.022755
# Train Epoch: 1 [19200/50000(38%)]               Train Loss: 1.763790
# Train Epoch: 1 [25600/50000(51%)]               Train Loss: 1.832836
# Train Epoch: 1 [32000/50000(64%)]               Train Loss: 1.661362
# Train Epoch: 1 [38400/50000(77%)]               Train Loss: 1.777554
# Train Epoch: 1 [44800/50000(90%)]               Train Loss: 1.894983

# [EPOCH: 1], Test Loss: 0.0528,                  Test Accuracy: 39.49 %

# Train Epoch: 2 [0/50000(0%)]                    Train Loss: 1.884911

# ...

# Train Epoch: 9 [44800/50000(90%)]               Train Loss: 1.319255
```

```
# [EPOCH: 9], Test Loss: 0.0458,              Test Accuracy: 47.78 %

# Train Epoch: 10 [0/50000(0%)]               Train Loss: 1.405359
# Train Epoch: 10 [6400/50000(13%)]           Train Loss: 1.072889
# Train Epoch: 10 [12800/50000(26%)]          Train Loss: 1.511406
# Train Epoch: 10 [19200/50000(38%)]          Train Loss: 1.239056
# Train Epoch: 10 [25600/50000(51%)]          Train Loss: 1.316066
# Train Epoch: 10 [32000/50000(64%)]          Train Loss: 1.083083
# Train Epoch: 10 [38400/50000(77%)]          Train Loss: 1.185423
# Train Epoch: 10 [44800/50000(90%)]          Train Loss: 1.191439

# [EPOCH: 10], Test Loss: 0.0450,             Test Accuracy: 48.86 %
```

train 함수와 evaluate 함수를 올바르게 정의했다면 정의한 함수를 이용해 MLP 모델을 학습시키고 검증해보는 과정을 진행해봅니다. 전체 데이터를 이용해 학습하는 횟수를 의미하는 Epoch을 '10'으로 설정했기 때문에 10번 동안 학습을 진행하며 학습 과정 속 업데이트된 파라미터 값을 바탕으로 MLP 모델의 Output이 변화하게 되며 각 Iteration, Epoch당 Loss 값이 출력되도록 설정했습니다.

(1) 정의한 train 함수를 실행합니다. model은 기존에 정의한 MLP 모델, train_loader는 학습 데이터, optimizer는 SGD, log_interval은 학습이 진행되면서 Mini-Batch의 Index를 이용해 과정을 모니터링할 수 있도록 출력하는 것을 의미합니다.

(2) 각 Epoch별로 출력되는 Loss 값과 accuracy 값을 계산합니다.

다음은 학습이 진행될 때, 진행 과정을 모니터링하기 위해 출력하는 코드입니다. 학습이 완료됐을 때 test_loader 내에 있는 데이터에 대해 약 48% 수준의 정확도를 나타내는 것을 확인할 수 있습니다.

전체 코드

```
''' 1. Module Import '''
import numpy as np
import matplotlib.pyplot as plt

import torch
import torch.nn as nn
import torch.nn.functional as F
from torchvision import transforms, datasets

''' 2. 딥러닝 모델을 설계할 때 활용하는 장비 확인 '''
if torch.cuda.is_available( ):
    DEVICE = torch.device('cuda')
else:
    DEVICE = torch.device('cpu')
```

```
print('Using PyTorch version:', torch.__version__, ' Device:', DEVICE)

BATCH_SIZE = 32
EPOCHS = 10

''' 3. CIFAR10 데이터 다운로드(Train set, Test set 분리하기) '''
train_dataset = datasets.CIFAR10(root = "../data/CIFAR_10",
                                 train = True,
                                 download = True,
                                 transform = transforms.ToTensor( ))

test_dataset = datasets.CIFAR10(root = "../data/CIFAR_10",
                                train = False,
                                transform = transforms.ToTensor( ))

train_loader = torch.utils.data.DataLoader(dataset = train_dataset,
                                           batch_size = BATCH_SIZE,
                                           shuffle = True)

test_loader = torch.utils.data.DataLoader(dataset = test_dataset,
                                          batch_size = BATCH_SIZE,
                                          shuffle = False)

''' 4. 데이터 확인하기 (1) '''
for (X_train, y_train) in train_loader:
    print('X_train:', X_train.size( ), 'type:', X_train.type( ))
    print('y_train:', y_train.size( ), 'type:', y_train.type( ))
    break

''' 5. 데이터 확인하기 (2) '''
pltsize = 1
plt.figure(figsize=(10 * pltsize, pltsize))

for i in range(10):
    plt.subplot(1, 10, i + 1)
    plt.axis('off')
    plt.imshow(np.transpose(X_train[i],(1, 2, 0)))
    plt.title('Class: ' + str(y_train[i].item( )))

''' 6. Multi Layer Perceptron(MLP) 모델 설계하기 '''
class Net(nn.Module):
    def __init__(self):
        super(Net, self).__init__( )
        self.fc1 = nn.Linear(32 * 32 * 3, 512)
        self.fc2 = nn.Linear(512, 256)
        self.fc3 = nn.Linear(256, 10)

    def forward(self, x):
        x = x.view(-1, 32 * 32 * 3)
        x = self.fc1(x)
        x = F.relu(x)
        x = self.fc2(x)
        x = F.relu(x)
        x = self.fc3(x)
        x = F.log_softmax(x, dim = 1)
        return x
```

```
''' 7. Optimizer, Objective Function 설정하기 '''
model = Net( ).to(DEVICE)
optimizer = torch.optim.Adam(model.parameters( ), lr = 0.001)
criterion = nn.CrossEntropyLoss( )

print(model)

''' 8. MLP 모델 학습을 진행하며 학습 데이터에 대한 모델 성능을 확인하는 함수 정의 '''
def train(model, train_loader, optimizer, log_interval):
    model.train( )
    for batch_idx,(image, label) in enumerate(train_loader):
        image = image.to(DEVICE)
        label = label.to(DEVICE)
        optimizer.zero_grad( )
        output = model(image)
        loss = criterion(output, label)
        loss.backward( )
        optimizer.step( )

        if batch_idx % log_interval == 0:
            print("Train Epoch: {} [{}/{}({:.0f}%)]\tTrain Loss: {:.6f}".format(
                Epoch, batch_idx * len(image),
                len(train_loader.dataset), 100. * batch_idx / len(train_loader),
                loss.item( )))

''' 9. 학습되는 과정 속에서 검증 데이터에 대한 모델 성능을 확인하는 함수 정의 '''
def evaluate(model, test_loader):
    model.eval( )
    test_loss = 0
    correct = 0

    with torch.no_grad( ):
        for image, label in test_loader:
            image = image.to(DEVICE)
            label = label.to(DEVICE)
            output = model(image)
            test_loss += criterion(output, label).item( )
            prediction = output.max(1, keepdim = True)[1]
            correct += prediction.eq(label.view_as(prediction)).sum( ).item( )

    test_loss /= len(test_loader.dataset)
    test_accuracy = 100. * correct / len(test_loader.dataset)
    return test_loss, test_accuracy

''' 10. MLP 학습을 실행하며 Train, Test set의 Loss 및 Test set Accuracy 확인하기 '''
for Epoch in range(1, EPOCHS + 1):
    train(model, train_loader, optimizer, log_interval = 200)
    test_loss, test_accuracy = evaluate(model, test_loader)
    print("\n[EPOCH: {}], \tTest Loss: {:.4f}, \tTest Accuracy: {:.2f} % \n".
    format(Epoch, test_loss, test_accuracy))
```

사람의 손글씨 데이터인 흑백 이미지 데이터 MNIST 같은 경우, 기본적인 MLP 모델을 이용했을 때 검증 데이터셋 기준 정확도가 90% 수준으로 높은 수치의 성능을 갖는 인공지능 모델을 쉽게 구현할 수 있었습니다. 하지만 컬러 이미지 데이터인 CIFAR-10과 같은 경우 검증 데이터셋 기준으로 정확도가 90% 수준으로 높은 수치의 성능을 갖는 인공지능 모델과 동일하게 설계해도 정확도가 48% 수준밖에 되지 않습니다. 그 이유는 무엇일까요?

MNIST, CIFAR-10 모두 MLP 모델에 Input으로 이용될 때 이미지를 1차원으로 펼쳐 이용됩니다. 즉, 이미지 내에 지역적인 특징을 반영할 수 없는 한계점이 있습니다. 흑백 데이터인 MNIST와 같은 경우 구조가 단순해 비교적 덜 민감하기도 하며 채널 수도 1이기 때문에 1차원으로 펼쳐 이용되는 것에 덜 민감하지만, CIFAR-10 데이터는 컬러 이미지이기 때문에 채널 수도 3이며 32 * 32 크기의 2차원 이미지가 3개 겹쳐 있어 모양을 형성하는 이미지를 32 * 32 * 3의 1차원으로 펼쳐 놓으므로 이미지의 특징을 잃어버리는 것에 더욱 민감합니다.

따라서 1차원으로 펼쳐 Input으로 이용하는 것이 아니라 이미지와 주변 픽셀의 조합을 통해 특징을 추출하고자 하는 CNN 모형을 제안하게 됐으며 이를 실습으로 구현해보려고 합니다.

CIFAR-10 Dataset를 이용해 MLP를 구현한 코드 내에 있는 '6. Multi Layer Perceptron(MLP) 모델 설계하기' 부분을 CNN으로 변경해 구현해보겠습니다.

```
''' 6. Convolutional Neural Network(CNN) 모델 설계하기 '''
class CNN(nn.Module):                               #(1)
    def __init__(self):                             #(2)
        super(CNN, self).__init__()                 #(3)
        self.conv1 = nn.Conv2d(                     #(4)
            in_channels = 3,                        #(5)
            out_channels = 8,                       #(6)
            kernel_size = 3,                        #(7)
            padding = 1)                            #(8)
        self.conv2 = nn.Conv2d(                     #(9)
            in_channels = 8,                        #(10)
            out_channels = 16,                      #(11)
            kernel_size = 3,                        #(12)
            padding = 1)                            #(13)
        self.pool = nn.MaxPool2d(                   #(14)
            kernel_size = 2,                        #(15)
            stride = 2)                             #(16)
        self.fc1 = nn.Linear(8 * 8 * 16, 64)        #(17)
        self.fc2 = nn.Linear(64, 32)                #(18)
        self.fc3 = nn.Linear(32, 10)                #(19)
```

```
def forward(self, x):                          #(20)
        x = self.conv1(x)                      #(21)
        x = F.relu(x)                          #(22)
        x = self.pool(x)                       #(23)
        x = self.conv2(x)                      #(24)
        x = F.relu(x)                          #(25)
        x = self.pool(x)                       #(26)

        x = x.view(-1, 8 * 8 * 16)             #(27)
        x = self.fc1(x)                        #(28)
        x = F.relu(x)                          #(29)
        x = self.fc2(x)                        #(30)
        x = F.relu(x)                          #(31)
        x = self.fc3(x)                        #(32)
        x = F.log_softmax(x)                   #(33)
        return x                               #(34)
```

(1) CNN도 MLP와 마찬가지입니다. PyTorch Module 내에 딥러닝 모델 관련 기본 함수를 포함하고 있는 nn.Module 클래스를 상속받는 Net 클래스를 정의합니다. nn.Module 클래스를 상속받았을 때 nn.Module 클래스가 이용할 수 있는 함수를 그대로 이용할 수 있기 때문에 새로운 딥러닝 모델을 설계할 때 자주 이용됩니다.

(2) CNN 클래스의 인스턴스를 생성했을 때 지니는 성질을 정의해주는 메서드입니다.

(3) nn.Module 내에 있는 메서드를 상속받아 이용합니다.

(4) 2차원의 이미지 데이터를 nn.Conv2d 메서드를 이용해 Convolution 연산을 하는 Filter를 정의합니다.

(5) 이미지에 직접 Convolution 연산을 진행하는 Filter의 크기는 상관없지만, 채널 수를 이미지의 채널 수와 동일하게 맞춰야 합니다. 동일한 위치에 있으며 앞뒤로 존재하는 red, green, blue에 픽셀에 대해 동시에 Convolution 연산을 진행하기 위해서입니다. 따라서 이미지의 채널 수와 동일하게 채널 수를 '3'으로 설정했습니다.

(6) Convolution 연산을 진행하는 Filter의 개수를 설정합니다. 여기서 설정해주는 Filter 개수만큼 Output의 depth가 정해집니다. Filter 개수만큼 앞뒤로 쌓아 Feature Map을 형성하기 때문입니다. 여기서는 '8개'로 설정했으므로 해당 Convolution 연산 결과는 depth가 '8'인 Feature Map이 생성되겠네요.

(7) Filter의 크기를 설정해주는 부분입니다. 스칼라 값으로 설정하려면 해당 스칼라 값의 가로 * 세로 크기인 Filter를 이용해야 합니다. 즉, 여기서는 3 * 3의 Filter 크기를 이용하게 되겠네요. 3 * 3의 Filter가 이미지 위를 돌아다니면서 겹치는 영역에 대해 9개의 픽셀 값과 Filter 내에 있는 9개의 파라미터 값을 Convolution 연산으로 진행합니다.

(8) (5), (6), (7)을 통해 세부 속성이 설정된 Filter가 이미지 위를 돌아다닐 때 이미지의 구석 부분은 중앙 부분에 비해 상대적으로 덜 연산됩니다. Filter가 돌아다니면서 겹치는 영역이 구석보다 중앙 부분이 당연히 자주 겹치겠지요. 이를 방지하기 위해 이미지의 가장자리에 0을 채워 이미지 구석 부분과 중앙 부분이 Convolution 연산되는 횟수를 동일하게 맞춰주는 Zero Padding을 설정해주는 부분입니다. 1로 설정하면 왼쪽에 1층, 오른쪽에 1층, 위에 1층, 아래쪽에 1층으로 겉에 1층으로 0을 채워준다는 것을 의미합니다. Filter의 크기와 Filter가 돌아다니는 픽셀 단위 수를 확인해 0을 채워야 이미지 가장자리와 중앙 부분의 Convolution 연산 횟수를 동일하게 맞출 수 있습니다.

(9) 2차원의 이미지 데이터를 nn.Conv2d 메서드를 이용해 Convolution 연산을 하는 Filter를 정의합니다. (4)에서 이미지 데이터 자체에 Convolution을 적용하는 Filter의 속성을 설정했다면, (9)는 (4)에서 설정한 Filter를 이용해 생성된 Feature Map과 Convolution 연산을 진행하는 Filter의 속성을 설정하는 것입니다.

(10) 이미지에 직접 Convolution 연산을 진행하는 Filter는 이미지의 채널 수와 동일하게 채널 수를 맞춰준 것처럼 Feature Map과 Convolution 연산을 진행하는 Filter는 Feature Map의 채널 수와 동일하게 채널 수를 맞춰야겠죠? (6)에서 Filter 개수를 '8개'로 설정했기 때문에 Feature Map의 Depth는 '8'이므로 Feature Map 채널 수와 동일하게 채널 수를 '8'로 설정했습니다.

(11) Convolution 연산을 진행하는 Filter 개수를 설정합니다. 여기서 설정해주는 Filter 개수만큼 Output의 depth가 정해집니다. Filter 개수만큼 앞뒤로 쌓아 Feature Map을 형성하기 때문입니다. 여기서는 '16개'로 설정했으므로 해당 Convolution 연산 결과는 depth가 '16'인 Feature Map이 생성되겠네요.

(12) Filter의 크기를 설정해주는 부분입니다. 스칼라 값으로 설정하면 해당 스칼라 값의 가로 * 세로 크기인 Filter를 이용합니다. 즉, 여기서는 3 * 3의 Filter 크기를 이용하게 되겠네요. 3 * 3의 Filter가 이미지 위를 돌아다니면서 겹치는 영역에 대해 9개의 픽셀 값과 Filter 내에 있는 9개의 파라미터 값을 Convolution 연산으로 진행합니다.

(13) (10), (11), (12)를 통해 세부 속성이 설정된 Filter가 self.conv1을 통해 생성된 Feature Map 위를 돌아다닐 때 Feature Map의 구석 부분은 중앙 부분에 비해 상대적으로 덜 연산됩니다. Filter가 돌아다니면서 겹치는 영역이 구석 부분보다는 중앙 부분이 당연히 자주 겹치겠지요. 이를 방지하기 위해 이미지에 Zero Padding을 맞춰준 것처럼 Feature Map 가장자리에 0을 채워 이미지 구석 부분과 중앙 부분이 Convolution 연산되는 횟수를 동일하게 맞춰주는 Zero Padding을 설정해주는 부분입니다.

(14) Convolution을 통해 Feature Map이 생성됐을 때, Feature Map을 전부 이용하는 것이 아니라 부분적으로 이용합니다. Convolution을 통해 다양한 수치가 생성되기 때문이죠. nn.MaxPool2d는 2차원의 Feature Map 내에서 지정한 크기 내 가장 큰 Feature Map 값만 이용하겠다는 것을 의미합니다.

(15) 생성된 Feature Map 내 2 * 2 크기의 Filter가 돌아다니면서 가장 큰 Feature Map 값을 추출하는 것을 의미합니다. 4개의 값 중 1개의 값만 이용하고 나머지 3개의 값은 버려집니다.

(16) (15)에서 22 크기의 Filter로 설정했으므로 22 크기의 Filter가 MaxPooling하는 과정에서 Feature Map 위에서 움직이는 단위를 설정하는 부분입니다. Feature Map 내에서 2단위로 움직이겠네요.

(17) Convolution 연산을 하는 이유는 이미지 내 주변 픽셀과의 조합을 통한 특징을 추출하고자 하는 것입니다. 이미지 내 주변 픽셀과의 조합을 잘 반영할 수 있는 Feature Map을 다양한 Convolution을 통해 추출하고 추출된 Feature Map을 기존의 MLP 모형의 Input에 이용했던 것처럼 1차원으로 펼친 후 여러 층의 Fully Connected Layer를 통과시켜 분류합니다. Convolution을 이용해 추출된 Feature Map은 기존 이미지에서 주변 정보를 수많은 파라미터 값을 이용해 반영된 결괏값이며 다양한 Convolution 연산을 이용해 생성된 Feature Map의 결과는 1차원으로 펼쳐도 이미 주변 정보를 반영한 결괏값으로 존재하기 때문에 기존에 문제였던 MLP의 한계를 해결할 수 있습니다. self.conv1, self.conv2 연산을 이용한 결과를 바탕으로 생성된 Feature Map의 크기는 forward 부분에서 계산한 결과 8 * 8 * 16 크기의 Feature Map으로 생성됩니다. 즉, 8 * 8의 2차원 데이터 16개가 겹쳐 있는 형태로 존재하는데, 이를 MLP의 Input으로 이용하기 위해 8 * 8 * 16 크기의 1차원 데이터로 펼쳐 이용합니다. 이를 위해 첫 번째 Fully Connected Layer을 8 * 8 * 16의 노드 수로 설정하고 두 번째 Fully Connected Layer는 '64'로 설정합니다.

(18) 두 번째 Fully Connected Layer는 Input이 '64', 세 번째 Fully Connected Layer는 '32'이기 때문에 두 번째 Fully Connected Layer의 Output은 '32'개의 노드 수로 설정합니다.

(19) 세 번째 Fully Connected Layer는 Input이 '32', 최종 Output은 10개의 클래스를 표현하기 위해 원-핫 인코딩으로 표현된 벡터 값과 Loss를 계산해야 하므로 Output의 크기를 '10'으로 설정합니다.

(20) CNN 클래스를 이용해 설계한 CNN 모델의 Forward Propagation을 정의합니다. 즉, 설계한 CNN 모델에 데이터를 입력했을 때 Output을 계산하기까지의 과정을 나열한 것을 의미합니다.

(21) (4)에서 정의한 `self.conv1`을 이용해 Convolution 연산을 진행해 Feature Map을 생성합니다.

(22) Convolution 연산을 통해 생성된 Feature Map 값에 비선형 함수 `ReLU( )`를 적용합니다.

(23) (14)에서 설정한 MaxPooling을 진행해 생성된 Feature Map에 다운 샘플링(Down Sampling)을 적용합니다.

(24) (9)에서 정의한 `self.conv1`로 Convolution 연산을 진행해 Feature Map을 생성합니다.

(25) Convolution 연산을 이용해 생성된 Feature Map 값에 비선형 함수 `ReLU( )`를 적용합니다.

(26) (14)에서 설정한 MaxPooling을 진행해 생성된 Feature Map에 다운 샘플링을 적용합니다.

(27) 최종 생성된 Feature Map의 모양은 8 * 8 * 16 크기이므로 이를 펼치기 위해 view 함수를 이용해 Feature Map을 1차원 데이터로 변환합니다.

(28) (17)에서 설정한 Fully Connected Layer에 통과시킵니다.

(29) Fully Connected Layer를 통과한 값에 비선형 함수 `ReLU( )`를 적용합니다.

(30) (18)에서 설정한 Fully Connected Layer에 통과시킵니다.

(31) Fully Connected Layer를 통과한 값에 비선형 함수 `ReLU( )`를 적용합니다.

(32) (19)에서 설정한 Fully Connected Layer에 통과시킵니다.

(33) PyTorch Module 중 인공 신경망 설계에 유용한 함수를 모아 놓은 torch.nn.functional 내의 `log.softmax( )`를 이용해 최종 Output을 계산합니다. 0부터 9까지, 총 10가지 경우의 수 중 하나로 분류하는 일을 수행하기 때문에 Softmax를 이용해 확률 값을 계산합니다. 일반적인 softmax가 아닌 `log_softmax( )`를 이용하는 이유는 MLP 모델이 Back Propagation 알고리즘을 이용해 학습을 진행할 때 Loss 값에 대한 Gradient 값을 좀 더 원활하게 계산할 수 있기 때문입니다. Log 함수 그래프의 기울기가 부드럽게 변화하는 것을 상상해보면 직관적으로 이해할 수 있습니다.

(34) 최종 계산된 x 값을 Output으로 반환합니다.

[예제 4-1]의 CIFAR-10 데이터를 이용해 Multi Layer Perceptron(MLP) 설계하기 예제에 딥러닝 모델 구현 부분만 변경해 코드를 진행하면 학습을 정상적으로 진행할 수 있으며 검증까지 동일하게 확인할 수 있습니다. 코드 실행 결과는 다음과 같습니다.

```
# Train Epoch: 1 [0/50000(0%)]              Train Loss: 2.292340
# Train Epoch: 1 [6400/50000(13%)]          Train Loss: 1.893079
# Train Epoch: 1 [12800/50000(26%)]         Train Loss: 2.120331
# Train Epoch: 1 [19200/50000(38%)]         Train Loss: 1.725721
# Train Epoch: 1 [25600/50000(51%)]         Train Loss: 1.552723
# Train Epoch: 1 [32000/50000(64%)]         Train Loss: 1.795246
# Train Epoch: 1 [38400/50000(77%)]         Train Loss: 1.640541
# Train Epoch: 1 [44800/50000(90%)]         Train Loss: 1.534683

# [EPOCH: 1], Test Loss: 0.0461,            Test Accuracy: 45.46 %

# Train Epoch: 2 [0/50000(0%)]              Train Loss: 1.383567

# ...

# Train Epoch: 9 [44800/50000(90%)]         Train Loss: 1.200101

# [EPOCH: 9], Test Loss: 0.0322,            Test Accuracy: 63.96 %

# Train Epoch: 10 [0/50000(0%)]             Train Loss: 1.092186
# Train Epoch: 10 [6400/50000(13%)]         Train Loss: 0.882009
# Train Epoch: 10 [12800/50000(26%)]        Train Loss: 1.137689
# Train Epoch: 10 [19200/50000(38%)]        Train Loss: 0.596552
# Train Epoch: 10 [25600/50000(51%)]        Train Loss: 0.937153
# Train Epoch: 10 [32000/50000(64%)]        Train Loss: 1.105834
# Train Epoch: 10 [38400/50000(77%)]        Train Loss: 0.796932
# Train Epoch: 10 [44800/50000(90%)]        Train Loss: 0.723416

# [EPOCH: 10], Test Loss: 0.0305,           Test Accuracy: 65.98 %
```

기존에 설계한 MLP 모델은 48% 수준에 그친 반면, Convolution 연산을 추가한 CNN 모델은 성능이 약 65% 수준으로 향상된 것을 확인할 수 있습니다.

3

앞서 서술한 바와 같이 CNN을 포함한 딥러닝 모델은 Graphical Feature를 학습시키는 것이 주목적이고 복잡한 문제를 풀기 위한 복잡한 모델이 대부분입니다. 복잡한 모델을 만들기 위해서는 다량의 데이터가 필요합니다. 하지만 우리가 갖고 있는 데이터는 한정적이죠. 이를 보완하기 위한 방법은 Data Augmentation입니다. [그림 4-14]를 보면 왼쪽, 오른쪽 모두 같은 강아지 사진이라는 것을 알 수 있습니다. 그러나 Convolution Layer의 Receptive Field를 생각해보면 같은 사진이지만 조금은 다르게 Feature가 뽑힐 것이라는 것도 알 수 있습니다. 이와 같이 데이터를 임의로 변형해 데이터의 수를 늘려 다양한 Feature를 뽑는 방법을 'Data Augmentation'이라 합니다. 일반적으로 이미지 분류 문제에서 Data Augmentation을 할 경우에 성능이 소폭 상승한다고 알려져 있습니다.

[그림 4-14] Data Augmentation의 예시

Data Augmentation에도 여러 기법이 있습니다. 대표적으로 많이 사용하는 기법 중 몇 가지를 [그림 4-15]의 예시를 통해 소개하겠습니다

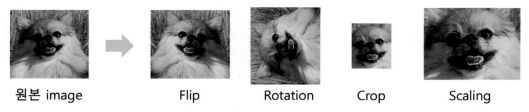

원본 image   Flip   Rotation   Crop   Scaling

[그림 4-15] 다양한 Data Augmentation

- Random Flip/Rotation/Crop/Scaling: Flip은 '반전'을 의미합니다, 이미지를 랜덤하게 좌우 또는 상하 반전시키는 Random Flip입니다. Rotation은 이미지를 회전시키는 것이며 Crop은 말 그대로 이미지의 일정 부분을 잘라 사용하는 기법입니다. 이와 더불어 Scaling은 이미지를

확대 또는 축소시키는 기법입니다.

- Cutout/Cutmix: 앞에서 언급한 Random Flip, Rotation 등의 Data Augmentation기법은 기본 적으로 많이 사용하는 기법이고 Data Augmentation에 대한 연구도 활발히 진행돼왔습니다.

비교적 최근에 제안된 Cutout과 Cutmix에 대해 간략하게 소개해 드리겠습니다. Cutout은 [그림 4-16]의 두 번째 그림처럼 이미지의 일부를 사각형 모양으로 검은색을 칠하는 기법입니다. 숫자로는 0을 채워 넣는 것이라 생각할 수 있습니다. 일종의 Input 데이터에 대해 Dropout을 적용한 기법이라 이해하면 됩니다. Cutmix는 [그림 4-16]의 세번째 그림처럼 두 이미지를 합쳐 놓고 이미지의 Label을 학습시킬 때 각각의 이미지가 차지하는 비율만큼 학습시키는 방법입니다. 다음 예시에는 전체 이미지에서 강아지가 차지하는 비율이 70%, 고양이가 차지하는 비율이 30%이기 때문에 학습시킬 때 강아지는 0.7, 고양이는 0.3으로 Labeling해 학습을 진행합니다. Cutout과 Cutmix 모두 일반적인 이미지 분류 문제에서 Data Augmentation보다 성능이 뛰어나다는 것이 논문을 통해 밝혀졌습니다.

원본 image

강아지 : 1

Cutout

강아지 : 1

Cutmix

강아지 : 0.7
고양이 : 0.3

[그림 4-16] Cutout과 Cutmix의 예시

[예제 4-3] CIFAR-10 데이터에 Augmentation 기법을 이용해 모델의 성능 향상시키기

기본적인 Convolution 연산을 추가한 CNN 모형을 설계해 검증 데이터셋에 대한 모델 성능을 향상시킬 수 있었습니다. 그렇다면 여기에 추가로 모델의 성능을 향상시킬 수 있는 방법에는 무엇이 있을까요?

모델의 성능을 향상시키는 방법은 다양하지만, 그중 쉽게 적용할 수 있는 Data Augmentation 기법을 적용하는 실습을 해보겠습니다.

Data Augmentation은 기존 이미지에 작은 변형을 주고 변화를 준 데이터를 이용해 학습하는 것을 의미합니다. Data Augmentation은 자르기, 회전하기, 돌리기 등 사람의 눈으로 봤을 때 동일한 클래스로 분류할 수 있는 수준의 변형을 가하는 것을 의미합니다.

```
''' 3. Data Augmentation이 적용된 CIFAR10 데이터 다운로드(Train set, Test set 분리하기)
'''
train_dataset = datasets.CIFAR10(root = "../data/CIFAR_10",
                                 train = True,
                                 download = True,
                                 transform = transforms.Compose([          #(1)
                                     transforms.RandomHorizontalFlip( ),    #(2)
                                     transforms.ToTensor( ),                #(3)
                                     transforms.Normalize((0.5, 0.5, 0.5)   #(4)
                                     (0.5, 0.5, 0.5))]))                    #(5)

test_dataset = datasets.CIFAR10(root = "../data/CIFAR_10",
                                train = False,
                                transform = transforms.Compose([            #(6)
                                    transforms.RandomHorizontalFlip( ),     #(7)
                                    transforms.ToTensor( ),                 #(8)
                                    transforms.Normalize((0.5, 0.5, 0.5),   #(9)
                                    (0.5, 0.5, 0.5))]))                     #(10)

train_loader = torch.utils.data.DataLoader(dataset = train_dataset,
                                           batch_size = BATCH_SIZE,
                                           shuffle = True)

test_loader = torch.utils.data.DataLoader(dataset = test_dataset,
                                          batch_size = BATCH_SIZE,
                                          shuffle = False)
```

이미지를 불러오는 부분에서 torchvision Module 내에 있는 transforms 함수를 이용하면 Augmentation을 쉽게 적용할 수 있습니다.

transforms은 기존의 ToTensor( )을 이용해 딥러닝 모델의 Input으로 이용할 수 있게 이미지 데이터를 Tensor 형태로 변환시켜주며 0에서 1 사이의 값으로 정규화하는 것은 기존에 실습하면서 익혔을 것이라 생각합니다.

`ToTensor( )`가 아닌 다른 함수를 이용해 Data Augmentation을 적용할 수 있습니다.

학습 데이터에 이용되는 이미지 데이터에 대한 Augmentation

(1) `transforms.Compose( )`는 불러오는 이미지 데이터에 전처리 및 Augmentation을 다양하게 적용할 때 이용하는 메서드입니다. 즉, Compose의 괄호 안에 있는 처리 과정을 거친 데이터를 불러오는 것을 의미합니다.

(2) 해당 이미지를 50%의 확률로 좌우 반전하는 것을 의미합니다.

(3) 기존에 실습하면서 익힌 내용으로 0에서 1 사이의 값으로 정규화하며 딥러닝 모델의 Input으로 이용될 수 있도록 Tensor 형태로 변환시켜주는 전처리 과정을 의미합니다.

(4) `ToTensor( )` 형태로 전환된 이미지에 대해 또 다른 정규화를 진행하는 것을 의미합니다. 정규화를 진행할 때는 평균과 표준편차가 필요한데, red, green, blue 순으로 평균을 '0.5'씩 적용하는 것을 의미합니다.

(5) `transforms.Normalize`를 진행할 때 이용하는 표준편차를 의미합니다. red, green, blue 순으로 표준편차를 '0.5'씩 적용하는 것을 의미합니다.

검증 데이터에 이용되는 이미지 데이터에 대한 Augmentation

(6) `transforms.Compose( )`는 불러오는 이미지 데이터에 전처리 및 Augmentation을 다양하게 적용할 때 이용하는 메서드입니다. 즉, Compose의 괄호 안에 있는 처리 과정을 거친 데이터를 불러오는 것을 의미합니다.

(7) 해당 이미지를 50%의 확률로 좌우 반전하는 것을 의미합니다.

(8) 기존에 실습하면서 익힌 내용으로 0에서 1 사이의 값으로 정규화하며 딥러닝 모델의 Input으로 이용될 수 있도록 Tensor 형태로 변환시켜주는 전처리 과정을 의미합니다.

(9) `ToTensor( )` 형태로 전환된 이미지에 대해 또 다른 정규화를 진행하는 것을 의미합니다. 정규화를 진행할 때는 평균과 표준편차가 필요한데, red, green, blue 순으로 평균을 '0.5'씩 적용하는 것을 의미합니다.

(10) `transforms.Normalize`를 진행할 때 이용하는 표준편차를 의미합니다. red, green, blue 순으로 표준편차를 '0.5'씩 적용하는 것을 의미합니다.

기본적으로 학습 데이터에 이용하는 전처리 과정은 검증 데이터에도 동일하게 적용돼야 모델의 성능을 평가할 수 있습니다.

Data Augmentation을 적용한 결과는 다음과 같습니다. 기존에 65.98% 수준에서 0.07% 올랐지만, 좀 더 다양하게 Augmentation을 적용하고 기존에 이용되는 데이터셋에 Augmentation 데이터셋을 추가로 이용해 학습 데이터셋의 양을 늘리면 모델의 성능이 좀 더 향상될 것이라 기대할 수 있습니다.

```
# Train Epoch: 1 [0/50000(0%)]        Train Loss: 2.311129
# Train Epoch: 1 [6400/50000(13%)]    Train Loss: 2.232781
# Train Epoch: 1 [12800/50000(26%)]   Train Loss: 1.517317
# Train Epoch: 1 [19200/50000(38%)]   Train Loss: 1.514930
# Train Epoch: 1 [25600/50000(51%)]   Train Loss: 1.394459
# Train Epoch: 1 [32000/50000(64%)]   Train Loss: 1.265975
# Train Epoch: 1 [38400/50000(77%)]   Train Loss: 1.477778
# Train Epoch: 1 [44800/50000(90%)]   Train Loss: 1.515271

# [EPOCH: 1], Test Loss: 0.0413,    Test Accuracy: 52.86 %

# Train Epoch: 2 [0/50000(0%)]        Train Loss: 1.401306

# ...

# Train Epoch: 9 [44800/50000(90%)]   Train Loss: 0.786172

# [EPOCH: 9], Test Loss: 0.0301,    Test Accuracy: 65.92 %

# Train Epoch: 10 [0/50000(0%)]        Train Loss: 1.098788
# Train Epoch: 10 [6400/50000(13%)]    Train Loss: 0.699223
# Train Epoch: 10 [12800/50000(26%)]   Train Loss: 0.737625
# Train Epoch: 10 [19200/50000(38%)]   Train Loss: 0.946999
# Train Epoch: 10 [25600/50000(51%)]   Train Loss: 1.323485
# Train Epoch: 10 [32000/50000(64%)]   Train Loss: 0.690304
# Train Epoch: 10 [38400/50000(77%)]   Train Loss: 1.067101
# Train Epoch: 10 [44800/50000(90%)]   Train Loss: 1.083474

# [EPOCH: 10], Test Loss: 0.0299,    Test Accuracy: 66.05 %
```

- ImageNet: 이미지 분류 모델을 측정하기 위한 데이터로 가장 많이 사용하는 데이터셋입니다. 학습 데이터만 총 138GB로, 총 2만 개 이상의 클래스와 약 1,400만 장의 이미지로 구성돼 있습니다. 이 ImageNet 데이터를 이용해 이미지로 분류하는 모델 대회를 ImageNet Large Scale Visual Recognition Challenge(ILSVRC)라 하는데, 2010년도부터 2017년도까지의 우승작 에러율과 모델의 Depth는 [그림 4-17]과 같습니다. 2015년을 기점으로 인간의 성능을 뛰어넘었으며 네트워크의 깊이는 152층에 이른 것을 알 수 있습니다.

- Network Architecture: 앞서 네트워크의 성능을 높이기 위한 여러 가지 방법을 소개한 바 있습니다. 과적합이나 Gradient Vanishing을 방지하는 Activation 함수, Batch Normalization, DropOut, Initialization, Data Augmentation 등 다양한 방법을 소개했습니다. 이러한 방법 외에도 네트워크를 깊게 쌓으면서 과적합을 방지하고자 하는 연구가 계속돼왔습니다. ImageNet 우승작 몇 가지와 주로 많이 사용하는 네트워크 구조를 알아보겠습니다.

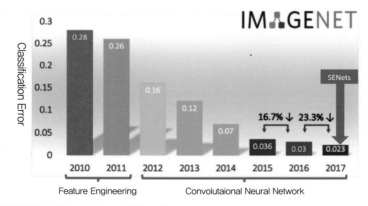

[그림 4-17] ILSRVC 대회 우승 Model의 Error율과 Depth
출처: https://towardsdatascience.com/review-senet-squeeze-and-excitation-network-winner-of-ilsvrc-2017-image-classification-a887b98b2883

- LeNet: LeNet은 Yann LeCun 교수가 제안한 최초의 CNN 모델입니다. 1990년대 당시에는 컴퓨팅 문제가 있었기 때문에 비교적 단순한 구조를 갖고 있습니다. 32 × 32 Input과 Convolution layer 2개, pooling layer 2개, Fully Connected Layer 3개를 갖고 있는데, 이 구조는 가장 기본적인 CNN 구조로 사용되고 있습니다.

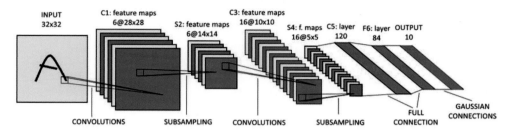

[그림 4-18] LeNet의 구조
출처: https://medium.com/deep-learning-g/build-lenet-from-scratch-7bd0c67a151e

▪ **AlexNet:** AlexNet은 2012 ILSVRC 대회 우승 모델로, 구조는 LeNet과 크게 다르지 않습니다. 224 × 224 크기의 RGB 3 Channel Image를 Input으로 사용했습니다. Activation 함수로는 ReLU를 사용했으며 Dropout과 Data Augmentation 등을 적용했습니다.

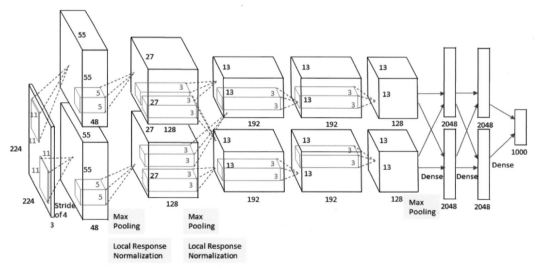

[그림 4-19] AlexNet의 구조
출처: https://bskyvision.com/421

▪ **VGG:** VGG는 ILSVRC 2014 대회에서 2위를 차지한 모델입니다. AlexNet과 같은 이전의 모델과 달리, [그림 4-20]처럼 3 × 3 Convolution Layer를 깊게 중첩한다는 것이 VGG의 큰 특징입니다. Layer의 깊이에 따라 VGG16, VGG19 등으로 불리고 있습니다.

ConvNet Configuration					
A	A-LRN	B	C	D	E
11 weight layers	11 weight layers	13 weight layers	16 weight layers	16 weight layers	19 weight layers
input (224 × 224 RGB image)					
conv3-64	conv3-64	conv3-64	conv3-64	conv3-64	conv3-64
	LRN	**conv3-64**	conv3-64	conv3-64	conv3-64
maxpool					
conv3-128	conv3-128	conv3-128	conv3-128	conv3-128	conv3-128
		conv3-128	conv3-128	conv3-128	conv3-128
maxpool					
conv3-256	conv3-256	conv3-256	conv3-256	conv3-256	conv3-256
conv3-256	conv3-256	conv3-256	conv3-256	conv3-256	conv3-256
			conv1-256	**conv3-256**	conv3-256
					conv3-256
maxpool					
conv3-512	conv3-512	conv3-512	conv3-512	conv3-512	conv3-512
conv3-512	conv3-512	conv3-512	conv3-512	conv3-512	conv3-512
			conv1-512	**conv3-512**	conv3-512
					conv3-512
maxpool					
conv3-512	conv3-512	conv3-512	conv3-512	conv3-512	conv3-512
conv3-512	conv3-512	conv3-512	conv3-512	conv3-512	conv3-512
			conv1-512	**conv3-512**	conv3-512
					conv3-512
maxpool					
FC-4096					
FC-4096					
FC-1000					
soft-max					

[그림 4-20] VGG의 다양한 구조
출처: Very Deep Convolutional Networks for Large-Scale Image Recognition(https://arxiv.org/pdf/1409.1556.pdf)

▪ GoogLeNet: GoogLeNet은 ILSVRC 2014 대회에서 1위를 한 모델로, Inception Model로도 불립니다. 이는 구글에서 제안한 모델로, Google + LeNet을 합친 말입니다. [그림 4-21]처럼 매우 복잡한 형태를 지니고 있는데, GoogleLeNet은 Inception 모듈이라는 개념을 CNN에 도입했습니다.

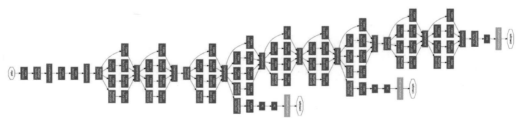

[그림 4-21] GoogLeNet의 구조
출처: https://mc.ai/cnn-architectures-lenet-alexnet-vgg-googlenet-and-resnet/

[그림 4-22]를 확대한 부분이 Inception 모듈입니다. 기존의 CNN 구조는 Convolution 다음의 Pooling Layer를 거치는 것이 일반적인데, Inception Model은 한 Layer 내에서 서로 다른 연산을 거친 후 Feature Map을 다시 합치는 방식입니다. 이러한 방식을 사용하면 한 Feature Map에서 여러 Convolution을 적용할 수 있기 때문에 작은 규모의 Feature, 비교적 큰 규모의 Feature를 한 번에 학습할 수 있다는 장점이 있습니다. GoogleLeNet은 총 9개의 Inception Module로 구성돼 있습니다.

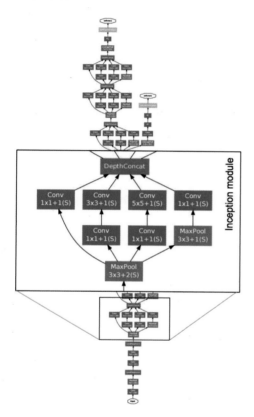

[그림 4-22] Inception 모듈의 구조
출처: https://mc.ai/cnn-architectures-lenet-alexnet-vgg-googlenet-and-resnet/

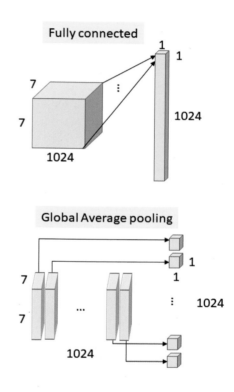

[그림 4-23] GAP의 구조
출처: https://towardsdatascience.com/review-nin-network-in-network-image-classification-69e271e499ee

또한 마지막 Fully Connected Layer에서 Global Average Pooling(GAP)으로 대체해 파라미터의 수를 크게 줄이는 효과를 얻었습니다. GAP는 [그림 4-23]처럼 마지막 Feature Map에 대해 각각의 값을 평균내 연결해주는 것으로, Fully Connected Layer 대비 학습해야 할 파라미터의 수를 크게 줄일 수 있습니다.

- ResNet: ResNet은 'Residual Network'의 약자로, 마이크로소프트에서 제안한 모델입니다. ILSVRC 2015 대회에서 1위를 차지한 모델로, 지금까지도 이미지 분류의 기본 모델로 널리 쓰이고 있습니다. Residual Block이라는 개념을 도입했으며 [그림 4-24]처럼 이전 Layer의 Feature Map을 다음 Layer의 Feature Map에 더해주는 개념입니다. 이를 'Skip Connection'이라 합니다. 네트워크가 깊어짐에 따라 앞 단의 Layer에 대한 정보는 뒤의 Layer에서는 희석될 수밖에 없습니다. 이러한 단점을 보완하기 위해 이전의 정보를 뒤에서도 함께 활용하는 개념이라 이해할 수 있습니다. 앞서 언급한 것처럼 ResNet의 구조는 널리 사용되고 있으며 많은 딥러닝 연구 논문에서도 기본 딥러닝 프레임으로 활용되고 있습니다.

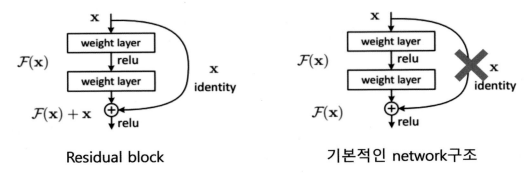

[그림 4-24] Residual Block의 구조
출처: Deep Residual Learning for Image Recognition(https://arxiv.org/pdf/1512.03385.pdf)

▪ DenseNet: DenseNet은 ResNet의 확장된 버전이라 할 수 있습니다. ResNet은 이전 Layer 와 다음 Layer에 Skip Connection을 적용하는 모델이라면 DenseNet은 모든 Layer에 Skip Connection을 적용하는 모델입니다. 첫 번째 Layer에 대한 정보를 두 번째, 세 번째, 그리고 마지막 Layer에도 함께 학습을 진행시켜주는 것입니다. ResNet보다 DenseNet이 약간의 높 은 성능을 기록하는 것으로 알려져 있습니다. 다만, DenseNet은 ResNet을 약간 변형한 모델 이기 때문에 학술적으로는 ResNet이 좀 더 가치 있다고 여겨집니다. 그래서 많은 논문에서는 DenseNet보다 ResNet을 기준으로 많이 실험을 진행해오고 있습니다. 이외에도 네트워크가 구 조적으로 발전된 다양한 모델이 많습니다. 그러나 앞서 서술한 바와 같이 가장 보편적으로 많 이 사용하는 구조는 'ResNet'입니다.

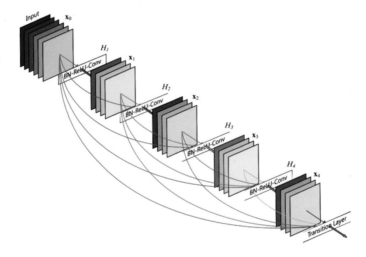

[그림 4-25] DenseNet의 구조

출처: Densely Connected Convolutional Networks(https://arxiv.org/pdf/1608.06993.pdf)

지금까지 CNN 모델을 설계해 MLP 모델보다 높은 성능을 나타내는 실습을 진행해봤고 Data Augmentation을 이용해 이미지 데이터를 다양하게 처리해 성능 향상을 경험해봤습니다. 이번에는 비교적 고급 CNN 모델을 도입해 모델 성능을 향상시켜보려고 합니다.

CNN 모델은 ImageNet Dataset Challenge를 통해 다양한 형태로 발전돼왔습니다. LeNet을 비롯해 AlexNet, VGG, GoogLeNet, ResNet 등이 있으며 여기서는 최근에도 자주 이용하는 ResNet 모델을 구현해보겠습니다.

```python
''' 6. ResNet 모델 설계하기 '''
class BasicBlock(nn.Module):                              #(1)
    def __init__(self, in_planes, planes, stride = 1):    #(2)
        super(BasicBlock, self).__init__()                #(3)
        self.conv1 = nn.Conv2d(in_planes, planes,         #(4)
                kernel_size = 3,                           #(5)
                stride = stride,                           #(6)
                padding = 1,                               #(7)
                bias = False)                              #(8)
        self.bn1 = nn.BatchNorm2d(planes)                 #(9)
        self.conv2 = nn.Conv2d(planes, planes,            #(10)
                kernel_size = 3,                           #(11)
                stride = 1,                                #(12)
                padding = 1,                               #(13)
                bias = False)                              #(14)
        self.bn2 = nn.BatchNorm2d(planes)                 #(15)

        self.shortcut = nn.Sequential()                   #(16)
        if stride != 1 or in_planes != planes:            #(17)
            self.shortcut = nn.Sequential(                #(18)
                nn.Conv2d(in_planes, planes,              #(19)
                        kernel_size = 1,                   #(20)
                        stride = stride,                   #(21)
                        bias = False),                     #(22)
                nn.BatchNorm2d(planes))                   #(23)

    def forward(self, x):                                 #(24)
        out = F.relu(self.bn1(self.conv1(x)))             #(25)
        out = self.bn2(self.conv2(out))                   #(26)
        out += self.shortcut(x)                           #(27)
        out = F.relu(out)                                 #(28)
        return out                                        #(29)

class ResNet(nn.Module):                                  #(30)
    def __init__(self, num_classes = 10):                 #(31)
        super(ResNet, self).__init__()                    #(32)
```

```
        self.in_planes = 16                                        #(33)

        self.conv1 = nn.Conv2d(3, 16,                              #(34)
                kernel_size = 3,                                   #(35)
                stride = 1,                                        #(36)
                padding = 1,                                       #(37)
                bias = False)                                      #(38)
        self.bn1 = nn.BatchNorm2d(16)                             #(39)
        self.layer1 = self._make_layer(16, 2, stride = 1)         #(40)
        self.layer2 = self._make_layer(32, 2, stride = 2)         #(41)
        self.layer3 = self._make_layer(64, 2, stride = 2)         #(42)
        self.linear = nn.Linear(64, num_classes)                  #(43)

    def _make_layer(self, planes, num_blocks, stride):            #(44)
        strides = [stride] + [1] *(num_blocks  - 1)               #(45)
        layers = []                                                #(46)
        for stride in strides:                                     #(47)
            layers.append(BasicBlock(self.in_planes, planes, stride))#(48)
            self.in_planes = planes                                #(49)
        return nn.Sequential(*layers)                              #(50)

    def forward(self, x):                                          #(51)
        out = F.relu(self.bn1(self.conv1(x)))                     #(52)
        out = self.layer1(out)                                     #(53)
        out = self.layer2(out)                                     #(54)
        out = self.layer3(out)                                     #(55)
        out = F.avg_pool2d(out, 8)                                #(56)
        out = out.view(out.size(0), -1)                           #(57)
        out = self.linear(out)                                     #(58)
        return out                                                 #(59)
```

(1) ResNet 모델은 내부에 반복적으로 이용하는 Block을 바탕으로 구성돼 있습니다. 따라서 반복적으로 이용하는 Block을 먼저 정의한 후 정의된 Block을 바탕으로 ResNet을 구현해보겠습니다. 기존에 MLP와 CNN을 nn.Module을 상속받는 클래스로 정의한 것과 동일하게 ResNet 모델을 구성하고 있는 BasicBlock을 nn.Module을 상속받는 클래스로 정의하겠습니다. 이와 마찬가지로 nn.Module 클래스를 상속받았을 때 nn.Module 클래스가 이용할 수 있는 함수를 그대로 이용할 수 있기 때문에 새로운 딥러닝 모델을 설계할 때 자주 이용합니다.

(2) BasicBlock 클래스의 인스턴스를 생성했을 때 지니게 되는 성질을 정의해주는 메서드입니다. in_planes, planes, stride 값을 인자로 받았을 때 BasicBlock의 인스턴스를 생성할 수 있습니다. stride는 기본적으로 '1'로 설정돼 있어 기본값으로 설정됩니다.

(3) nn.Module 내에 있는 메서드를 상속받아 이용합니다.

(4) 2차원의 이미지 데이터를 nn.Conv2d method를 이용해 Convolution 연산을 하는 Filter를 정의합니다. 이때 BasicBlock이 Input으로 이용되는 데이터의 채널 수를 의미하는 in_planes 값

은 (2)에서 인자 값으로 받아줍니다. 즉, BasicBlock 클래스를 이용해 특정 인스턴스를 생성할 때 입력해주는 값으로 이용하는 것이죠. 이와 마찬가지로 Filter의 개수는 (2)에서 인자 값으로 입력된 planes 값을 통해 Filter의 개수가 정해집니다.

(5) (4)에서 이용하는 Filter의 크기는 3 * 3 크기로 설정하는 단계입니다.

(6) (4)에서 이용하는 Filter가 움직이는 단위를 (2)에서 인자 값으로 받은 stride로 설정합니다. 즉, Filter가 stride만큼씩 움직이며 Input 데이터 위를 지나다니면서 Convolution 연산을 진행하는 것입니다. (2)에서 stride = 1로 고정돼 있기 때문에 따로 설정해주지 않는 이상, Filter가 한 칸씩 움직이는 것으로 설정됩니다.

(7) (4), (5), (6)을 통해 세부 속성이 설정된 Filter가 이미지 위를 지나다니면서 Convolution 연산을 진행할 때, 이미지의 구석 부분은 중앙 부분에 비해 상대적으로 덜 연산됩니다. Filter가 돌아다니면서 겹치는 영역이 구석보다는 중앙 부분이 비교적 자주 연산됩니다. 구석 부분이 비교적 적은 횟수로 Convolution 연산되는 것을 방지하기 위해 이미지 가장자리에 0을 채워 이미지 구석 부분과 중앙 부분이 Convolution 연산되는 횟수를 동일하게 맞춰주는 Zero Padding을 설정해주는 부분입니다. 1로 설정하면 왼쪽에 1층, 오른쪽에 1층, 위에 1층, 아래쪽에 1층으로 겉에 1층으로 0을 채워준다는 것을 의미합니다. Filter의 크기와 Filter가 돌아다니는 픽셀 단위 수를 확인해 0을 채워야 이미지 가장자리와 중앙 부분의 Convolution 연산 횟수를 동일하게 맞출 수 있습니다.

(8) Convolution 연산을 진행할 때, 이미지의 각 픽셀 값, Filter의 파라미터 값, Convolution 연산을 한 이후 Bias 값을 더해줄 것인지를 선택하는 옵션입니다. 이 예제에서는 Bias 값을 이용하지 않습니다.

(9) Batch Normalization은 각 Layer마다 Input의 분포가 달라짐에 따라 학습 속도가 현저히 느려지는 것을 방지하기 위해 이용되는 기법이며 학습 역시 안정적으로 진행할 수 있는 특징이 있습니다. (2)의 Input으로 받는 planes 크기의 데이터에 적용할 수 있는 BatchNorm2d를 정의합니다.

(10) 2차원의 이미지 데이터를 nn.Conv2d 메서드를 이용해 Convolution 연산을 하는 Filter를 정의합니다. 아마 self.conv1, self.bn1을 통과한 결괏값을 이용할 것이라 예상됩니다. (2)에서 정의한 Planes 인자 값을 이용해 Filter의 채널 수를 정의하고 이와 동일하게 planes 인자 값을 이용해 Filter의 개수를 설정합니다. self.conv2를 이용해 Feature Map을 생성했을 때 채널 수의 변화는 없을 것이라 예상됩니다.

(11) (10)에서 정의한 Filter의 크기를 설정합니다. kernel_size = 3은 3 * 3 크기의 Filter를 의미합니다.

(12) (10)에서 정의한 Filter가 움직이는 단위를 설정합니다. stride = 1은 Filter가 한 칸씩 움직이는 것을 의미합니다.

(13) (7)과 마찬가지로 (10)에서 정의한 Filter를 (11)과 (12)를 통해 정의한 세부 속성을 바탕으로 Filter가 이미지 위를 돌아다닐 때 이미지의 가장자리 부분이 이미지의 중앙 부분보다 Filter에 비교적 덜 노출되기 때문에 이미지의 특징을 고르게 반영하지 못할 수 있습니다. 따라서 이를 방지하기 위해 이미지 가장자리에 0을 채워 가장자리와 중앙 부분의 계산 횟수를 동일하게 맞출수 있습니다. padding = 1은 이미지의 위, 아래, 왼쪽, 오른쪽 1칸씩 0으로 채운다는 것을 의미합니다.

(14) Convolution 연산을 진행할 때 이미지의 각 픽셀 값, Filter의 파라미터 값, Convolution 연산을 한 이후 Bias 값을 더해줄 것인지를 선택하는 옵션입니다. 이 예제에서는 Bias 값을 이용하지 않습니다.

(15) (9)와 동일하게, (2)의 Input으로 받는 planes 크기의 데이터에 대해 적용할 수 있는 BatchNorm2d를 정의합니다.

(16) ResNet의 특징인 Shortcut을 정의하는 부분입니다. Shortcut은 기존의 값과 Convolution 및 Batch Normalization한 결과를 더하는 과정을 의미합니다.

(17) stride 값이 1이 아니거나 in_planes가 Planes와 같지 않다면, 즉 두 번째 블록부터 적용되는 shortcut을 정의하는 부분입니다.

(18) (17)의 조건을 바탕으로 적용되는 shortcut을 정의하는 부분입니다.

(19) (10)과 동일하게, 2차원의 이미지 데이터를 nn.Conv2d 메서드를 이용해 Convolution 연산을 하는 Filter를 정의합니다. (2)에서 정의한 Planes 인자 값을 이용해 Filter의 채널 수를 정의하고 동일하게 planes 인자 값을 이용해 Filter의 개수를 설정합니다. self.conv2를 이용해 Feature Map을 생성했을 때 채널 수의 변화는 없을 것이라 예상됩니다.

(20) 이때 적용되는 Filter의 크기는 '1'이므로 kernel_size = 1로 설정합니다.

(21) Filter가 움직이는 단위를 의미합니다. (2)에서 stride = 1로 고정돼 있기 때문에 따로 설정해주지 않는 이상, Filter가 한 칸씩 움직이는 것으로 설정됩니다.

(22) Convolution 연산을 진행할 때 이미지의 각 픽셀 값, Filter의 파라미터 값, Convolution 연산을 한 이후 Bias 값을 더해줄 것인지를 선택하는 옵션입니다. 이 예제에서는 Bias 값을 이용하지 않습니다.

(23) (15)와 동일하게, (2)의 Input으로 받는 Planes 크기의 데이터에 대해 적용할 수 있는 BatchNorm2d를 정의합니다.

(24) BasicBlock의 Forward Propagation을 정의합니다. 즉, 설계한 BasicBlock에 데이터를 입력했을 때 Output을 계산하기 까지의 과정을 나열한 것을 의미합니다.

(25) (4)에서 정의한 `self.conv1`을 이용해 채널 개수가 planes인 Feature Map을 생성하고 (9)에서 정의한 `self.bn1`을 이용해 Batch Normalization을 계산합니다. Convolution과 Batch Normalization 연산을 차례대로 진행한 후 비선형 함수인 ReLU를 적용합니다.

(26) (25)에서 계산된 결괏값에 (9)에서 정의한 `self.conv2`를 이용해 채널 개수가 Planes Feature Map을 생성하고 (15)에서 정의한 self.bn2를 이용해 Batch Normalization을 계산합니다.

(27) (26)의 결괏값과 (16)을 통해 shortcut을 통과한 결괏값과 더합니다. 이 부분을 skip connection이라 합니다.

(28) (27)의 결괏값에 비선형 함수 ReLU를 적용해 계산된 결괏값을 반환합니다.

- (1)부터 (29)까지 정의된 내용이 ResNet 내 반복적으로 연산이 수행되는 Residual Block을 의미합니다.

- Skip Connection을 통해 정의한 Residual Block을 이용해 레이어를 깊게 쌓았을 때 발생하는 Vanishing Gradient 문제를 해결할 수 있었습니다. 레이어 수가 깊어질수록 Gradient 값이 잘 전달되지 않는 것을 identity value를 더해주어 Gradient Flow가 원활하게 이루어질 수 있게 합니다.

(29) BasicBlock의 Forward Propagation을 통해 계산된 결괏값을 반환합니다.

(30) 이제 본격적으로 ResNet 모델을 구현해보겠습니다. ResNet 모델 역시 기존 예제에서 다룬 MLP와 CNN을 nn.Module을 상속받는 클래스로 정의한 것과 동일하게, ResNet 모델을 nn.Module을 상속받는 클래스로 정의하겠습니다. 이와 마찬가지로 nn.Module 클래스를 상속받았을 때 nn.Module 클래스가 이용할 수 있는 함수를 그대로 이용할 수 있기 때문에 새로운 딥러닝 모델을 설계할 때 자주 이용하는 방식입니다.

(31) ResNet 클래스의 인스턴스를 생성했을 때 지니게 되는 성질을 정의해주는 메서드입니다. 예측해야 할 클래스 개수를 10개로 미리 고정합니다. CIFAR10 데이터의 클래스가 10개인 사실은 변함 없기 때문이죠.

(32) nn.Module 내에 있는 메서드를 상속받아 이용합니다.

(33) `self.in_planes`를 '16'으로 고정합니다. 즉, ResNet 클래스의 인스턴스들은 in_planes 값이 자동으로 '16'으로 고정됩니다. 즉, 기존에 정의한 `self.conv1`을 통해 Convolution을 계산할 때는 16의 채널 수를 바탕으로 진행합니다.

(34) `self.conv1`을 새로 정의합니다. 여기서 정의하는 `self.conv1`은 BasicBlock 클래스 내에서 이용하는 `self.conv1`과는 다른 메서드입니다. 각 method가 속해 있는 클래스가 다르기 때문에 같은 메서드명이라도 다른 역할을 한다는 것에 유의하기 바랍니다. ResNet 클래스 내에서 정의된 `self.conv1`은 Input으로 이용하는 컬러 이미지에 적용하는 Filter입니다. Filter 개수는 '16'으로 정의돼 있습니다.

(35) (34)에서 정의한 Filter의 크기는 3 * 3으로 설정합니다.

(36) (34)에서 정의한 Filter가 움직이는 픽셀 단위는 1칸으로 설정합니다.

(37) (34)에서 정의한 Filter가 움직이는 이미지에 대해 위, 아래, 양옆에 1칸씩 0으로 채워 이미지의 가장자리 부분과 중앙 부분에 연산되는 횟수를 일치시킵니다.

(38) Convolution 연산을 진행할 때, 이미지의 각 픽셀 값, Filter의 파라미터 값, Convolution 연산을 한 이후 Bias 값을 더해줄 것인지를 선택하는 옵션입니다. 이 예제에서는 Bias 값을 이용하지 않습니다.

(39) 벡터의 크기가 '16'인 2차원 데이터에 적용할 수 있는 Batch Normalization 연산을 정의합니다.

(40) `_make_layer` 메서드를 이용해 생성한 레이어를 첫 번째 레이어로 설정합니다. _make_layer에 대한 설명은 (44)부터 작성했습니다.

(41) `_make_layer` 메서드를 이용해 생성한 레이어를 두 번째 레이어로 설정합니다.

(42) `_make_layer` 메서드를 이용해 생성한 레이어를 세 번째 레이어로 설정합니다.

(43) 세 번째 레이어의 입력 값이 64이며, 최종 출력 값은 10개의 클래스를 표현하기 위해 One-Hot Encoding으로 표현된 벡터 값과 Loss를 계산해야 하므로 출력 값의 크기를 10으로 설정합니다.

(44) `_make_layer` 메서드를 정의하는 부분입니다. planes, num_blocks, stride를 인자 값으로 받아 여러 층의 레이어를 구성해 반환해주는 메서드입니다.

(45) `_make_layer` 메서드를 이용할 때 인자 값으로 주어지는 stride를 이용해 stride 범위를 BasicBlock마다 설정할 수 있도록 정의합니다.

(46) BasicBlock을 통해 생성된 결괏값을 추가하기 위해 빈 리스트를 정의합니다.

(47) (46)에서 정의한 stride의 범위를 반복문의 범위로 지정합니다.

(48) (47)에서 strides의 범위인 stride 값을 통해 생성한 BasicBlock의 결괏값을 (46) 과정에서 생성한 리스트에 추가합니다.

(49) 반복문을 실행하면서 self.in_planes 값을 매번 업데이트해 BasicBlock을 새로 생성하기 위해 self.in_planes를 Planes 값으로 업데이트합니다. Shortcut을 계산하기 위함이지요.

(50) 여러 층으로 생성한 레이어를 nn.Sequential( ) 내에 정의해 반환합니다.

(51) ResNet 클래스를 이용해 설계한 ResNet 모델의 Forward Propagation을 정의합니다. 즉, 설계한 ResNet 모델에 데이터를 입력했을 때 Output을 계산하기까지의 과정을 나열한 것을 의미합니다.

(52) (34)에서 정의한 self.conv1을 이용해 채널 개수가 planes인 Feature Map을 생성하고 (39)에서 정의한 self.bn1을 이용해 Batch Normalization을 계산합니다. Convolution과 Batch Normalization 연산을 차례대로 진행한 후 비선형 함수 ReLU를 적용합니다.

(53) (52) 과정을 거쳐 생성한 Feature Map에 _make_layer 메서드를 이용해 생성한 첫 번째 레이어를 통과시킵니다. self.layer1(out)은 (40)에서 정의한 결과로 16채널을 Input으로 받아 16채널을 Output으로 계산하는 BasicBlock을 2개 생성합니다.

(54) (53) 과정을 거쳐 생성한 Feature Map에 _make_layer 메서드를 이용해 생성한 첫 번째 레이어를 통과시킵니다. self.layer2(out)은 (41)에서 정의한 결과대로 16채널을 Input으로 받아 32채널을 Output으로 계산하는 BasicBlock 1개, 32채널을 Input으로 받아 32채널을 Output으로 계산하는 BasicBlock 1개를 생성합니다.

(55) (54) 과정을 거쳐 생성한 Feature Map에 _make_layer 메서드를 이용해 생성한 첫 번째 레이어를 통과시킵니다. self.layer3(out)은 (42)에서 정의한 결과대로 32채널을 Input으로 받아 64채널을 Output으로 계산하는 BasicBlock 1개, 64채널을 Input으로 받아 64채널을 Output으로 계산하는 BasicBlock 1개를 생성합니다.

(56) (55) 과정을 거쳐 생성한 Feature Map에 2차원의 Average Pooling을 이용해 Feature Map 위에 8 * 8 크기의 Filter가 움직이면서 64개의 Feature Map 값의 평균을 계산해 1개의 Feature Map으로 다운 샘플링합니다.

(57) Averaging Pooling 과정을 거쳐 다운 샘플링된 Feature Map에 대해 1차원의 벡터로 펼쳐줍니다.

(58) (57) 과정을 거쳐 생성한 1차원 벡터를 10개의 노드로 구성된 Fully Connected Layer와 연결해 최종적으로 10 크기의 벡터를 출력합니다. 계산이 완료돼 생성된 크기가 10짜리 벡터는 CIFAR-10의 클래스를 표현하는 원-핫 인코딩과 비교해 Loss를 계산하고 이를 바탕으로 ResNet 모델을 구성하고 있는 파라미터 값이 업데이트됩니다.

(59) 최종 출력된 10 크기의 벡터를 반환합니다.

기존에 Augmentation이 적용된 기본 CNN 모델에 대해 검증 데이터셋 기준 정확도가 약 66% 수준으로 완성됐지만, 동일한 조건에 고급 CNN 모델인 ResNet을 적용한 결과 82.71% 수준으로 꽤 높은 성능을 달성한 것으로 확인할 수 있습니다.

```
# Train Epoch: 1 [0/50000(0%)]              Train Loss: 2.335377
# Train Epoch: 1 [6400/50000(13%)]          Train Loss: 1.685706
# Train Epoch: 1 [12800/50000(26%)]         Train Loss: 1.778047
# Train Epoch: 1 [19200/50000(38%)]         Train Loss: 1.227191
# Train Epoch: 1 [25600/50000(51%)]         Train Loss: 1.270938
# Train Epoch: 1 [32000/50000(64%)]         Train Loss: 1.158835
# Train Epoch: 1 [38400/50000(77%)]         Train Loss: 1.029012
# Train Epoch: 1 [44800/50000(90%)]         Train Loss: 1.234284

# [EPOCH: 1], Test Loss: 0.0334,            Test Accuracy: 61.50 %

# Train Epoch: 2 [0/50000(0%)]              Train Loss: 0.959695

# ...

# Train Epoch: 9 [44800/50000(90%)]         Train Loss: 0.136009

# [EPOCH: 9], Test Loss: 0.0163,            Test Accuracy: 82.43 %

# Train Epoch: 10 [0/50000(0%)]             Train Loss: 0.539385
# Train Epoch: 10 [6400/50000(13%)]         Train Loss: 0.324754
# Train Epoch: 10 [12800/50000(26%)]        Train Loss: 0.368455
# Train Epoch: 10 [19200/50000(38%)]        Train Loss: 0.359242
# Train Epoch: 10 [25600/50000(51%)]        Train Loss: 0.610129
# Train Epoch: 10 [32000/50000(64%)]        Train Loss: 0.688784
# Train Epoch: 10 [38400/50000(77%)]        Train Loss: 0.410452
# Train Epoch: 10 [44800/50000(90%)]        Train Loss: 0.552467

# [EPOCH: 10], Test Loss: 0.0160,           Test Accuracy: 82.71 %
```

[예제 4-5] CIFAR-10 데이터에 대표적인 딥러닝 모델을 불러와 적용하기

이전 실습에서 고급 CNN 모델 중 1개인 ResNet의 기본 구조를 구현해봤습니다. 기본적인 CNN 모델에 비해 정확도가 82% 수준까지 향상돼 고급 모델의 중요성을 알게 됐는데요. 그렇다면 파이토치에서 제공하고 있는 레퍼런스 모델에는 어떤 것이 있을까요?

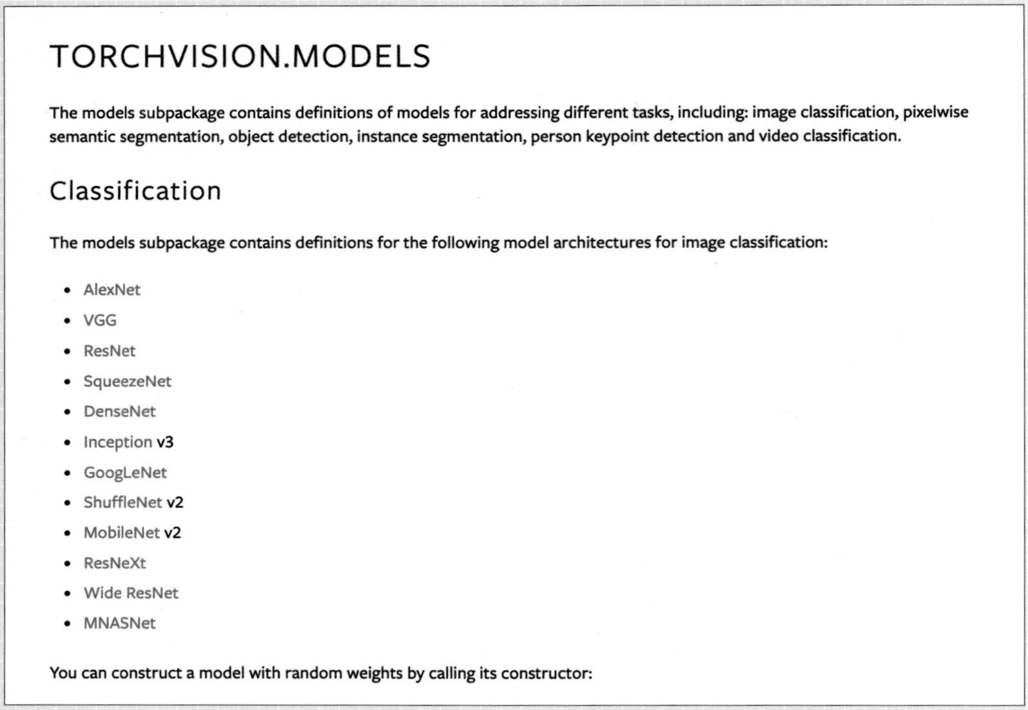

TORCHVISION.MODELS

The models subpackage contains definitions of models for addressing different tasks, including: image classification, pixelwise semantic segmentation, object detection, instance segmentation, person keypoint detection and video classification.

Classification

The models subpackage contains definitions for the following model architectures for image classification:

- AlexNet
- VGG
- ResNet
- SqueezeNet
- DenseNet
- Inception v3
- GoogLeNet
- ShuffleNet v2
- MobileNet v2
- ResNeXt
- Wide ResNet
- MNASNet

You can construct a model with random weights by calling its constructor:

[그림 4-26] 파이토치 내에서 제공하고 있는 레퍼런스 모델 목록
출처: https://pytorch.org/docs/stable/torchvision/models.html

기본적으로 AlexNet, VGG, ResNet, SqueezeNet 등의 다양한 모델을 제공하고 있습니다. 파이토치에서 제공하고 있는 모델을 불러와 CIFAR-10 Dataset를 분류하는 실습을 진행해봅시다.

```
''' 6. 파이토치 내에서 제공하는 ResNet34 모델 불러온 후 FC 층 추가 및 Output 크기 설정하기 '''
import torchvision.models as models                #(1)
model = models.resnet34(pretrained = False)        #(2)
num_ftrs = model.fc.in_features                    #(3)
model.fc = nn.Linear(num_ftrs, 10)                 #(4)
model = model.cuda( )                              #(5)
```

(1) torchvision Module의 models 내에 있는 models를 임포트합니다.

(2) torchvision.models 내에 있는 models resnet34 모델을 불러옵니다. 모델을 불러올 때는 모델 구조가 ImageNet 데이터에 대해 미리 학습된 파라미터 값을 함께 불러올 수 있습니다. 미리 학습된 파라미터 값을 불러오는 과정은 pretrained = True 인자 값을 조정해 설정할 수 있습니다. pretrained = False이면 모델의 구조만 불러오고 모델 구조 내에 존재하는 파라미터는 특정 Initializer에서 랜덤으로 샘플링한 값을 이용해 모델을 불러옵니다.

ImageNet 데이터를 이용해 학습이 완료된 모델은 ImageNet 데이터를 잘 분류하는 모델이겠죠? 그렇다면 학습된 모델을 불러오는 것이 학습되지 않은 모델을 불러오는 것보다 좋지 않은지 궁금할 것이라 생각합니다. 물론 학습되지 않은, 즉 설정된 Initializer의 분포 내에서 샘플링한 파라미터 값을 이용해 모델을 학습하는 것보다는 다른 데이터에 학습된 파라미터를 이용하는 것이 합리적인 선택일 수 있습니다. 하지만 만약 다른 데이터셋에 대해 모델이 과적합돼, 정작 데이터를 분류하지 못한다면 어떻게 될까요? 우리가 문제점을 해결하지 못한다면 다른 데이터에 대해 제기능을 잘 수행하는 딥러닝 모형은 아무런 의미가 없습니다.

설사 그렇다고 해도 아예 랜덤으로 설정된 파라미터 값을 이용하는 것보다는 도움이 될 수 있습니다. 예를 들어, 본인이 이용하고자 하는 데이터와 아주 비슷한 데이터에서 학습된 모델을 이용할 수 있다면 우리가 이용하고자 하는 데이터에도 잘 작동할 가능성이 매우 높습니다. 극단적인 예로 우리가 늑대와 호랑이 사진을 분류해야 하는 일을 할 때, 고양이 사진과 강아지 사진을 잘 분류하는 모델을 이용하는 것이 비행기와 배 사진을 잘 분류하는 모델을 이용하는 것보다 많은 도움이 될 것입니다.

(3) torchvision.model 내에 있는 models를 이용해 불러온 resnet34 모델에 대해 Fully Connected Layer를 구성하고 있는 부분에 접근해봅니다. in_features는 resnet34 모델의 Fully Connected Layer의 Input에 해당하는 노드 수를 num_ftrs로 저장합니다.

(4) resnet34 모델의 Fully Connected Layer의 Input에 해당하는 노드 수를 이용해 새로운 레이어를 추가하고 CIFAR-10 데이터의 클래스 개수인 10개로 Output을 설정합니다. ImageNet 데이터의 클래스는 1,000개이기 때문에 최종 Output의 노드 수는 1,000개로 설정돼 있지만, 우리는 ImageNet 데이터의 클래스를 분류하는 일을 하는 것이 아니라 CIFAR-10 데이터의 클래스를 분류하는 일을 하기 때문에 최종 Output의 노드 수를 10개로 설정합니다.

(5) 기존에 존재하던 모델을 불러와 새로 재구성한 모델을 학습시키기 위해 사전에 정의한 DEVICE에 할당합니다. model.to(DEVICE)로 설정해도 무관하며 여기서는 cuda를 이용해 할당해줬습니다.

ImageNet 데이터에 학습을 진행하지 않은, 즉 파라미터를 랜덤으로 샘플링해 구성된 resnet34 모델을 기존 실습 내용과 동일한 환경으로 실험을 진행했을 때, 검증 데이터셋을 기준으로 약 77% 수준의 정확도를 얻을 수 있었습니다.

```
# Train Epoch: 1 [0/50000(0%)]                Train Loss: 2.494136
# Train Epoch: 1 [6400/50000(13%)]            Train Loss: 2.158072
# Train Epoch: 1 [12800/50000(26%)]           Train Loss: 1.957685
# Train Epoch: 1 [19200/50000(38%)]           Train Loss: 1.736661
# Train Epoch: 1 [25600/50000(51%)]           Train Loss: 1.653814
# Train Epoch: 1 [32000/50000(64%)]           Train Loss: 1.450687
# Train Epoch: 1 [38400/50000(77%)]           Train Loss: 1.270692
# Train Epoch: 1 [44800/50000(90%)]           Train Loss: 1.113682

# [EPOCH: 1], Test Loss: 0.0461,              Test Accuracy: 53.23 %

# Train Epoch: 2 [0/50000(0%)]                Train Loss: 1.258044

# ...

# Train Epoch: 9 [44800/50000(90%)]           Train Loss: 0.505290

# [EPOCH: 9], Test Loss: 0.0247,              Test Accuracy: 74.83 %

# Train Epoch: 10 [0/50000(0%)]               Train Loss: 0.352409
# Train Epoch: 10 [6400/50000(13%)]           Train Loss: 0.343125
# Train Epoch: 10 [12800/50000(26%)]          Train Loss: 0.476565
# Train Epoch: 10 [19200/50000(38%)]          Train Loss: 0.620158
# Train Epoch: 10 [25600/50000(51%)]          Train Loss: 0.483874
# Train Epoch: 10 [32000/50000(64%)]          Train Loss: 0.454831
# Train Epoch: 10 [38400/50000(77%)]          Train Loss: 0.548119
# Train Epoch: 10 [44800/50000(90%)]          Train Loss: 0.387019

# [EPOCH: 10], Test Loss: 0.0215,             Test Accuracy: 77.11 %
```

그렇다면 방금 진행한 환경과 동일하게 맞추되, resnet34를 ImageNet 데이터에 학습된 파라미터를 이용해보는 것은 어떨까요? 위에서 실행한 코드와 동일하되, (1)에서 pretrained = True 로 설정해 학습을 진행해보겠습니다.

```
''' 11. ImageNet 데이터로 학습된 ResNet34 모델을 불러온 후 Fine-tuning해보기 '''
model = models.resnet34(pretrained = True)                        #(1)
num_ftrs = model.fc.in_features                                   #(2)
model.fc = nn.Linear(num_ftrs, 10)                                #(3)
model = model.cuda( )                                             #(4)
optimizer = torch.optim.Adam(model.parameters( ), lr = 0.001)     #(5)

for Epoch in range(1, EPOCHS + 1):                                #(6)
    train(model, train_loader, optimizer, log_interval = 200)     #(7)
    test_loss, test_accuracy = evaluate(model, test_loader)       #(8)
    print("\n[EPOCH: {}], \tTest Loss: {:.4f}, \tTest Accuracy: {:.2f}
        % \n".format(Epoch, test_loss, test_accuracy))
```

(1) 'torchvision.models' 내에 있는 models resnet34 모델을 불러옵니다. 이때 이전 실습 내용과 달리, 'models.resnet34( )' 내에 있는 'pretrained = True'로 인자 값을 설정했습니다. 즉, ImageNet 데이터를 잘 분류할 수 있도록 학습된 파라미터를 resnet34 모델에 적용해 불러오는 것을 의미합니다.

(2) CIFAR-10 데이터를 분류하기 위해 최종 Output의 벡터를 10 크기로 설정해야 합니다. CIFAR-10 데이터의 클래스의 종류는 10개이므로 각 클래스를 표현하는 원-핫 인코딩 값의 크기가 10이기 때문입니다. 따라서 resnet34 모델의 최종 Output의 벡터 크기를 10으로 설정하기 위해 resnet34 모델의 Fully Connected Layer의 Input Features 수를 num_ftrs에 저장합니다.

(3) resnet34 모델에서 Fully Connected Layer의 Input Features 수를 바탕으로 10개의 클래스로 분류하기 위해 노드가 10개인 레이어를 추가해 CIFAR-10 데이터에 적합하게 수정합니다.

(4) 새로 정의한 모델을 학습시킬 때 이용할 장비에 할당합니다.

(5) 새로 정의한 모델의 파라미터를 업데이트하기 위해 Adam Optimizer를 이용해 Learning Rate 0.001 수준으로 학습을 진행합니다.

(6), (7), (8) 학습을 기존 실습 내용과 동일하게 진행하면서 검증 데이터셋에 대한 Loss 값과 Accuracy 값을 계산해 출력합니다.

ImageNet 데이터에 학습이 완료된, 즉 학습을 통해 얻게 된 파라미터를 resnet34 모델의 초기 파라미터로 설정한 후 CIFAR-10 이미지 데이터를 10개의 클래스로 분류할 수 있도록 기존 실습 내용과 동일한 환경으로 실험을 진행했을 때, 검증 데이터셋을 기준으로 약 81.05% 수준의 정확도를 얻을 수 있었습니다. 기존에 랜덤으로 설정한 파라미터 값보다 약 4% 수준의 향상된 결과를 확인할 수 있었습니다.

```
# Train Epoch: 1 [0/50000(0%)]              Train Loss: 2.570875
# Train Epoch: 1 [6400/50000(13%)]          Train Loss: 1.116425
# Train Epoch: 1 [12800/50000(26%)]         Train Loss: 0.956417
# Train Epoch: 1 [19200/50000(38%)]         Train Loss: 0.843928
# Train Epoch: 1 [25600/50000(51%)]         Train Loss: 0.715231
# Train Epoch: 1 [32000/50000(64%)]         Train Loss: 0.814779
# Train Epoch: 1 [38400/50000(77%)]         Train Loss: 0.987030
# Train Epoch: 1 [44800/50000(90%)]         Train Loss: 0.771396

# [EPOCH: 1], Test Loss: 0.0267,            Test Accuracy: 71.54 %

# Train Epoch: 2 [0/50000(0%)]              Train Loss: 0.825223

# ..
# Train Epoch: 9 [44800/50000(90%)]         Train Loss: 0.268748

# [EPOCH: 9], Test Loss: 0.0181,            Test Accuracy: 80.81 %

# Train Epoch: 10 [0/50000(0%)]             Train Loss: 0.465011
# Train Epoch: 10 [6400/50000(13%)]         Train Loss: 0.290712
# Train Epoch: 10 [12800/50000(26%)]        Train Loss: 0.524514
# Train Epoch: 10 [19200/50000(38%)]        Train Loss: 0.298997
# Train Epoch: 10 [25600/50000(51%)]        Train Loss: 0.247188
# Train Epoch: 10 [32000/50000(64%)]        Train Loss: 0.178797
# Train Epoch: 10 [38400/50000(77%)]        Train Loss: 0.500309
# Train Epoch: 10 [44800/50000(90%)]        Train Loss: 0.225475

# [EPOCH: 10], Test Loss: 0.0181,           Test Accuracy: 81.05 %
```

강아지와 고양이를 구분하는 딥러닝 모델을 구축하고자 합니다. 딥러닝을 구축하려면 수많은 데이터가 필요합니다. 그러나 우리가 보유하고 있는 강아지와 고양이 사진은 약 100여 장에 불과합니다. 이러한 상황에서 딥러닝을 충분히 학습시키기는 쉽지 않습니다. 고양이와 강아지가 지니고 있는 일반적인 Feature를 충분히 잘 학습하기가 어렵기 때문입니다.

 VS

[그림 4-27] 강아지와 고양이의 이미지 분류 문제

보통, 이런 상황에서는 앞에서 서술한 ImageNet 데이터를 미리 학습해 놓은 딥러닝 모델(Pre-Trained Model)을 가져와 재학습(Fine-tuning)시키는 방법을 사용합니다. 이러한 방법을 '전이 학습(Transfer Learning)'이라 합니다. Pre-trained Model은 기본적으로 파이토치에서 다운로드해 사용할 수 있습니다. Pre-Trained Model을 로드한 후 [그림 4-28]처럼 Fully Connected Layer 앞단 네트워크의 Weight를 가져오고 Fully Connected Layer를 디자인합니다.

이때에는 Fully Connected Layer도 그대로 사용하고 Output Layer만 디자인하기도 합니다. Pre-Trained Model은 우리가 분류하고자 하는 문제(강아지 vs. 고양이)보다 훨씬 큰 문제를 푸는 모델이기 때문에 Output Layer의 Dimension을 수정해야 합니다. 그리고 우리가 보유한 데이터를 Input으로 해 학습을 진행해야 합니다. 여기서 일반적으로 Pre-Trained Model의 Fully Connected Layer 이전의 Weight는 학습시키지 않습니다.

이때에는 Weight를 Freezing한다고 표현하며 우리가 보유하고 데이터를 갖고는 Fully Connected Layer 부분의 Weight만 학습을 진행하는 것입니다. 이 과정을 'Fine-tuning'이라 합니다. Transfer Learning은 이와 같이 보유한 데이터가 많지 않을 때 Pre-Trained Model을 Fine-tuning 하는 기법으로, Pre-Trained Model이 수많은 데이터에 대해 학습시켜 놓았기 때문에 그들의 Feature를 활용하는 것입니다. 예를 들어, 수백만 장의 일반 이미지를 학습시켜 놓은 모델은 개,

고양이, 사람, 트럭, 곤충, 집 등 다양한 이미지의 Feature를 학습시켰을 것입니다. 그렇기 때문에 이러한 모델은 우리가 분류하고자 하는 이미지의 Feature들도 학습시켰을 가능성이 높습니다.

Transfer Learning은 Initialization의 개념으로 바라볼 수도 있습니다. 앞서 네트워크의 높은 성능과 빠른 수렴을 위해 네트워크의 Weight를 Initialization 기법을 연구하고 있다고 서술한 바 있습니다. Transfer Learning은 결국 내가 학습하고자 하는 모델의 초기 Weight에 Pre-Trained Model의 Weight를 사용하는 것과 같기 때문에 Initialization 기법으로 바라볼 수도 있습니다. 일반적으로 데이터가 많지 않은 상황에서 보유하고 있는 데이터만으로 학습시켰을 때보다 Transfer Learning을 시켰을 때 모델 성능이 높습니다.

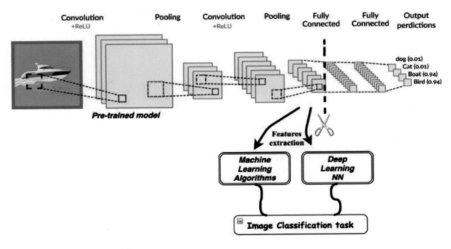

[그림 4-28] Transfer Learning의 개념도
출처: https://mc.ai/transfer-learning-with-deep-learning-machine-learning-techniques/

[예제 4-6] 대용량의 데이터를 이용해 학습이 완료된 모델을 적은 수의 데이터에 맞게 Fine-tuning하는 Transfer Learning 실습하기

이전 실습에서 대표적으로 이용되는 딥러닝 모델 중 ResNet34 모델을 이용해 CIFAR-10 데이터에 적용해봤습니다. ResNet34 외에도 AlexNet, VGG, SqueezeNet, DenseNet, Inception V3, GoogLeNet 등과 같은 다양한 모델을 이용해 실습해보는 것을 권장합니다.

이번 예제에서는 대량의 이미지와 레이블이 짝지어 있는 데이터에 기존 모델을 적용해보는 것이 아니라 소량의 이미지와 레이블이 짝지어 있는 데이터에 적용해보는 실습을 하려고 합니다.

기본적으로 이미지와 레이블이 짝지어 있는 데이터가 적을 경우 학습을 진행했을 때, 학습이 진행되지 않거나 과적합이 일어나기 쉬우며 이는 새로운 이미지에 대해 올바르게 분류할 수 있는 딥러닝 모델을 구현하기 어렵습니다. 이러한 문제점을 보완할 수 있도록 이미지와 레이블이 짝지어 있는 대규모의 데이터로 학습이 이미 진행된 모델을 활용하는 방법을 실습하려고 합니다.

이번 실습에서는 ResNet18 모델 구조를 활용해 개미 이미지와 벌 이미지 각각 200장을 분류해보겠습니다.

개미 이미지와 벌 이미지를 분류하는 hymenoptera_data 데이터는 캐글에서 직접 다운로드해 이용할 수 있습니다(참고: https://www.kaggle.com/ajayrana/hymenoptera-data). 이번 실습 순서는 다음과 같습니다.

① 모듈 임포트하기
② 딥러닝 모델을 설계할 때 활용하는 장비 확인하기
③ 개미와 벌을 분류하기 위해 개미 이미지 데이터와 벌 이미지 데이터 불러오기(Train set, Test set 분리하기)
④ 데이터 확인하기 (1)
⑤ 데이터 확인하기 (2)
⑥ 불러온 특정 모델에 대해 학습을 진행하며 학습 데이터에 대한 모델 성능을 확인하는 함수 정의하기
⑦ 학습되는 과정 속에서 검증 데이터에 대한 모델 성능을 확인하는 함수 정의하기
⑧ 파이토치 내에서 제공하는 미리 학습되지 않은 ResNet18 모델을 불러온 후 Output의 크기 설정하기
⑨ Optimizer, Objective Function 설정하기

⑩ 미리 학습되지 않은 ResNet18 학습을 실행하고 Train, Test set의 Loss 및 Test set Accuracy 확인하기

⑪ ImageNet 데이터로 미리 학습된 ResNet18 모델을 불러온 후 개미, 벌 이미지 데이터에 맞게 Fine-tuning해보기

기존에 실습했던 코드들과 다소 비슷한 내용이 포함돼 있을 수 있지만, 복습한다는 생각으로 다시 한번 읽어보시기 바랍니다.

```
''' 1. Module Import '''
import numpy as np                              #(1)
import matplotlib.pyplot as plt                 #(2)

import torch                                    #(3)
import torch.nn as nn                           #(4)
import torch.nn.functional as F                 #(5)
from torchvision import transforms, datasets    #(6)
```

(1) 선형 대수 관련된 함수를 쉽게 이용할 수 있는 모듈로, 대부분의 파이썬 코드 스크립트에서 가장 자주 언급됩니다.

(2) 함수 실행 결과 산출물에 대한 수치에 대해 사람이 쉽게 이해할 수 있도록 시각화할 수 있는 외부 모듈입니다.

(3) 딥러닝 프레임워크 중 하나인 'PyTorch'의 기본 모듈입니다.

(4) PyTorch Module 중 딥러닝, 즉 인공 신경망 모델을 설계할 때 필요한 함수를 모아 놓은 모듈입니다.

(5) 'torch.nn' Module 중에서도 자주 이용하는 함수를 'F'로 지정합니다.

(6) 컴퓨터 비전 연구 분야에서 자주 이용한 'torchvision' Module 내의 'transforms', 'datasets' 함수를 임포트합니다.

```
''' 2. 딥러닝 모델을 설계할 때 활용하는 장비 확인 '''
if torch.cuda.is_available( ):
    DEVICE = torch.device('cuda')
else:
    DEVICE = torch.device('cpu')

print('Using PyTorch version:', torch.__version__, ' Device:', DEVICE)
# Using PyTorch version: 1.5.0+cu101  Device: cuda
```

파이토치 프레임워크를 이용해 딥러닝 모델을 설계할 때나 딥러닝 모델을 구성하고 있는 파라미터 값을 업데이트할 때 이용할 수 있는 장비를 선택할 수 있습니다. 만약 CUDA에서 GPU를 이용하고 있다면 'cuda', 이용하지 않고 있다면 'cpu'로 설정됩니다. 만약 GPU를 이용하고 있다면 계산 속도가 빠르기 때문에 딥러닝 모델의 파라미터 값을 빠르게 업데이트할 수 있습니다.

이 예제를 실행하는 환경에서는 파이토치 버전이 1.5이고 CUDA를 이용하고 있다는 것을 확인할 수 있습니다.

```
BATCH_SIZE = 32                                          #(1)
EPOCHS = 10                                              #(2)
```

파이썬 코드 내 하이퍼파라미터를 지정할 때는 보통 영어 대문자로 표기합니다.

(1) BATCH_SIZE: 모델을 학습할 때, 필요한 데이터 개수의 단위입니다. Mini-Batch 1개 단위에 대해 데이터가 32개로 구성돼 있는 것을 의미합니다. 좀 더 자세히 설명하면 모델을 학습할 때 32개의 데이터를 이용해 첫 번째로 학습하고 그다음 32개의 데이터를 이용해 두 번째로 학습하고 이를 반복해 마지막 데이터를 이용해 학습합니다. 32개의 데이터로 1개의 Mini-Batch를 구성하고 있고 1개의 Mini-Batch로 학습을 1회 진행합니다. 이를 대중적으로 1개의 Mini-Batch를 통해 학습하는 횟수를 'Iteration', 전체 데이터를 이용해 학습을 진행한 횟수를 'Epoch'이라 합니다. 예를 들어, 전체 데이터가 1만 개이고 1,000개 데이터를 이용해 1개의 Mini-Batch를 구성한다면 1Epoch당 10회의 Iteration이 발생합니다. Epoch은 사용자가 정의하는 하이퍼파라미터이고 Mini-Batch의 데이터 개수를 지정해준다면 Iteration은 전체 데이터 개수에서 1개의 Mini Batch를 구성하고 있는 데이터 개수를 나눠준 몫만큼 Iteration을 진행합니다.

(2) EPOCHS: Mini-Batch 1개 단위로 Back Propagation을 이용해 모델의 가중값을 업데이트하는데, Epoch은 존재하고 있는 Mini-batch를 전부 이용하는 횟수를 의미합니다. 즉, 전체 데이터셋을 10번 반복해 학습한다는 것을 의미합니다. Epoch은 사용자가 정의하는 하이퍼파라미터이기 때문에 사용자가 마음대로 정의할 수 있습니다. 이 예제에서는 '10'으로 정의했습니다.

```
''' 3. 개미와 벌을 분류하기 위해 개미 이미지 데이터와 벌 이미지 데이터 불러오기(Train set, Test
set 분리하기) '''
data_transforms = {
    'train': transforms.Compose([                              #(1)
        transforms.RandomResizedCrop(224),                     #(2)
        transforms.RandomHorizontalFlip( ),                    #(3)
        transforms.ToTensor( ),                                #(4)
        transforms.Normalize([0.5, 0.5, 0.5], [0.5, 0.5, 0.5]) #(5)
    ]),
    'val': transforms.Compose([                                #(6)
        transforms.CenterCrop(224),                            #(7)
        transforms.Resize(256),                                #(8)
        transforms.ToTensor( ),                                #(9)
        transforms.Normalize([0.5, 0.5, 0.5], [0.5, 0.5, 0.5]) #(10)
    ]),
}

image_datasets = {x: datasets.ImageFolder("../data/hymenoptera_data",  #(11)
    data_transforms[x]) for × in ['train', 'val']}             #(12)
dataloaders = {x: torch.utils.data.DataLoader(image_datasets[x],  #(13)
    batch_size = BATCH_SIZE,                                    #(14)
    num_workers = 0,                                           #(15)
    shuffle = True) for × in ['train', 'val']}                  #(16)
```

기존의 실습은 주로 파이토치 프레임워크 내 torchvision Module을 이용해 다운로드한 형태로 진행됐습니다. 이번에는 파이토치 프레임워크 내에 없는 데이터를 다루기 때문에 코드의 형태가 약간 다릅니다. 다음은 학습 데이터셋에 이용되는 전처리 과정을 나타낸 것입니다.

(1) transforms.Compose( )는 불러오는 이미지 데이터에 전처리 및 Augmentation을 다양하게 적용할 때 이용하는 메서드입니다. 즉, Compose의 괄호 안에 있는 처리 과정을 거친 데이터를 불러오는 것을 의미합니다.

(2) 해당 이미지를 224 사이즈로 변경하되, 변경되는 이미지 픽셀 값은 랜덤으로 선택됩니다. 즉, 이미지 내 랜덤으로 선택해 224 사이즈로 변경하는 것을 의미합니다.

(3) 해당 이미지를 50%의 확률로 좌우 반전하는 것을 의미합니다.

(4) 기존에 실습하면서 익힌 내용으로 0에서 1 사이의 값으로 정규화하며 딥러닝 모델의 Input 으로 이용될 수 있도록 Tensor 형태로 변환시켜주는 전처리 과정을 의미합니다.

(5) ToTensor( ) 형태로 전환된 이미지에 대해 또 다른 정규화를 진행하는 것을 의미합니다. 정규화를 진행할 때는 평균과 표준편차가 필요한데, red, green, blue 순으로 평균을 0.5씩 적용하는 것을 의미합니다. 두 번째 괄호는 transforms.Normalize를 진행할 때 이용하는 표준편차를 의미합니다. 즉, red, green, blue 순으로 표준편차를 0.5씩 적용하는 것을 의미합니다.

다음은 검증 데이터셋에 이용되는 전처리 과정을 나타낸 것입니다. 학습 데이터셋과 동일합니다.

(6) `transforms.Compose( )`는 불러오는 이미지 데이터에 전처리 및 Augmentation을 다양하게 적용할 때 이용하는 메서드입니다. 즉, Compose의 괄호 안에 있는 처리 과정을 거친 데이터를 불러오는 것을 의미합니다.

(7) 해당 이미지 중앙을 기준으로 224 * 224 크기로 이미지를 잘라내어 사이즈를 변경하는 것을 의미합니다.

(8) 해당 이미지를 256 * 256 크기로 사이즈를 변경합니다.

(9) 기존에 실습하면서 익힌 내용으로 0에서 1 사이의 값으로 정규화하며 딥러닝 모델의 Input으로 이용될 수 있도록 Tensor 형태로 변환시켜주는 전처리 과정을 의미합니다.

(10) `ToTensor( )` 형태로 전환된 이미지에 대해 또 다른 정규화를 진행하는 것을 의미합니다. 정규화를 진행할 때는 평균과 표준편차가 필요한데, red, green, blue 순으로 평균을 0.5씩 적용하는 것을 의미합니다. 두 번째 괄호는 `transforms.Normalize`를 진행할 때 이용되는 표준편차를 의미합니다. 즉, red, green, blue 순으로 표준편차를 0.5씩 적용하는 것을 의미합니다.

(11) 이미지 데이터를 불러오는 것을 의미합니다. '../data/hymenoptera_data' 위치에 접근해 train 폴더와 val 폴더에 접근해 데이터를 불러옵니다.

(12) 기존에 정의한 data_transforms의 학습 데이터셋에 이용되는 전처리 과정, 검증 데이터셋에 이용되는 전처리 과정을 각각 적용하는 것을 의미합니다.

(13) (11)에서 불러온 이미지를 Mini-Batch 단위로 구분하기 위해 `torch.utils.data.DataLoader` 함수를 이용합니다. 여기서도 학습 데이터셋과 검증 데이터셋에 각각 적용하기 위해 dictionary 구조를 사용했습니다.

(14) Mini-Batch를 구성하는 데이터 개수는 기존에 정의한 BATCH_SIZE로 설정합니다.

(15) num_workers = 0은 처리하는 프로세싱에 관련된 내용이며 멀티 프로세싱으로 진행하지 않는 한 0으로 기본값을 이용합니다. 멀티 프로세싱을 이용하는 사람은 프로세스를 동시에 처리하는 개수만큼 num_workers를 지정하기도 합니다.

(16) 학습 데이터셋과 검증 데이터셋을 각각 진행한 결과는 딕셔너리에 저장하며 데이터 순서를 섞는 의미로 shuffle = True로 설정합니다.

```
''' 4. 데이터 확인하기 (1) '''
for (X_train, y_train) in dataloaders['train']:
    print('X_train:', X_train.size( ), 'type:', X_train.type( ))
    print('y_train:', y_train.size( ), 'type:', y_train.type( ))
    break

# X_train: torch.Size([32, 3, 224, 224]) type: torch.FloatTensor
# y_train: torch.Size([32]) type: torch.LongTensor
```

지정된 폴더 내에 있는 데이터의 개수와 형태를 확인합니다.

- X_train: 32개의 이미지 데이터가 1개의 Mini-Batch를 구성하고 있고 가로 224개, 세로 224개의 픽셀로 구성돼 있으며 채널이 3이므로 Red, Green, Blue 색으로 이뤄진, 다시 말해 컬러로 이뤄진 이미지 데이터라는 것을 확인할 수 있습니다.

- y_train: 32개의 이미지 데이터 각각에 대해 label 값이 1개씩 존재하기 때문에 32개의 값을 갖고 있다는 것을 확인할 수 있습니다.

또한 X_train 이미지 데이터는 torch.FloatTensor, y_train Label 데이터는 torch.LongTensor 형태라는 것도 확인할 수 있습니다.

```
''' 5. 데이터 확인하기 (2) '''
pltsize = 1
plt.figure(figsize=(10 * pltsize, pltsize))

for i in range(10):
    plt.subplot(1, 10, i + 1)
    plt.axis('off')
    plt.imshow(np.transpose(X_train[i],(1, 2, 0)))
    plt.title('Class: ' + str(y_train[i].item( )))
```

[그림 4-29] Hymenoptera 데이터 실제 출력 결과

데이터가 실제로 어떻게 생겼는지 사람의 눈으로 직접 확인할 수 있도록 시각화하는 코드입니다.

[Mini-Batch, Channel, Height, Width]의 형태, 즉 1개의 Mini-Batch 내에는 32개의 데이터가 있고 채널이 1개이며 세로 224, 가로 224인 이미지 데이터를 의미하는 [32, 3, 224, 224] 데이터 모양에 대해 사람의 눈으로 직접 확인할 수 있도록 이미지 데이터를 [Width, Height, Channel] 형태로 변환하기 위해 [224, 224, 3]으로 각각 시각화합니다.

제시된 10개의 이미지 데이터 각각은 224 * 224 * 3 개의 픽셀로 구성돼 있는 이미지이고 각 이미지별로 할당된 Label 값은 개미는 0, 벌은 1로 설정된 것을 확인할 수 있습니다.

```
''' 6. 불러온 특정 모델에 대해 학습을 진행하며 학습 데이터에 대한 모델 성능을 확인하는 함수 정의 '''
def train(model, train_loader, optimizer, log_interval):
    model.train( )                                          #(1)
    for batch_idx,(image, label) in enumerate(train_loader) #(2)
        image = image.to(DEVICE)                            #(3)
        label = label.to(DEVICE)                            #(4)
        optimizer.zero_grad( )                              #(5)
        output = model(image)                               #(6)
        loss = criterion(output, label)                     #(7)
        loss.backward( )                                    #(8)
        optimizer.step( )                                   #(9)

        if batch_idx % log_interval == 0:
            print("Train Epoch: {} [{}/{}({:.0f}%)]\tTrain Loss: {:.6f}".format(
                Epoch, batch_idx * len(image),
                len(train_loader.dataset), 100. * batch_idx / len(train_loader),
                loss.item( )))
```

이번엔 모델을 정의하기 전, 학습하는 내용부터 정의하겠습니다

(1) 추후 불러올 모델을 학습 상태로 지정합니다.

(2) 기존에 정의한 train_loader에는 학습에 이용되는 이미지 데이터와 레이블 데이터가 Mini-Batch 단위로 묶여 저장돼 있습니다. 해당 train_loader 내에 있는 Mini-Batch 단위로 저장된 데이터를 순서대로 이용해 모델을 학습시키겠습니다.

(3) Mini-Batch 내에 있는 이미지 데이터를 이용해 모델을 학습시키기 위해 기존에 정의한 장비에 할당합니다.

(4) Mini-Batch 내에 있는 이미지 데이터와 매칭된 레이블 데이터 역시 기존에 정의한 장비에 할당합니다.

(5) 기존에 정의한 장비에 이미지 데이터와 레이블 데이터를 할당했을 때 과거에 이용한 Mini-Batch 내에 있는 이미지 데이터와 레이블 데이터를 바탕으로 계산된 Loss의 Gradient 값이 Optimizer에 할당돼 있으므로 Optimizer의 Gradient를 초기화합니다.

(6) 장비에 할당한 이미지 데이터를 모델의 Input으로 이용해 Output을 계산합니다.

(7) 계산된 Output과 장비에 할당된 레이블 데이터를 기존에 정의한 CrossEntropy를 이용해 Loss 값을 계산합니다.

(8) Loss 값을 계산한 결과를 바탕으로 Back Propagation을 통해 계산된 Gradient 값을 각 파라미터에 할당합니다.

(9) 각 파라미터별 할당된 Gradient 값을 이용해 파라미터 값을 업데이트합니다.

다음은 진행 과정을 모니터링하기 위해 출력하는 코드입니다.

```python
''' 7. 학습되는 과정 속에서 검증 데이터에 대한 모델 성능을 확인하는 함수 정의 '''
def evaluate(model, test_loader):
    model.eval( )                                                        #(1)
    test_loss = 0                                                        #(2)
    correct = 0                                                          #(3)

    with torch.no_grad( ):                                               #(4)
        for image, label in test_loader:                                #(5)
            image = image.to(DEVICE)                                     #(6)
            label = label.to(DEVICE)                                     #(7)
            output = model(image)                                        #(8)
            test_loss += criterion(output, label).item( )               #(9)
            prediction = output.max(1, keepdim = True)[1]               #(10)
            correct += prediction.eq(label.view_as(prediction)).sum( ).item( ) #(11)

    test_loss /= len(test_loader.dataset)                               #(12)
    test_accuracy = 100. * correct / len(test_loader.dataset)          #(13)
    return test_loss, test_accuracy                                    #(14)
```

추후 불러올 모델의 학습 과정 또는 학습이 완료된 상태에서 모델의 성능을 평가하기 위해 evaluate 함수를 정의합니다.

(1) 학습 과정 속 또는 학습이 완료된 모델을 학습 상태가 아닌, 평가 상태로 지정합니다.

(2) 기존에 정의한 test_loader 내에 있는 데이터를 이용해 Loss 값을 계산하기 위해 test_loss를 0으로 임시 설정합니다.

(3) 학습 과정 속 또는 학습이 완료된 모델이 올바른 Class로 분류한 경우를 세기 위해 correct = 0으로 임시 설정합니다.

(4) 모델을 평가하는 단계에서는 Gradient를 통해 파라미터 값이 업데이트되는 현상을 방지하기 위해 torch.no_grad( ) 메서드를 이용해 Gradient의 흐름을 억제합니다.

(5) 기존에 정의한 test_loader 내에 있는 데이터 역시 train_loader와 동일하게 Mini-Batch 단위로 저장돼 있습니다. Mini-Batch 내에 있는 이미지 데이터와 레이블 데이터에 반복문을 이용해 차례대로 접근합니다.

(6) Mini-Batch 내에 있는 이미지 데이터를 이용해 모델을 검증하기 위해 기존에 정의한 장비에 할당합니다.

(7) Mini-Batch 내에 있는 이미지 데이터와 매칭된 레이블 데이터 역시 기존에 정의한 장비에 할당합니다.

(8) 장비에 할당한 이미지 데이터를 모델의 Input으로 이용해 Output을 계산합니다.

(9) 계산된 Output과 장비에 할당된 레이블 데이터를 기존에 정의한 CrossEntropy를 이용해 Loss 값을 계산한 결괏값을 test_loss에 더해 업데이트합니다.

(10) 모델의 Output 값은 크기가 10인 벡터 값입니다. 계산된 벡터 값 내 가장 큰 값인 위치에 대해 해당 위치에 대응하는 클래스로 예측했다고 판단합니다.

(11) 모델이 최종으로 예측한 클래스 값과 실제 레이블이 의미하는 클래스를 비교해 맞으면 correct에 더해 올바르게 예측한 횟수를 저장합니다.

(12) 현재까지 계산된 test_loss 값을 test_loader 내에 있는 Mini-Batch 개수만큼 나눠 평균 Loss 값으로 계산합니다.

(13) test_loader 데이터 중 얼마나 맞췄는지를 계산해 정확도를 계산합니다.

(14) 계산된 test_Loss 값과 test_accuracy 값을 반환합니다.

```
''' 8. 파이토치 내에서 제공하는 미리 학습되지 않은 ResNet18 모델 불러온 후 Output 크기 설정하기 '''
import torchvision.models as models                              #(1)
model = models.resnet18(pretrained = False).cuda()              #(2)
num_ftrs = model.fc.in_features                                 #(3)
model.fc = nn.Linear(num_ftrs, 2)                               #(4)
model = model.cuda()                                            #(5)
```

(1) torchvision Module의 models 내에 있는 models를 임포트합니다.

(2) torchvision.models 내에 있는 models resnet18 모델을 불러옵니다. 모델을 불러올 때 모델 구조가 ImageNet 데이터에 대해 미리 학습된 파라미터 값을 함께 불러올 수 있습니다. 미리 학습된 파라미터 값을 불러오는 과정은 pretrained = True 인자 값을 조정해 설정할 수 있습니다. pretrained = False이면 모델의 구조만 불러오고 모델 구조 내에 있는 파라미터는 특정 initializer에서 랜덤으로 샘플링한 값을 이용해 모델을 불러옵니다.

ImageNet 데이터를 이용해 학습이 완료된 모델은 ImageNet 데이터를 잘 분류하는 모델이겠죠? 그렇다면 학습된 모델을 불러오는 것이 학습되지 않은 모델을 불러오는 것보다 좋지 않은지 궁금할 것이라 생각합니다. 물론 학습되지 않은, 즉 설정된 initializer의 분포 내에서 샘플링한 파라미터 값을 이용해 모델을 학습하는 것보다는 다른 데이터에 학습된 파라미터를 이용하는 것이 합리적인 선택일 수 있습니다. 하지만 만약 다른 데이터셋에 대해 모델이 과적합돼, 정작 데이터를 분류하지 못한다면 어떻게 될까요? 우리가 문제점을 해결하지 못한다면 다른 데이터에 대해 제기능을 잘 수행하는 딥러닝 모형은 아무런 의미가 없습니다.

설사 그렇다고 해도 아예 랜덤으로 설정된 파라미터 값을 이용하는 것보다는 도움이 될 수 있습니다. 예를 들어, 본인이 이용하고자 하는 데이터와 아주 비슷한 데이터에서 학습된 모델을 이용할 수 있다면 우리가 이용하고자 하는 데이터에도 잘 작동할 가능성이 매우 높습니다. 극단적인 예로 우리가 늑대와 호랑이 사진을 분류해야 하는 일을 할 때, 고양이와 강아지 사진을 잘 분류하는 모델을 이용하는 것이 비행기와 배 사진을 잘 분류하는 모델을 이용하는 것보다 많은 도움이 될 것입니다.

(3) torchvision.model 내에 있는 models를 이용해 불러온 resnet18 모델에 대해 Fully Connected Layer를 구성하고 있는 부분에 접근해봅니다. in_features는 resnet18 모델의 Fully Connected Layer의 Input에 해당하는 노드 수를 num_ftrs로 저장합니다.

(4) resnet18 모델의 Fully Connected Layer의 Input에 해당하는 노드 수를 이용해 새로운 레이어를 추가하고 개미와 벌을 분류하기 때문에 클래스 개수인 2개로 Output을 설정합니다. ImageNet 데이터의 클래스는 1,000개이기 때문에 최종 Output의 노드 수는 1,000개로 설정돼있지만, 우리는 ImageNet 데이터의 클래스를 분류하는 일을 하는 것이 아니라 개미 이미지와 벌 이미지를 분류하는 일을 하는 것이기 때문에 최종 Output의 노드 수를 2개로 설정합니다.

(5) 기존에 있던 모델을 불러와 새로 재구성한 모델을 학습시키기 위해 사전에 정의한 DEVICE에 할당합니다. model.to(DEVICE)로 설정해도 무관하며 cuda를 이용해 할당해줬습니다.

```
''' 9. Optimizer, Objective Function 설정하기 '''
optimizer = torch.optim.Adam(model.parameters( ), lr = 0.0001)        #(1)
criterion = nn.CrossEntropyLoss( )                                    #(2)

print(model)
```

(1) Back Propagation을 통해 파라미터를 업데이트할 때 이용하는 Optimizer를 정의합니다. 이 예제에서는 Adam 알고리즘을 이용하며 파라미터를 업데이트할 때 반영될 Learning Rate 값을 0.0001로 설정했습니다.

(2) 모델의 output 값, 원-핫 인코딩 값과 계산한 Loss는 CrossEntropy를 이용해 계산하기 위해 criterion을 nn.CrossEntropyLoss( )로 설정합니다.

```
''' 10. 미리 학습되지 않은 ResNet18 학습을 실행하며 Train, Test set의 Loss 및 Test set
Accuracy 확인하기 '''
for Epoch in range(1, EPOCHS + 1):                                           #(1)
    train(model, dataloaders["train"], optimizer, log_interval = 5)         #(2)
    test_loss, test_accuracy = evaluate(model, dataloaders["val"])          #(3)
    print("\n[EPOCH: {}], \tTest Loss: {:.4f}, \tTest Accuracy: {:.2f} %
    \n".format(Epoch, test_loss, test_accuracy))
```

(1) 학습을 진행할 때는 전체 데이터셋을 이용하는 횟수만큼 반복문을 실행합니다.

(2) 정의한 train 함수를 실행합니다. model은 기존에 정의한 모델, train_loader는 학습 데이터,

Optimizer는 Adam, log_interval은 학습이 진행되면서 Mini-Batch의 Index를 이용해 과정을 모니터링할 수 있도록 출력하는 것을 의미합니다.

(3) 정의한 evaluate 함수를 실행해 검증 데이터셋에 대한 loss 값과 정확도를 저장합니다.

미리 학습되지 않은 모델 구조만 이용해 학습한 결과 검증 데이터셋 기준 약 63.5% 수준의 정확도를 확인할 수 있습니다.

```
# Train Epoch: 1 [0/403(0%)]          Train Loss: 1.327588
# Train Epoch: 1 [160/403(38%)]       Train Loss: 0.750346
# Train Epoch: 1 [320/403(77%)]       Train Loss: 0.662548

# [EPOCH: 1],                         Test Loss: 0.0216,  Test Accuracy: 61.04 %

# Train Epoch: 2 [0/403(0%)]          Train Loss: 0.738498
# Train Epoch: 2 [160/403(38%)]       Train Loss: 0.692469
# Train Epoch: 2 [320/403(77%)]       Train Loss: 0.687356

# [EPOCH: 2],                         Test Loss: 0.0217,  Test Accuracy: 61.29 %

# Train Epoch: 3 [0/403(0%)]          Train Loss: 0.696379
# Train Epoch: 3 [160/403(38%)]       Train Loss: 0.625183
# Train Epoch: 3 [320/403(77%)]       Train Loss: 0.646549

# [EPOCH: 3],                         Test Loss: 0.0216,  Test Accuracy: 61.79 %

# Train Epoch: 4 [0/403(0%)]          Train Loss: 0.670400
# Train Epoch: 4 [160/403(38%)]       Train Loss: 0.653438
# Train Epoch: 4 [320/403(77%)]       Train Loss: 0.614471

# [EPOCH: 4],                         Test Loss: 0.0207,  Test Accuracy: 63.28 %

# Train Epoch: 5 [0/403(0%)]          Train Loss: 0.682140
# Train Epoch: 5 [160/403(38%)]       Train Loss: 0.542459
# Train Epoch: 5 [320/403(77%)]       Train Loss: 0.647003

# [EPOCH: 5],                         Test Loss: 0.0213,  Test Accuracy: 61.79 %

# Train Epoch: 6 [0/403(0%)]          Train Loss: 0.737408
# Train Epoch: 6 [160/403(38%)]       Train Loss: 0.676433
# Train Epoch: 6 [320/403(77%)]       Train Loss: 0.726450

# [EPOCH: 6],                         Test Loss: 0.0206,  Test Accuracy: 63.03 %

# Train Epoch: 7 [0/403(0%)]          Train Loss: 0.682913
# Train Epoch: 7 [160/403(38%)]       Train Loss: 0.736479
# Train Epoch: 7 [320/403(77%)]       Train Loss: 0.749250

# [EPOCH: 7],                         Test Loss: 0.0218,  Test Accuracy: 62.78 %
# Train Epoch: 8 [0/403(0%)]          Train Loss: 0.540072
# Train Epoch: 8 [160/403(38%)]       Train Loss: 0.607689
```

```
# Train Epoch: 8 [320/403(77%)]        Train Loss: 0.715140

# [EPOCH: 8],                          Test Loss: 0.0210,  Test Accuracy: 63.77 %
# Train Epoch: 9 [0/403(0%)]           Train Loss: 0.648790
# Train Epoch: 9 [160/403(38%)]        Train Loss: 0.675439
# Train Epoch: 9 [320/403(77%)]        Train Loss: 0.698830

# [EPOCH: 9],                          Test Loss: 0.0261,  Test Accuracy: 55.58 %

# Train Epoch: 10 [0/403(0%)]          Train Loss: 0.727360
# Train Epoch: 10 [160/403(38%)]       Train Loss: 0.630802
# Train Epoch: 10 [320/403(77%)]       Train Loss: 0.584840

# [EPOCH: 10],                         Test Loss: 0.0209,  Test Accuracy: 63.52 %
```

이번에는 ImageNet 데이터셋으로 미리 학습된 파라미터를 불러와 새로운 데이터를 분류할 수 있도록 Fine-tuning하는 과정을 실습해보겠습니다.

```
''' 11. IMAGENET 데이터로 미리 학습된 ResNet18 모델을 불러온 후 개미, 벌 이미지 데이터에 맞게
Fine Tuning 해보기 '''
model = models.resnet18(pretrained = True)                              #(1)
num_ftrs = model.fc.in_features                                        #(2)
model.fc = nn.Linear(num_ftrs, 2)                                      #(3)
model = model.cuda()                                                   #(4)

optimizer = torch.optim.Adam(model.parameters(), lr = 0.0001)          #(5)
EPOCHS = 10                                                            #(6)
for epoch in range(1, EPOCHS + 1):                                    #(7)
    train(model, dataloaders[\"train\"], optimizer, log_interval = 5)   #(8)
    valid_loss, valid_accuracy = evaluate(model, dataloaders[\"val\"])  #(9)
    print("\n[EPOCH: {}], \tTest Loss: {:.4f}, \tTest Accuracy: {:.2f} %
    \n".format(epoch, valid_loss, valid_accuracy))
```

(1) torchvision.models 내에 있는 models resnet18 모델을 불러옵니다. 모델을 불러올 때는 모델 구조가 ImageNet 데이터에 대해 미리 학습된 파라미터 값을 함께 불러올 수 있습니다. 미리 학습된 파라미터 값을 불러오는 과정은 pretrained = True 인자 값을 조정해 설정할 수 있습니다. pretrained = False이면 모델의 구조만 불러오고 모델 구조 내에 있는 파라미터는 특정 initializer에서 랜덤으로 샘플링한 값을 이용해 모델을 불러옵니다. 이번에는 다른 데이터셋으로 학습해 얻게 된 파라미터 값을 이용해 새로운 데이터에 학습하는 Fine-tuning 과정을 진행하기 위해 pretrained = True로 설정합니다.

(2) torchvision.model 내에 있는 models를 이용해 불러온 resnet18 모델에 대해 Fully Connected Layer를 구성하고 있는 부분에 접근해봅니다. in_features는 resnet18 모델의 Fully Connected Layer의 Input에 해당하는 노드 수를 num_ftrs로 저장합니다.

(3) resnet18 모델의 Fully Connected Layer의 Input에 해당하는 노드 수를 이용해 새로운 레이어를 추가하고 개미와 벌을 분류하기 때문에 클래스 개수인 2개로 Output을 설정합니다. ImageNet 데이터의 클래스는 1,000개이기 때문에 최종 Output의 노드 수는 1,000개로 설정돼 있지만, 우리는 ImageNet 데이터의 클래스를 분류하는 일을 하는 것이 아니라 개미 이미지와 벌 이미지를 분류하는 일을 하는 것이기 때문에 최종 Output의 노드 수를 2개로 설정합니다.

(4) 기존에 있던 모델을 불러와 새로 재구성한 모델을 학습시키기 위해 사전에 정의한 DEVICE에 할당합니다. `model.to(DEVICE)`로 설정해도 무관하며 cuda를 이용해 할당해줬습니다.

(5) Back Propagation을 통해 파라미터를 업데이트할 때 이용하는 Optimizer를 정의합니다. 이 예제에서는 Adam 알고리즘을 이용하며 파라미터를 업데이트할 때 반영될 Learning Rate 값을 0.0001로 설정했습니다.

(6) 전체 데이터셋을 이용하는 횟수 Epoch을 '10'으로 설정합니다.

(7) 학습을 진행할 때는 전체 데이터셋을 이용하는 횟수만큼 반복문을 실행합니다.

(8) 정의한 train 함수를 실행합니다. model은 기존에 정의한 모델, train_loader는 학습 데이터, Optimizer는 Adam, log_interval은 학습이 진행되면서 Mini-Batch의 Index를 이용해 과정을 모니터링할 수 있도록 출력하는 것을 의미합니다.

(9) 정의한 evaluate 함수를 실행해 검증 데이터셋에 대한 loss 값과 정확도를 저장합니다.

미리 학습된, 모델 구조와 파라미터를 함께 이용해 학습한 결과 검증 데이터셋 기준 약 97.3% 수준의 정확도를 확인할 수 있습니다.

```
''' 학습 과정 '''
# Train Epoch: 1 [0/403(0%)]       Train Loss: 0.733736
# Train Epoch: 1 [160/403(38%)]    Train Loss: 0.655711
# Train Epoch: 1 [320/403(77%)]    Train Loss: 0.646262

# [EPOCH: 1],                Test Loss: 0.0189,   Test Accuracy: 69.23 %

# Train Epoch: 2 [0/403(0%)]       Train Loss: 0.678775
# Train Epoch: 2 [160/403(38%)]    Train Loss: 0.507626
# Train Epoch: 2 [320/403(77%)]    Train Loss: 0.525621

# [EPOCH: 2],                Test Loss: 0.0158,   Test Accuracy: 76.43 %

# Train Epoch: 3 [0/403(0%)]       Train Loss: 0.446823
# Train Epoch: 3 [160/403(38%)]    Train Loss: 0.492042
# Train Epoch: 3 [320/403(77%)]    Train Loss: 0.430618
```

```
# [EPOCH: 3],                    Test Loss: 0.0132,    Test Accuracy: 80.89 %

# Train Epoch: 4 [0/403(0%)]     Train Loss: 0.387845
# Train Epoch: 4 [160/403(38%)]  Train Loss: 0.313162
# Train Epoch: 4 [320/403(77%)]  Train Loss: 0.382104

# [EPOCH: 4],                    Test Loss: 0.0113,    Test Accuracy: 85.86 %

# Train Epoch: 5 [0/403(0%)]     Train Loss: 0.273116
# Train Epoch: 5 [160/403(38%)]  Train Loss: 0.449235
# Train Epoch: 5 [320/403(77%)]  Train Loss: 0.284599

# [EPOCH: 5],                    Test Loss: 0.0089,    Test Accuracy: 91.32 %

# Train Epoch: 6 [0/403(0%)]     Train Loss: 0.197448
# Train Epoch: 6 [160/403(38%)]  Train Loss: 0.245453
# Train Epoch: 6 [320/403(77%)]  Train Loss: 0.277152

# [EPOCH: 6],                    Test Loss: 0.0069,    Test Accuracy: 94.04 %

# Train Epoch: 7 [0/403(0%)]     Train Loss: 0.185263
# Train Epoch: 7 [160/403(38%)]  Train Loss: 0.310930
# Train Epoch: 7 [320/403(77%)]  Train Loss: 0.226595

# [EPOCH: 7],                    Test Loss: 0.0063,    Test Accuracy: 95.29 %

# Train Epoch: 8 [0/403(0%)]     Train Loss: 0.211378
# Train Epoch: 8 [160/403(38%)]  Train Loss: 0.287100
# Train Epoch: 8 [320/403(77%)]  Train Loss: 0.106467

# [EPOCH: 8],                    Test Loss: 0.0054,    Test Accuracy: 95.53 %

# Train Epoch: 9 [0/403(0%)]     Train Loss: 0.159970
# Train Epoch: 9 [160/403(38%)]  Train Loss: 0.145294
# Train Epoch: 9 [320/403(77%)]  Train Loss: 0.156896

# [EPOCH: 9],                    Test Loss: 0.0058,    Test Accuracy: 93.80 %

# Train Epoch: 10 [0/403(0%)]    Train Loss: 0.122038
# Train Epoch: 10 [160/403(38%)] Train Loss: 0.164473
# Train Epoch: 10 [320/403(77%)] Train Loss: 0.250043

# [EPOCH: 10], Test Loss: 0.0043,    Test Accuracy: 97.27 %
```

전체 코드

```python
''' 1. Module Import '''
import numpy as np
import matplotlib.pyplot as plt

import torch
import torch.nn as nn
import torch.nn.functional as F
from torchvision import transforms, datasets

''' 2. 딥러닝 모델을 설계할 때 활용하는 장비 확인 '''
if torch.cuda.is_available( ):
    DEVICE = torch.device('cuda')
else:
    DEVICE = torch.device('cpu')
print('Using PyTorch version:', torch.__version__, ' Device:', DEVICE)

BATCH_SIZE = 32
EPOCHS = 10
''' 3. 개미와 벌을 분류하기 위해 개미 이미지 데이터와 벌 이미지 데이터 불러오기 (Train set, Test
set 분리하기) '''
data_transforms = {
    'train': transforms.Compose([
        transforms.RandomResizedCrop(224),
        transforms.RandomHorizontalFlip( ),
        transforms.ToTensor( ),
        transforms.Normalize([0.5, 0.5, 0.5], [0.5, 0.5, 0.5])
    ]),
    'val': transforms.Compose([
        transforms.CenterCrop(224),
        transforms.Resize(256),
        transforms.ToTensor( ),
        transforms.Normalize([0.5, 0.5, 0.5], [0.5, 0.5, 0.5])
    ]),
}
image_datasets = {x: datasets.ImageFolder("../data/hymenoptera_data", data_
transforms[x]) for × in ['train', 'val']}
dataloaders = {x: torch.utils.data.DataLoader(image_datasets[x], batch_size =
BATCH_SIZE, num_workers = 0, shuffle = True) for × in ['train', 'val']}

''' 4. 데이터 확인하기 (1) '''
for (X_train, y_train) in dataloaders['train']:
    print('X_train:', X_train.size( ), 'type:', X_train.type( ))
    print('y_train:', y_train.size( ), 'type:', y_train.type( ))
    break

''' 5. 데이터 확인하기 (2) '''
pltsize = 1
plt.figure(figsize=(10 * pltsize, pltsize))

for i in range(10):
    plt.subplot(1, 10, i + 1)
```

```python
    plt.axis('off')
    plt.imshow(np.transpose(X_train[i],(1, 2, 0)))
    plt.title('Class: ' + str(y_train[i].item( )))

''' 6. 불러온 특정 모델에 대해 학습을 진행하며 학습 데이터에 대한 모델 성능을 확인하는 함수 정의 '''
def train(model, train_loader, optimizer, log_interval):
    model.train( )
    for batch_idx,(image, label) in enumerate(train_loader):
        image = image.to(DEVICE)
        label = label.to(DEVICE)
        optimizer.zero_grad( )
        output = model(image)
        loss = criterion(output, label)
        loss.backward( )
        optimizer.step( )

        if batch_idx % log_interval == 0:
            print("Train Epoch: {} [{}/{}({:.0f}%)]\tTrain Loss: {:.6f}".format(
                Epoch, batch_idx * len(image),
                len(train_loader.dataset), 100. * batch_idx / len(train_loader),
                loss.item( )))

''' 7. 학습되는 과정 속에서 검증 데이터에 대한 모델 성능을 확인하는 함수 정의 '''
def evaluate(model, test_loader):
    model.eval( )
    test_loss = 0
    correct = 0

    with torch.no_grad( ):
        for image, label in test_loader:
            image = image.to(DEVICE)
            label = label.to(DEVICE)
            output = model(image)
            test_loss += criterion(output, label).item( )
            prediction = output.max(1, keepdim = True)[1]
            correct += prediction.eq(label.view_as(prediction)).sum( ).item( )

    test_loss /= len(test_loader.dataset)
    test_accuracy = 100. * correct / len(test_loader.dataset)
    return test_loss, test_accuracy

''' 8. 파이토치 내에서 제공하는 미리 학습되지 않은 ResNet18 모델 불러온 후 Output 크기 설정하기 '''
import torchvision.models as models
model = models.resnet18(pretrained = False).cuda( )
num_ftrs = model.fc.in_features
model.fc = nn.Linear(num_ftrs, 2)
model = model.cuda( )

''' 9. Optimizer, Objective Function 설정하기 '''
optimizer = torch.optim.Adam(model.parameters( ), lr = 0.001)
criterion = nn.CrossEntropyLoss( )
print(model)
```

```
''' 10. 미리 학습되지 않은 ResNet18 학습을 실행하며 Train, Test set의 Loss 및 Test set
Accuracy 확인하기 '''
for Epoch in range(1, EPOCHS + 1):
    train(model, dataloaders["train"], optimizer, log_interval = 5)
    test_loss, test_accuracy = evaluate(model, dataloaders["val"])
    print("\n[EPOCH: {}], \tTest Loss: {:.4f}, \tTest Accuracy: {:.2f} % \n".
    format(Epoch, test_loss, test_accuracy))

''' 11. ImageNet 데이터로 미리 학습된 ResNet18 모델을 불러온 후 개미, 벌 이미지 데이터에 맞게
Fine-tuning해보기 '''
model = models.resnet18(pretrained = True)
num_ftrs = model.fc.in_features
model.fc = nn.Linear(num_ftrs, 2)
model = model.cuda( )

optimizer = torch.optim.Adam(model.parameters( ), lr = 0.0001)
EPOCHS = 10
for Epoch in range(1, EPOCHS + 1)
    train(model, dataloaders["train"], optimizer, log_interval = 5)
    test_loss, test_accuracy = evaluate(model, dataloaders["val"])
    print("\n[EPOCH: {}], \tTest Loss: {:.4f}, \tTest Accuracy: {:.2f} % \n".
    format(Epoch, test_loss, test_accuracy))
```

PART 05
자연어 처리

딥러닝 모델로 인해 괄목한 성장을 보여준 또 다른 영역은 문자(Text)를 다루는 자연어 처리 영역입니다. 특히 최근 2년 이내에서는 더욱 활발한 연구가 이뤄졌는데요. PART 05에서는 최근의 흐름은 어떤지 살펴보는 것을 시작으로 텍스트 데이터를 어떻게 딥러닝 모델에 적용할 수 있는지 알아보고, 파이토치를 이용해 다양한 모델의 결과물까지 비교해보겠습니다.

PART 05에서는 Text 데이터에서 딥러닝을 활용한 모델링 방법을 알아보겠습니다.

Text 데이터를 분석하고 모델링하는 분야를 '자연어 처리(Natural Language Processing, NLP)'라고 합니다. 이를 자연어를 이해하는 영역인 '자연어 이해(Natural Language Understanding, NLU)', 모델이 자연어를 생성하는 영역인 '자연어 생성(Natural Language Generation, NLG)'으로 나눠 표현하기도 합니다. 쉽게 말하면, NLU는 주어진 Text의 의미를 파악하는 것, NLG는 주어진 의미에 대한 자연스러운 Text를 만들어내는 것을 주로 다룹니다. 그리고 이 두 가지를 모두 포함하는 영역을 'NLP'라고 표현합니다.

- NLU: Text → Meaning
- NLG: Meaning → Text
- NLP = NLU + NLG

NLP에서의 딥러닝 모델 활용은 2018년 기준으로 크게 변화합니다. [그림 5-1]은 NLP 분야 저널 중 'Association for Computational Linguistics(ACL)'라는 저널의 논문 제출 수를 설명하는 그래프입니다. 그래프를 보면 꾸준히 높은 제출 횟수를 보이고 있었지만, 특히 2018년을 기준으로 폭발적으로 늘어난 것을 확인할 수 있습니다. 어떤 이유로 이런 큰 변화가 나타났는지는 PART 05의 마지막 부분에서 확인할 수 있습니다.

PART 05에서는 NLP 영역에서의 데이터를 다루는 크게 세 부분으로 나눠 순서대로 설명하겠습니다.

NLP는 다양한 Task를 갖고 있고 각 Task별로 데이터도 다양합니다. 그래서 가장 먼저 살펴볼 부분은 데이터와 Task입니다. 어떤 Task가 있는지 확인한 후 어떤 데이터를 가져와 모델링할지 정해야 합니다. 문제를 정하고 데이터를 가져왔다면 문자를

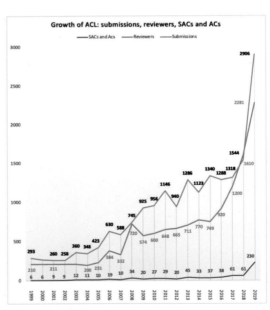

[그림 5-1] Association for Computational Linguistics(ACL) 저널의 논문 제출 수
출처: https://acl2019pcblog.fileli.unipi.it/

숫자로 바꾸는 Vectorization 과정을 거칩니다. 이는 문장을 어떻게 잘라 표현할 것인지와 어떻게 문자의 의미를 담고 있는 숫자로 표현할 것인지에 대해 고민하는 과정으로, 모델의 선택만큼 중요합니다. 그리고 마지막으로 벡터로 표현된 데이터를 넣은 후 학습시킬 딥러닝 모델(Models)에는 어떤 것이 있는지 시간의 흐름에 따라 알아보겠습니다.

마지막으로 배운 내용을 정리함과 동시에 파이토치를 이용해 위 과정을 직접 코드로 구현하고 어떻게 딥러닝 모델을 학습시키는지 확인해보겠습니다. 다양한 방법론에 따라 다양한 모델 구성이 가능하기 때문에 어떤 조합의 모델이 좋은 성능을 보이는지 모델을 비교해보고 직접 코드로 따라 해보면서 좀 더 다양한 튜닝을 시도해보는 것을 추천드립니다.

NLP는 위와 같이 크게 두 가지로 나눌 수도 있지만, 좀 더 세부적인 영역으로 나눌 수도 있습니다. 세부적인 영역을 흔히 'Downstream Task'라 표현하며 Task별로 서로 다른 학습 목적과 데이터를 제공해 일반적으로는 해당 목적에 맞는 모델을 만듭니다. 하지만 최근에는 인간과 비슷하게 1개의 모델에서 여러 Task 목적을 수행할 수 있는 모델에 대한 연구도 활발히 진행되고 있습니다. Task에 대한 이해를 돕기 위해 논문에서 많이 볼 수 있는 몇 가지 Task에 대한 설명과 샘플 데이터를 살펴보겠습니다.

1.1 감정 분석(Sentiment Analysis)

문장에 대한 정보를 통해 분류하는 문제 중 문장에 대한 특정 감정을 분류해내는 문제로, NLP의 대표적인 Task라 할 수 있습니다. 다시 말해, '이 집은 맛집이야', '이 영화는 재미 없어'와 같은 문장의 의미가 긍정인지, 부정인지를 판단하는 문제라 볼 수 있습니다. 보통 긍정과 부정을 분류하는 문제가 많지만, 긍정의 정도를 나타내는 점수 5점 척도로 표현해 예측하는 문제로 접근하는 경우도 있습니다.

▪ Dataset: The Stanford Sentiment Treebank(SST-2)

Rotten Tomatoes의 영화 코멘트 데이터로, 각 코멘트의 긍정적인 정도를 0에서 1까지 숫자로 매겼으며 1에 가까울수록 긍정의 표현을 뜻합니다.

```
<Data Sample>

lend some dignity to a dumb story            0
the greatest musicians                        1
cold movie                                    0
with his usual intelligence and subtlety      1
redundant concept                             0
```

감정을 5개(매우 부정, 부정, 중립, 긍정, 매우 긍정)로 나눠 분류하는 문제에 대한 데이터와 모델링 정보는 다음 캐글 링크(https://www.kaggle.com/c/sentiment-analysis-on-movie-reviews)를 참조하시길 바랍니다.

1.2 요약(Summarization)

요약 분야는 주어진 Text에서 중요한 부분을 찾아내는 Extractive Summarization과 모델이 주어진 Text의 의미를 완전히 이해해 새로운 문장을 만들어내는 Abstractive Summarization으로 나뉩니다. 특히 Abstractive Summarization은 글을 이해하는 것은 물론 중요한 부분을 찾아 새로운 문장을 만들어낸다는 면에서 어려운 Task라고 할 수 있습니다. 하지만 요약은 모델링의 어려움 뿐 아니라 정답 요약문을 만들어야 하는 데이터 수급 문제, 정답 평가의 어려움도 있어 NLP에서 난이도가 높은 Task라 할 수 있습니다.

▪ Dataset: CNN/DailyMail

CNN 뉴스 데이터와 해당 뉴스의 핵심 부분이 되는 부분을 제공합니다.

〈input〉

marouane fellaini and adnan januzaj continue to show the world they are not just teammates but also best mates. the manchester united and belgium duo both posted pictures of themselves out at a restaurant on monday night ahead of their game against newcastle on wednesday . januzaj poses in the middle of fellaini and a friend looking like somebody who failed to receive the memo about it being a jackson 5 themed night. premier league duo adnan januzaj and marouane fellaini pose with a friend on the dance floor . manchester united and belgium duo fellaini and januzaj are good friends both on and off the pitch . manchester united ace fellaini runs over to the bench to celebrate his goal against qpr with friend januzaj . the disco effect in the background adds to the theory, but januzaj doesn't seem to mind as they later pose on the dance floor with other friends. united haven't had too many reasons to have a song and dance this season so it seems they may be hitting the discotheques as another form of release. however, victory against newcastle on wednesday would leave manager louis van gaal at least tapping his toes as they continue to fight for a champions league spot this season. januzaj and robin van persie join fellaini in celebrating in front of the manchester united fans at west brom . januzaj receives some words of wisdom from manchester united's dutch manager louis van gaal . januzaj and fellaini are joined by some friends as they take to the dance floor ahead of the newcastle game .

〈summary〉

the belgian duo took to the dance floor on monday night with some friends. manchester united face newcastle in the premier league on wednesday . red devils will be looking for just their second league away win in seven . louis van gaal's side currently sit two points clear of liverpool in fourth .

다양한 Task에서 좋은 성능을 보여준 구글의 Language Model인 T5(Exploring the Limits of Transfer Learning with a Unified Text-to-Text Transformer, Colin Raffel 등, 2019)의 요약문은 다음과 같습니다. 모델의 결과가 정답과 완전히 같다고 보기는 어렵지만, 좋은 결과만 뽑아 보여주는 Cherry-picked이 아닌 임의로 선택된 결과가 이 정도의 결과물인 점과 마지막 줄에는 기사에서 많이 볼 수 있을 법한 문장도 생성해낸 것이 흥미로운 부분이라 할 수 있습니다.

\# Ground-truth: 정답 요약문

Ground-truth: dani alves was not selected for the brazil squad to face France and chile . barcelona defender was filmed serving up hot dogs to people on saturday. this week alves released a charity single with former team-mat jose pinto . alves looks set to leave barcelona on a free transfer this summer . reports in spanish press claim he will sign for paris saint-germain .

Prediction: dani alves was not selected for brazil's friendlies against France and chile . the barcelona right back has released a charity single with jose pinto. alves was filmed serving up snacks from behind the counter of a hot dog bar on saturday . alves is yet to be offered a new deal at the nou camp . click here for all the latest barcelona news .

1.3 기계 번역(Machine Translation)

NLP의 다양한 Task 중 서비스와 직접적인 연관이 있는 영역이라 볼 수 있습니다. 왜냐하면 다양한 번역 서비스에서 이미 딥러닝 모델을 사용하고 있기 때문입니다. 최근에는 번역 서비스를 넘어 실시간 번역에 대한 가능성도 많이 보이고 있습니다. 하지만 이 또한 위 요약과 마찬가지로 문장을 생성해야 하는 Task이기 때문에 결과에 대한 평가의 어려움을 갖고 있고 언어의 종류에 따른 데이터 불균형이 심해 이에 대한 많은 연구가 진행되고 있습니다.

▪ Dataset: 다음 예제는 The Workshop On Machine Translation(WMT) 2014 English-German dataset(WMT English to German) 데이터의 일부입니다. 보통 번역을 하고자 하는 문장을 'Source Sentence', 번역 정답 문장을 'Target Sentence'라 표현하며 이 데이터의 경우에는 영어를 독어로 번역하는 문제이지만, 다른 언어로의 번역 데이터도 존재합니다.

---

input: "Luigi often said to me that he never wanted the brothers to end up incourt," she wrote.

target: "Luigi sagte oft zu mir, dass er nie wollte, dass die Brüder vor Gerichtlanden", schrieb sie.

1.4 질문 응답(Question Answering)

주어진 문서를 이해하고 문서 속 정보에 대한 질문을 했을 때 답을 이끌어내는 Task입니다. 사실 인간에게도 언어 시험 문제로 봤을 법한 유명한 문제 유형으로, 주어진 문단과 질문에 대한 이해가 필요한 Reading Comprehension 영역 중 하나입니다. 유명한 데이터셋으로는 'Stanford Question Answering Dataset(SQuAD)'와 'Conversational Question Answering systems(CoQA)' 등이 있고 한국어 버전의 korQuAD도 있습니다. 특히 해당 데이터셋은 데이터 공개와 함께 모델 성능을 비교할 수 있는 Leaderboard도 공유하고 있는데, 인간의 성능(Human Baseline)을 넘는 모델의 성능을 보여주고 있습니다

▪ Dataset: SQuAD Sample

Context: Hyperbaric(high-pressure) medicine uses special oxygen chambers to increase the PARTial pressure of O 2 around the patient and, when needed, the medical staff. Carbon monoxide poisoning, gas gangrene, and decompression sickness(the 'bends')are sometimes treated using these devices. Increased O 2 concentration in the lungs helps to displace carbon monoxide from the heme group of hemoglobin. Oxygen gas is poisonous to the anaerobic bacteria that cause gas gangrene, so increasing its PARTial pressure helps kill them. Decompression sickness occurs in divers who decompress too quickly after a dive, resulting in bubbles of inert gas, mostly nitrogen and helium, forming in their blood. Increasing the pressure of O 2 as soon as possible is PART of the treatment.
Question: What does increased oxygen concentrations in the patient's lungs displace?
target: carbon monoxide

다음은 OpenAI에서 개발한 모델 GPT-2(Language Models are Unsupervised Multitask Learners, Alec Radford 등, 2019)의 CoQA 데이터셋에 대한 결과 예제입니다. 답안을 보면 산을 오르는 것에 대한 대답뿐 아니라 어떤 산인지도 설명하는 부분이 인상적인 결과라고 볼 수 있습니다.

Context:
The 2008 Summer Olympics torch relay was run from March 24 until August 8, 2008, prior to the 2008 Summer Olympics, with the theme of "one world, one dream". Plans for the relay were announced on April 26, 2007, in Beijing, China. The relay, also called by the organizers as the "Journey of Harmony", lasted 129 days and carried the torch 137,000 km(85,000 mi) − the longest distance of any Olympic torch relay since the tradition was started ahead of the 1936 Summer Olympics.
After being lit at the birthplace of the Olympic Games in Olympia, Greece on March 24, the torch traveled to the Panathinaiko Stadium in Athens, and then to Beijing, arriving on March 31. From Beijing, the torch was following a route passing through six continents. The torch has visited cities along the Silk Road, symbolizing ancient links between China and the rest of the world. The relay also included an ascent with the flame to the top of Mount Everest on the border of Nepal and Tibet, China from the Chinese side, which was closed specially for the event.
Q: And did they climb any mountains?
A:
Target answers: unknown or yes
Model answer: Everest

1.5 기타(etc.)

앞에서 소개한 Task 말고도 다양한 NLP의 풀어야 하는 문제는 많습니다. 각 단어의 품사를 예측하는 PART-Of-Speech Tagging(POS Tagging) 분야, 많은 회사가 연구하고 있는 챗봇 연구, 문장 간의 논리적인 관계에 대한 분류 모델, 각 단어의 중의적 표현을 구분해내는 Word Sense Disambiguation(WSD), 주어진 이미지 속 상황을 설명하는 글을 만들어내는 Image Captioning 등과 같은 다양한 문제가 있고 이에 대한 데이터와 모델에 대한 연구가 활발히 진행 중입니다. 좀 더 많은 Task가 궁금하다면 다음 사이트를 확인하시길 바랍니다.

▪ PaperWithCodes: https://paperswithcode.com/area/natural-language-processing

▪ NLPPogress: http://nlpprogress.com/

NLP에서는 데이터를 구하는 것도, 모델링하는 것도 어렵지만, 모델을 평가하고 비교하는 것도 어려운 일 중 하나입니다. 문장을 생성하는 경우에는 생성된 문장과 답에 해당하는 문장 간의 일치를 나타내는 평가 지표를 만들어내는 것도 어려운 일이고 워낙 많은 데이터가 있다 보니 논문마다 사용하는 데이터가 다른 경우가 많으며 딥러닝 모델의 특징 중 하나인 Parameter Tuning 에 따른 모델 간 성능 차이도 극심하다는 점도 어려운 일입니다.

그래서 다양한 Leaderboard 형태의 모델 성능 비교 사이트가 새로 생겨나거나 활성화되기 시작했고 이를 통한 비교적 객관적인 모델 성능 비교가 이뤄짐에 따라 NLP 분야의 딥러닝 모델의 발전이 가속화됐습니다. 연구를 위해 최신의 좋은 성능을 보이는 모델을 알아야 한다면 다음 사이트의 Leaderboard를 확인해 보시기 바랍니다.

▪ SQuAD: https://rajpurkar.github.io/SQuAD-explorer/
▪ KorQuAD: https://korquad.github.io/
▪ CoQA: https://stanfordnlp.github.io/coqa/
▪ GLUE Benchmark: https://gluebenchmark.com/
▪ PaperWithCodes: https://paperswithcode.com/area/natural-language-processing
▪ NLPPogress: http://nlpprogress.com/

[예제 5-1] torchtext를 이용해 데이터셋 불러오기

NLP에서 파이토치를 사용할 때 torchtext를 이용하면 데이터를 쉽게 구할 수 있습니다. torchtext.data.Dataset에서 접근할 수 있는 데이터셋의 종류는 다음과 같습니다.

- Language Modeling

  WikiText-2

  WikiText103

  PennTreebank

- Sentiment Analysis

  SST

  IMDb

- Text Classification

  TextClassificationDataset

  AG_NEWS

  SogouNews

  DBpedia

  YelpReviewPolarity

  YelpReviewFull

  YahooAnswers

  AmazonReviewPolarity

  AmazonReviewFull

- Question Classification

  TREC

- Entailment

  SNLI

  MultiNLI

- Machine Translation

  Multi30k

  IWSLT

  WMT14

- Sequence Tagging

  UDPOS

  CoNLL2000Chunking

- Question Answering

  BABI20

- Unsupervised Learning

  EnWik9

이 중에서 추후 모델링까지 해볼 실습 데이터는 IMDb Dataset로, 간단한 Sentiment Analysis Task입니다. 그럼 해당 데이터를 받아오는 코드를 살펴보겠습니다.

```
from torchtext import data
from torchtext import datasets

# Data Setting
TEXT = data.Field(lower=True, batch_first=True)
LABEL = data.Field(sequential=False)

train, test = datasets.IMDB.splits(TEXT, LABEL)
```

torchtext에서 Dataset를 가져오기 위해서는 데이터의 Field를 설정해야 합니다. 이때 글을 가져와야 하는 TEXT Field 설정을 통해 여러 가지 작업을 미리 할 수 있습니다.

- batch_first: Batch Size를 Data Shape Axis의 가장 앞으로 설정하는 옵션
- lower: Sentence 모두 소문자화하는 옵션

Splits를 이용하면 IMDb에서 제공하고 있는 데이터를 Train, Test Dataset로 쉽게 가져올 수 있습니다.

사실 Field 옵션은 위에서 언급한 옵션 외에 사전 작업을 위한 다른 옵션이 많습니다. 하지만 추후 개념 설명이 필요한 부분이라 좀 더 자세한 설명과 이렇게 불러온 데이터에 대한 확인은 나중에 코드 부분에서 설명하겠습니다.

NLP에서의 Input은 문자입니다. 하지만 우리가 가르쳐야 하는 딥러닝 모델은 숫자 데이터를 입력해줘야 하죠. 그래서 모델 학습을 위해서 가장 먼저 해야 할 일은 주어진 문자를 숫자로 표현하는 일입니다. 그럼 어떻게 문자를 숫자로 바꿔야 할까요? 그 방법을 찾기 위해 인간이 어떻게 문자를 인식하는지 살펴보겠습니다.

> **참고**
>
> 앞으로 소개하는 데이터의 기본 형태는 문장(Sentence)으로 지정합니다. 대부분 딥러닝 모델의 Input을 문장으로 사용하고 있기 때문에 문장을 기준으로 알아보겠습니다.

인간은 어렸을 때부터 오랜 교육과 반복 훈련을 통해 문장이나 글을 이해하는 방법을 터득해왔습니다. 이 방법과 비슷하게 문자를 숫자로 바꿀 수 있다면 그것이 합리적인 방법이라 볼 수 있겠죠? 그럼 우리는 문장이나 글을 어떤 과정을 거쳐 이해하고 있을까요? 우리가 어렸을 때부터 자연스럽게 써온 한국어를 기준으로 생각하기보다는 비교적 나중에 배우게 되는 외국어를 기준으로 생각해본다면 그 방법을 찾아볼 수 있습니다. 영어 수업 시간에 영어 문장을 나누는 훈련을 한 번쯤은 해봤을 것입니다. 영어 문장을 주어, 동사, 목적어, 수식어 등으로 나누고 각각의 의미를 조합해 문장의 의미를 만들어 나가는 방법이죠. 이렇게 사람들은 문장을 의미를 갖고 있는 부분으로 쪼개고 그 부분의 의미를 조합해 문장의 의미를 만드는 방식을 사용합니다. 그럼 이 방식과 비슷하게 다음과 같은 순서를 생각해볼 수 있습니다.

1. 문장을 의미 있는 부분(단위)으로 나눈다(Text Segmentation).

2. 나눠진 의미 있는 부분을 숫자로 바꿔 문장을 숫자로 표현한다(Representation).

우선 1 과정에서 쓸 수 있는 가장 간단한 방법은 띄어쓰기를 이용하는 것입니다. 예를 들어 볼까요?

```
S1 = '나는 책상 위에 사과를 먹었다'
S2 = '알고 보니 그 사과는 Jason 것이었다'
S3 = '그래서 Jason에게 사과를 했다'
```

파이썬의 split 함수를 이용하면 위 문장을 쉽게 나눌 수 있습니다.

```
print(S1.split( ))
# ['나는', '책상', '위에', '사과를', '먹었다']

print(S2.split( ))
# ['알고', '보니', '그', '사과는', 'Jason', '것이었다']

print(S3.split( ))
# ['그래서', 'Jason에게', '사과를', '했다']
```

위와 같이 문장을 의미 있는 부분으로 나누는 과정을 'Tokenization'이라 하며 쪼개진 부분을 Token이라 부릅니다. Tokenization은 Lexical Analysis라고도 하며 연속된 문자의 나열(예: 문장)을 적절하게 의미를 지닌 부분(단위)의 나열로 바꾸는 과정을 뜻합니다. 그래서 컴퓨터의 입장에서는 문장을 문자(글자)가 나열된 배열로 인식하지만, 이를 특정 문자의 조합인 적절한 Token의 나열로 바꾸는 과정이라 볼 수 있습니다. 컴퓨터에게 '여기서부터 여기까지의 문자의 나열은 특정 의미가 있는 부분이니 하나로 인식하렴.'이라고 가르쳐주는 첫 과정이라 볼 수 있는 셈입니다. 다음 예제처럼 각 글자로 분리해 문장을 이해하는 것보다는 띄어쓰기를 통한 단어들의 나열로 이해하는 것이 인간에게도, 컴퓨터에게도 훨씬 쉽겠죠?

```
print(list(S1))
# ['나', '는', ' ', '책', '상', ' ', '위', '에', ' ', '사', '과', '를', ' ', '먹',
'었', '다']
```

이제 이 Token은 우리의 문장을 구성하는 기본 단위(Unit)가 됐습니다. 그럼 단위가 되는 Token을 하나씩 모아보겠습니다. 이때 겹치는 Token을 따로 모을 필요는 없기 때문에 각 Token에 Index를 지정해 사전 형식으로 모아보겠습니다.

```
token2idx = {}
index = 0

for sentence in [S1, S2, S3]:
    tokens = sentence.split( )
    for token in tokens:
        if token2idx.get(token) == None:
            token2idx[token] = index
            index += 1

print(token2idx)

# {'나는': 0, '책상': 1, '위에': 2, '사과를': 3, '먹었다': 4,
#  '알고': 5, '보니': 6, '그': 7, '사과는': 8, 'Jason': 9,
#  '것이었다': 10, '그래서': 11, 'Jason에게': 12, '했다': 13}
```

위와 같이 Token을 저장해 놓은 사전인 token2idx을 Vocabulary라 하며 Token의 저장과 관리뿐 아니라 저장할 때 함께 저장한 Index를 이용해 문자를 숫자로 바꾸는 데 사용합니다. 사전을 Token에 해당하는 Index로 정해됐기 때문에 Token의 해당 숫자로 각 문장을 바꿔보면 다음과 같이 나타낼 수 있습니다.

```
def indexed_sentence(sentence):
    return [token2idx[token] for token in sentence]

S1_i = indexed_sentence(S1.split( ))
print(S1_i)
# [0, 1, 2, 3, 4]

S2_i = indexed_sentence(S2.split( ))
print(S2_i)
# [5, 6, 7, 8, 9, 10]

S3_i = indexed_sentence(S3.split( ))
print(S3_i)
# [11, 12, 3, 13]
---- 결과 ----

S1 = '나는 책상 위에 사과를 먹었다'            => [0, 1, 2, 3, 4]
S2 = '알고 보니 그 사과는 Jason 것이었다'      => [5, 6, 7, 8, 9, 10]
S3 = '그래서 Jason에게 사과를 했다'           => [11, 12, 3, 13]
```

지금까지가 오래전부터 사용됐던 방식이었고 그나마 쉽고 편한 방식이라 볼 수 있습니다. 코드도 몇 줄 안 되니까요. 이제 우리의 처음 목적인 문자를 숫자로 바꾸는 일이 끝났으므로 이 숫자 배열을 모델에 넣은 후 Task에 맞게 Label를 넣고 딥러닝 모델을 학습시키면 됩니다. 그런데 이렇게 바꿔 넣으면 과연 모델이 잘 만들어질까요? 좀 더 개선시켜야 하는 부분은 없을까요?

머신러닝 분야에서 특히 지도 학습의 기본적인 아이디어는 Label에 해당하는 Input에서 공통적인 패턴(Pattern) 또는 특징(Feature)을 찾는 것이라 볼 수 있습니다. 즉, 모델을 잘 만들기 위해서는 Input의 공통적인 패턴을 잘 찾아내도록 만들어줘야 합니다. 이전 컴퓨터 버전의 경우 CNN의 Filter가 중요한 Feature를 잘 잡아내듯이 말이죠. 그런데 위와 같은 방식으로 문자를 숫자로 바꿔 모델에게 주고, 패턴을 알아서 찾으라고 하면 모델이 학습을 잘할까요? 일단 위와 같이 바꾼 결과가 인간의 눈으로 봐도 만족스러운 결과라고 생각하시나요? 아마 다음과 같은 몇 가지 의구심이 드는 부분이 있을 것입니다.

- '배'나 '복숭아'처럼 내가 만든 사전에 없는 단어가 나오면 어떻게 하지?
- 'Jason'이나 'Jason에게'는 사실상 같은 단어 같은데 조사 차이로 굳이 따로 나눠야 하나?
- S1의 '사과'가 S3의 '사과'가 아닌데, 같은 '사과'로 처리하네?

그럼 위에서 언급한 요소를 해결하기 위한 좀 더 나은 방법에는 어떤 것이 있는지 살펴보겠습니다.

2.1 Corpus & Out-of-Vocabulary(OOV)

방금 설명한 세 문장 이외에 새로운 문장이 들어왔을 때는 문장을 어떻게 바꿔야 할까요? 다음과 같은 문장이 새로 들어왔다고 가정해보겠습니다.

```
S4 = '나는 책상 위에 배를 먹었다'

indexed_sentence(S4.split( ))
# KeyError: '배를'
```

인간이 보기엔 문장 S1과 S4는 비슷하다고 느낄 수 있습니다. 단지 내가 먹은 것이 사과에서 배로 바뀌었을 뿐이니까요. 하지만 컴퓨터의 입장은 다릅니다. Token을 저장해뒀던 Vocabulary에는 없는 '배를'이라는 Token을 찾을 수 없을 테니까요. 이렇게 Token을 저장해둔 Vocabulary에 Token이 없어서 처음 본 Token이 나오는 현상을 Out-of-Vocabulary(OOV)라고 합니다. 보통 이런 상황을 대비해 특수한 Token인 〈unk〉 Token(Unknown의 앞 글자를 뜻함)을 만들어 Vocabulary에 없는 Token이 나올 경우 "〈unk〉"로 변환하도록 처리합니다.

```
# 기존 token 사전에 <unk> token 추가
token2idx = {t: i+1 for t, i in token2idx.items( )}
token2idx['<unk>'] = 0

# token이 없을 경우 <unk> token의 0을 치환
def indexed_sentence_unk(sentence):
    return [token2idx.get(token, token2idx['<unk>']) for token in sentence]

indexed_sentence_unk(S4.split( ))
# [2, 3, 4, 0, 6]
```

하지만 이렇게 새로 나온 단어마다 〈unk〉 Token으로 처리하는 것보다 애초에 사전을 풍부하게 만들면 OOV 문제가 해결될 것입니다. 그러려면 다양한 Token을 많이 모을 수 있는 많은 문장이 필요합니다. Token을 모으기 위해 모아 놓은 문장의 모음을 '말뭉치(Corpus)'라고 합니다. 위 예제에서는 S1, S2, S3가 Corpus였지만, 더 많은 문장으로 S4, S5,...를 가져와 Token을 모은다면 Vocabulary가 풍부해지고 OOV 문제도 일어날 확률이 줄어들 것입니다. 그뿐 아니라 비슷한 영역의 문장만 계속 반복해 등장한다면 OOV의 문제가 나타날 위험성이 있을 것이므로 Corpus Domain도 다양할수록 좋을 것입니다. 그래서 유명한 몇 가지의 Open Corpus가 공개돼 있습니다. 특정 도메인인 영화나 뉴스뿐 아니라 위키피디아(Wikipedia)를 기반으로 하는 다양한 Corpus가 존재하며 좀 더 자연어와 비슷한 Token을 찾기 위해 웹 커뮤니티의 글을 수집(크롤링)해 만들기도 합니다. 영어의 다양한 Corpora는 https://www.english-corpora.org/에 잘 정리돼 있습니다.

큰 기업의 연구에서는 Corpus를 잘 만드는 것도 모델 성능 향상의 큰 요인이라 생각해 질 좋은 Corpus를 만들어 공개하기도 합니다. 구글에서 발표한 논문 〈Exploring the Limits of Transfer

Learning with a Unified Text-to-Text Transformer(C Raffel 등, 2019)〉에서는 웹 문서 크롤링을 통해 745GB 크기의 Corpus, C4를 공개하기도 했습니다. [그림 5-2]는 구글이 발표한 C4 Corpus와 다른 Corpus에서의 실험 결과입니다. C4는 방대한 양의 웹 데이터를 직접 수집해 만든 Corpus인데, 뉴스 데이터나 위키피디아처럼 특정 도메인에 치우친 데이터가 아닌, 좀 더 일상적인 언어가 포함된 데이터를 활용해 학습한 모델은 다양한 Task에서 좋은 성능을 보여줬습니다.

Dataset	Size	GLUE	CNNDM	SQuAD	SGLUE	EnDe	EnFr	EnRo
★C4	745GB	83.28	19.24	80.88	71.36	26.98	39.82	27.65
C4, unfiltered	6.1TB	81.46	19.14	78.78	68.04	26.55	39.34	27.21
RealNews-like	35GB	83.83	19.23	80.39	72.38	26.75	39.90	27.48
WebText-like	17GB	84.03	19.31	81.42	71.40	26.80	39.74	27.59
Wikipedia	16GB	81.85	19.31	81.29	68.01	26.94	39.69	27.67
Wikipedia + TBC	20GB	83.65	19.28	82.08	73.24	26.77	39.63	27.57

[그림 5-2] C4 Corpus와 다른 Corpus를 사용했을 때 달라지는 모델의 성능(Column은 NLP Task를 의미)
출처: Exploring the Limits of Transfer Learning with a Unified Text-to-Text Transformer(https://arxiv.org/abs/1910.10683)

그런데 Corpus가 커질수록 사전의 크기 역시 커질 것입니다. 그리고 사전의 크기가 커질수록 우리가 만드는 모델의 사이즈도 커집니다. 너무 커질 경우 메모리에 부담을 줄 수 있기 때문에 Token을 효율적으로 만드는 방법을 자연스럽게 고민하게 됩니다. 그뿐 아니라 이전 예제에서 볼 수 있듯이 S2의 "Jason" Token과 S3의 "Jason에게" Token과 같은 부분을 다른 Token으로 나누는 것은 효율적인 방법이 아닐 것입니다. 효율적인 Token 사전을 만들려면 우리가 앞에서 사용했던 띄어쓰기보다 좋은 Tokenizer가 필요합니다.

2.2 Byte Pair Encoding(BPE)

띄어쓰기는 가장 쉬운 방법이긴 하지만 일상의 언어를 분석하는 과정에서는 비효율적인 방법일 수 있습니다. 우선, 한글에서는 띄어쓰기가 안 돼 있는 문장을 자주 볼 수 있고 문장에 있는 띄어쓰기가 잘돼 있다고 보장할 수도 없습니다. 영어는 단어 단위로 띄어쓰기를 하기 때문에 한글보다는 낫지만 여전히 아쉬운 부분이 있습니다. 다음 예제를 살펴보겠습니다.

```
#1
아버지가방에들어가신다

#2
ㅋ
ㅋㅋ
ㅋㅋㅋ
ㅋㅋㅋㅋ
ㅋㅋㅋㅋㅋ

#3
아아아아주 좋았습니다
goooooood
```

1번은 한국어 띄어쓰기에 따라 의미가 달라지는 유명한 예제입니다. 이렇게 띄어쓰기가 안 돼 있는 경우에는 '가방에'를 띄어야 할지 '방에'를 띄어야 할지 구분할 수 있는 Tokenizer가 필요할 것입니다.

2번 예제는 한글의 인터넷 용어에서 쉽게 볼 수 있는 용어로, 띄어쓰기를 기준으로 할 경우 ㅋ의 개수에 따라 매번 다른 Token이 만들어질 것입니다. 그럼 'ㅋ'의 개수가 늘어나는 만큼 Token 사전의 크기도 커질 것이고 이는 상당히 비효율적인 방법일 수 있습니다.

3번 예제도 2번처럼 특정 글자를 반복적으로 사용함으로써 강조하는 내용입니다. 인간이 보기에는 해석하는 데 문제가 전혀 없겠지만, 띄어쓰기 기반의 Tokenizer 입장에서는 2번과 같이 비효율적인 사전을 만들어야 합니다. 그뿐 아니라 'gooood'과 'goooood'은 엄밀히 다른 Token인데, 이를 학습시키기에는 같은 패턴의 데이터가 많지 않을 것이기 때문에 학습하는 데 어려움이 생깁니다.

위 예제 때문만이 아니더라도 문장을 더 잘 쪼개기 위해서는 띄어쓰기가 아닌 다른 방법을 고안해야 합니다. 이제부터는 다른 Tokenization 방법에는 어떤 것이 있는지 알아보겠습니다.

한국어의 경우 영어와 달리 단위가 복잡할 수 있기 때문에 따로 정리가 필요해 다음과 같이 정리해보겠습니다. 한국어의 단위는 길이 순으로 음운 < 음절 ≤ 형태소 ≤ 단어 ≤ 어절 ≤ 문장이라 나타낼 수 있습니다. 각각의 뜻은 다음과 같습니다.

- 음운: 말의 뜻을 구별해주는 소리의 단위(예: ㅎ, ㅏ, ㄴ, ㄱ, ㅜ, ㄱ)
- 음절: 음의 한 마디(예: 한 국)
- 형태소: 의미를 지닌 최소의 단위(예: 먹, 었, 다)
- 단어: 최소의 자립 형식(예: 먹었다)('단어'는 자립적으로 쓰일 수 있지만 '형태소'는 반드시 자립적으로만 쓰이는 것은 아님)
- 어절: 문장을 이루는 마디로, 문장 성분의 최소 단위로서 띄어쓰기의 단위가 됨.
- 문장: 사고나 감정을 말로 표현할 때 완결된 내용을 나타내는 최소 단위

띄어쓰기 기반의 Token은 한국에서는 '어절'이라 볼 수 있으며 엄밀히 말하면 '단어'와는 다릅니다. 하지만 영어의 경우에는 띄어쓰기가 '단어'를 나눠주는 기호라 볼 수 있습니다.

2.2.1 Character based tokenization

띄어쓰기가 아니라 글자(Character)를 Token으로 사용한다면 어떨까요?

우선, Token 사전의 크기가 줄어듭니다. 한국어에서는 자음과 모음으로 나타낼 수 있는 모든 조합을 생각하면 되고 영어에서는 소문자 기준으로 26개의 알파벳만 생각하면 됩니다. 특수 문자나 대문자를 고민한다 해도 기존의 띄어쓰기를 통한 Tokenization보다 사전의 크기 면에서 부담이 되지 않을 양입니다.

OOV 현상을 사실상 없앨 수 있습니다. 글자가 사실상의 최소 단위이므로 자음과 모음으로만 나타내는 한국어의 단축어가 아닌 이상 모든 글자를 표현할 수 있기 때문입니다. 실제 자연어에서는 신조어나 글자의 변형으로 인한 새로운 단어가 많이 나타날 수 있습니다. 하지만 글자를 이용하면 어떤 단어나 문장도 표현할 수 있기 때문에 인터넷에서 만들어지는 단축어와 신조어의 생성 속도도 걱정할 필요가 없습니다.

Token Vocabulary를 영어, 한글, 숫자, 몇 가지 특수 문자를 포함하도록 만들어보겠습니다. 영어는 알파벳으로 만들면 되는데, 한글은 163만 8,394개의 조합이 가능하다고 합니다. 하지만 이는 이론적인 가짓수이고 실제로 사용할 법한 현대 한글의 조합 수는 유니코드에서 Hangul Syllables라는 블록에 해당하는 0xAC00에서 0xD7A3까지이며 총 1만 1,172자의 글자를 표현하고 있습니다. '가'부터 '힣'까지의 모든 글자를 포함하고 있으므로 이 영역과 자음과 모음을 따로 쓰는 인터넷 용어를 처리하기 위해 한글 자모 부분(0x3131 ~ 0x3163)까지 추가해 사전을 만들어보겠습니다. 우선 우리가 사전에 넣을 문자부터 정리해보겠습니다.

```
# 영어 unicode
print([chr(k) for k in range(65, 91)]) # 영어 대문자
# ['A', 'B', 'C', 'D', 'E', 'F', 'G', 'H', 'I', 'J', 'K', 'L', 'M', 'N', 'O',
 'P', 'Q', 'R', 'S', 'T', 'U', 'V', 'W', 'X', 'Y', 'Z']
print([chr(k) for k in range(97, 123)]) # 영어 소문자
# ['a', 'b', 'c', 'd', 'e', 'f', 'g', 'h', 'i', 'j', 'k', 'l', 'm', 'n', 'o',
 'p', 'q', 'r', 's', 't', 'u', 'v', 'w', 'x', 'y', 'z']

# 특수 문자 및 숫자 unicode
print([chr(k) for k in range(32, 48)])
# [' ', '!', '"', '#', '$', '%', '&', "'", '(', ')', '*', '+', ',', '-', '.',
 '/']
print([chr(k) for k in range(58, 65)])
# [':', ';', '<', '=', '>', '?', '@']
print([chr(k) for k in range(91, 97)])
# ['[', '\\\\', ']', '^', '_', '`']
print([chr(k) for k in range(123, 127)])
# ['{', '|', '}', '~']
print([chr(k) for k in range(48, 58)])
# ['0', '1', '2', '3', '4', '5', '6', '7', '8', '9']

# 한국어 unicode
print([chr(k) for k in range(int('0xAC00',16), int('0xD7A3',16) + 1)]) # 모든 완성형
한글 11,172자
# ['가', '각', '갂', '갃', '간', ... '힡', '힢', '힣']
print([chr(k) for k in range(int('0x3131', 16), int('0x3163',16) + 1)]) # 자모
# ['ㄱ', 'ㄲ', 'ㄳ', 'ㄴ', ..., 'ㅢ', 'ㅣ']
```

이제 이를 바탕으로 Character Token Vocabulary를 만들어보겠습니다.

```
idx2char = {0:'<pad>', 1:'<unk>'}

srt_idx = len(idx2char)
for x in range(32, 127):
    idx2char.update({srt_idx: chr(x)})
    srt_idx += 1

# 한글 추가는 밑의 코드를 실행합니다.
for x in range(int('0x3131',16), int('0x3163',16) + 1):
    idx2char.update({srt_idx: chr(x)})
    srt_idx += 1

for x in range(int('0xAC00',16), int('0xD7A3',16) + 1):
    idx2char.update({srt_idx: chr(x)})
    srt_idx += 1

char2idx = {v:k for k,v in idx2char.items()}
print([char2idx.get(c,0) for c in '그래서 Jason에게 사과를 했다'])
# [1324, 1832, 2, 8409, 5461, 2, 7064, 6756, 2, 5440, 400, 3600, 2, 3789, 6748, 1912]
print([char2idx.get(c,0) for c in 'ㅇㅋ! ㄱㅅㄱㅅ'])
# [119, 123, 3, 2, 97, 117, 97, 117]
```

위 예제 결과를 통해 알 수 있듯이 기존에 있었던 문장은 물론, 줄임말('ㅇㅋ! ㄱㅅㄱㅅ')이나 신조
어 대한 OOV 걱정도 할 필요가 없습니다. 더욱이 사전의 사이즈도 크지 않습니다. 세상에 있는
모든 단어를 저장하는 것보다는 모든 글자 수를 등록하는 것이 훨씬 작은 크기를 갖기 때문입니다.

그렇다면 좋은 점만 있을까요?

실제 최근 딥러닝 모델에서 사용하는 Token은 대부분 글자 단위가 아닙니다. 연구는 계속 되고 있지만, 글자 단위의 Tokenization의 문제 중 하나는 표현법에 대한 학습이 어렵다는 것입니다. 글자 하나는 보통 특정 의미를 갖고 있지 않습니다. 'b'나 '핑'과 같이 글자 하나는 보통 의미를 갖고 있지 않습니다. 그럼 특정 글자의 연속된 나열이 특정 의미를 나타낼 것이고 이를 패턴으로 학습해 의미를 만들고 각 의미를 조합해 문장의 의미를 만들어내야 하는 것입니다. 문제는 이 과정을 모델이 잘 학습하도록 만들어야 하는데, 이 부분이 상당히 어렵습니다. 즉, 모델이 글자의 조합에 대한 정보나 의미를 담도록 설계해야 하는데, 이는 쉬운 일이 아니겠지요.

글자의 나열 → 단어(단어의 의미) → 단어의 나열 → 문장(문장의 의미) → 문장의 나열 → 문단(문단의 의미)

그래서 학습의 부담을 줄이기 위해 글자보다 의미를 가진 단위이자 기존의 띄어쓰기보다 효과적인 단위를 찾아내는 방법을 연구하게 됐습니다.

> **참고**
> 만약 앞에서 나온 유니코드를 좀 더 자세히 알고 싶다면 다음 링크를 확인하세요.
> - 유니코드 위키: https://ko.wikipedia.org/wiki/유니코드
> - 유니코드 목록: https://ko.wikipedia.org/wiki/유니코드_0000~0FFF
> - 한국어 유니코드: https://terms.naver.com/entry.nhn?cid=51173&categoryId=51173&docId=2270340
> - 한국어 유니코드 2: https://liveupdate.tistory.com/149

2.2.2 n-gram Tokenization

Token이 글자라면 OOV 현상이 벌어지는 일은 거의 없을 것입니다. 하지만 글자 하나에는 의미가 거의 없기 때문에 모델의 구조를 만들 때 글자의 특정 연속성이 의미를 가진 단어라는 것을 학습하게 만들고 그것으로 문장이나 문단과 같은 더 긴 형태의 글을 이해하도록 만들어야 합니다. 영어는 26개의 알파벳, 한글은 약 1만 개의 글자로 일반적인 단어의 패턴을 학습하고 그 이상의 의미도 학습하도록 만들어야 하므로 절대 쉬운 문제가 아니겠지요. 그러다보니 짧은 문장이나 단어 수준의 이해를 목적으로 가진 Task가 아닌 문단의 수준 이해나 문장의 생성에 대한 Task에서는 글자 기반의 Tokenizer를 사용하는 것은 어려울 수 있습니다.

그래서 글자보다는 좀 더 긴 형태의 Token을 만들어내기 위해 사용하는 방법 중 한 가지가 n-gram입니다. n-gram 방법은 1개 단위가 아닌 여러 개(n)의 연속된 윈도우를 단위로 살펴보기 위해 나온 개념으로, n에 따라 n=1이면 uni-gram, n=2이면 bi-gram, n=3이면 tri-gram, n≥4이면 n-gram으로 나타냅니다. 글자를 기준으로 n-gram은 어떤 방법인지 살펴보겠습니다.

글자 기준의 uni-gram이 이전에 설명한 Character Based Tokenization이라 볼 수 있습니다. 그리고 bi-gram은 2개의 글자를 Token 단위로, tri-gram은 3개 글자를 Token 단위로 사용하는 것입니다. 다음 예제를 이용해 살펴보겠습니다.

```
S1 = '나는 책상 위에 사과를 먹었다'

print([S1[i:i+1] for i in range(len(S1))]) # uni-gram
#['나', '는', ' ', '책', '상', ' ', '위', '에', ' ', '사', '과', '를', ' ', '먹',
'었', '다']

print([S1[i:i+2] for i in range(len(S1))]) # bi -gram
#['나는', '는 ', ' 책', '책상', '상 ', ' 위', '위에', '에 ', ' 사', '사과', '과를', '를 ',
' 먹', '먹었', '었다', '다']

print([S1[i:i+3] for i in range(len(S1))]) # tri-gram
#['나는 ', '는 책', ' 책상', '책상 ', '상 위', ' 위에', '위에 ', '에 사', ' 사과', '사과를',
'과를 ', '를 먹', ' 먹었', '먹었다', '었다', '다']
```

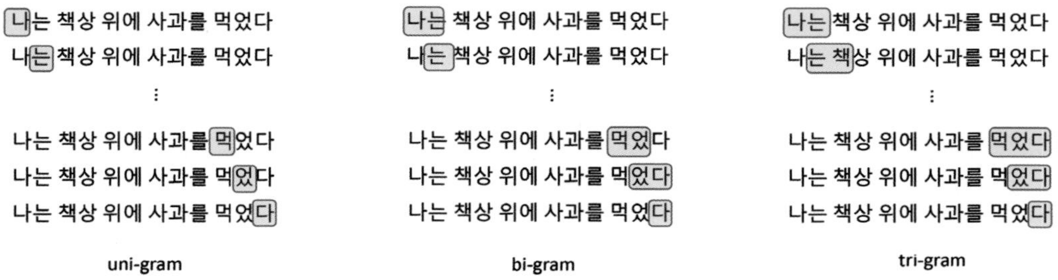

[그림 5-3] uni-gram, bi-gram, tri-gram 설명

코드와 그림에서 알 수 있듯이 각 글자를 기준으로 윈도우가 이동하면서 Token으로 잡아내는 것을 알 수 있습니다. uni-gram은 윈도우가 1인 셈이고 bi-gram은 글자 기준 오른쪽으로 두 글자까지, tri-gram은 세 글자까지 선택합니다. 그래서 uni-gram에서는 의미 없는 글자가 Token이었다면 bi-gram과 tri-gram으로는 띄어쓰기나 글자로는 잡을 수 없었던 "책상", "사과", "먹었다" 등의 Token을 찾을 수 있고 이런 의미를 가진 Token은 모델 학습을 도와줄 수 있을 것입니다.

글자 기준이 아니라 띄어쓰기 기준의 Token에 대해서도 n-gram을 사용할 수 있습니다. 특히 영어의 경우 띄어쓰기가 단어의 기준이므로 연속적으로 사용되는 용어를 잘 찾아낼 수 있습니다. 다음 예제를 보면 "am dying to"와 같이 자주 쓰이는 연어를 tri-gram에서 Token으로 잡아낼 수 있고 한국어 예제의 경우에도 "간 떨어질 뻔했다"와 같이 Token을 뽑아낼 수 있습니다. 각 단어들인 "간", "떨어질", "뻔했다" 고유의 의미를 조합해 "매우 놀라다"라는 다른 의미를 만드는 어려운 일보다는 아예 다른 Token으로 학습시켜 모델 학습을 좀 더 쉽게 만들 수 있습니다.

```
I am dying to play the game

uni-gram -> ["I", "am", "dying", "to", "play", "the", "game"]
bi-gram  -> ["I am", "am dying", "dying to", "to play", "play the", "the game" ]
tri-gram -> ["I am dying", "am dying to", "dying to play", "to play the", "play
the game"]

너 때문에 간 떨어질 뻔했다

uni-gram -> ["너", "때문에", "간", "떨어질", "뻔했다"]
bi-gram  -> ["너 때문에", "때문에 간", "간 떨어질", "떨어질 뻔했다"]
bi-gram  -> ["너 때문에 간", "때문에 간 떨어질", "간 떨어질 뻔했다"]
```

그럼 uni-gram, bi-gram, tri-gram의 Token을 모아 uni-gram보다 좋은 결과를 만들어낼 수 있겠지만, 단점도 있습니다.

우선 앞에서 볼 수 있듯이 쓸모 없는 조합이 너무 많이 생성됩니다. uni-gram의 경우 조합해 사용한다 하더라도 bi-gram이나 tri-gram에서 만들어진 Token이 다른 문장에서 다시 나타나는 경우는 매우 적을 것입니다. 특히 한국어의 경우 어미 변화가 매우 다양한데, 의미는 비슷하지만 서로 다른 Token이 매우 많이 생겨날 것입니다.

그리고 Token 사전이 과하게 커집니다. 사전이 커지는 반면, 대부분 의미가 없거나 자주 사용되지 않는 Token으로 가득하다면 전혀 효율적이라 볼 수 없을 것입니다.

그래서 n-gram의 이점을 챙기면서 그중 의미가 있는 것들만 Token으로 사용하는 방법이 다음에 소개할 Byte Pair Encoding(BPE)입니다.

2.2.3 BPE(Byte Pair Encoding)

BPE(Byte Pair Encoding)는 Data Compression 분야에서 사용됐던 개념으로, 반복적으로 나오는 데이터의 연속된 패턴을 치환하는 방식을 사용해 데이터를 좀 더 효율적으로 저장하는 개념으로 처음 소개됐습니다(A new algorithm for data compression; Gage 1994). 이는 중학교 수학시간에 나온 치환의 개념을 생각하면 이해하기 쉽습니다. 자주 나오는 패턴이 있다면 다른 변수로 치환해 표현하자는 것이지요. 다음 예제를 살펴보면 자주 나오는 "ab"를 "X"로 치환하고 다음에는

"cX"가 자주 나오므로 "Y"으로 치환하면 원래 문자열을 짧게 표현할 수 있습니다. 그 대신 치환했던 부분만 추가로 기억하고 있으면 됩니다.

```
abbcabcab

if X = ab,
=> XbcXcX

if Y = cX,
=> XbYY
```

이제 이 개념을 Tokenization에 적용해 소개한 논문이 〈Neural Machine Translation of Rare Word with Subword Units〉(Sennrich 등, 2015)입니다. 이 논문을 시작으로 BPE는 NLP에서 자주 사용하는 Tokenizer Algorithm이 됐습니다. n-gram에서 쓸모없이 많아지는 연속된 글자의 나열이 아닌 '여러 번 나타나는 글자의 나열'은 의미가 있다고 생각해 따로 Token으로 만드는 방식으로 개선했다고 볼 수 있습니다. 단어를 '자주 나오는 글자의 나열'이라는 Subword로 한 번 더 나눠 표현함으로써 더욱 효율적인 Token을 만들 수 있습니다. 예제와 코드를 통해 BPE Tokenizer를 좀 더 자세히 알아보겠습니다.

다음은 〈Neural Machine Translation of Rare Word with Subword Units〉(Sennrich 등, 2015)라는 논문 속의 코드를 그대로 가져온 것입니다. 알고리즘을 살펴보면 다음과 같은 방식으로 진행된다는 것을 알 수 있습니다.

1. 단어 횟수를 기록한 사전을 만듭니다(띄어쓰기 기반의 Tokenization). 이때 사전의 단어 글자는 모두 띄어 표현합니다.

2. 각 단어에 대해 연속된 2개의 글자의 숫자를 세어 가장 많이 나오는 글자 2개의 조합을 찾습니다(Character bi-gram).

3. 두 글자를 합쳐 기존의 사전의 단어를 수정합니다.

4. 미리 정해 놓은 횟수만큼 2~3번의 과정을 반복합니다.

```
# Algorithm 1: Learn BPE operations
import re, collections
def get_stats(vocab):
    pairs = collections.defaultdict(int)
    for word, freq in vocab.items( ):
        symbols = word.split( )
        for i in range(len(symbols)-1):
            pairs[symbols[i],symbols[i+1]] += freq
    return pairs
def merge_vocab(pair, v_in):
    v_out = {}
    bigram = re.escape(' '.join(pair))
    p = re.compile(r'(?<!\\S)' + bigram + r'(?!\\S)')
    for word in v_in:
        w_out = p.sub(''.join(pair), word)
        v_out[w_out] = v_in[word]
    return v_out
vocab = {'l o w </w>': 5, 'l o w e r </w>': 2,
'n e w e s t </w>':6, 'w i d e s t </w>':3}        # 1번 과정
num_merges = 10
for i in range(num_merges):                        # 4번 과정
    pairs = get_stats(vocab)                       # 2번 과정
    best = max(pairs, key=pairs.get)               # 2번 과정
    vocab = merge_vocab(best, vocab)               # 3번 과정
    print(f'Step {i + 1}')
    print(best)
    print(vocab)
    print('\\n')
```

결과를 살펴보면 "est" "low" 등 자주 등장하는 글자의 연속인 Subwords를 찾을 수 있었고 이를 이용하면 Token을 Character uni-gram이나 bi-gram을 섞어 쓰는 방식보다 효율적으로 구성할 수 있습니다.

```
## Output

Step 1
('e', 's')
{'l o w </w>': 5, 'l o w e r </w>': 2, 'n e w es t </w>': 6, 'w i d es t </w>': 3}

Step 2
('es', 't')
{'l o w </w>': 5, 'l o w e r </w>': 2, 'n e w est </w>': 6, 'w i d est </w>': 3}

Step 3
('est', '</w>')
{'l o w </w>': 5, 'l o w e r </w>': 2, 'n e w est</w>': 6, 'w i d est</w>': 3}

Step 4
('l', 'o')
{'lo w </w>': 5, 'lo w e r </w>': 2, 'n e w est</w>': 6, 'w i d est</w>': 3}
```

```
Step 5
('lo', 'w')
{'low </w>': 5, 'low e r </w>': 2, 'n e w est</w>': 6, 'w i d est</w>': 3}

Step 6
('n', 'e')
{'low </w>': 5, 'low e r </w>': 2, 'ne w est</w>': 6, 'w i d est</w>': 3}

Step 7
('ne', 'w')
{'low </w>': 5, 'low e r </w>': 2, 'new est</w>': 6, 'w i d est</w>': 3}

Step 8
('new', 'est</w>')
{'low </w>': 5, 'low e r </w>': 2, 'newest</w>': 6, 'w i d est</w>': 3}

Step 9
('low', '</w>')
{'low</w>': 5, 'low e r </w>': 2, 'newest</w>': 6, 'w i d est</w>': 3}

Step 10
('w', 'i')
{'low</w>': 5, 'low e r </w>': 2, 'newest</w>': 6, 'wi d est</w>': 3}
```

이전의 띄어쓰기나 Character n-gram Tokenization 결과와 비교해보기 위해 같은 문장(S1, S2, S3)을 BPE로 다시 Tokenization해보면서 어떤 차이가 있는지 확인해보겠습니다. 결과를 살펴보면 여러 번의 병합 과정을 거치면서 띄어쓰기 Token과 거의 비슷한 Token이 생성됐습니다. 하지만 띄어쓰기에서는 잡아낼 수 없었던 '사과'를 Token으로 따로 뽑아낸 것을 확인할 수 있었습니다. 또한 uni-gram이나 bi-gram으로는 잡을 수 없었던 'Jason' Token도 잡아낸 것을 확인할 수 있습니다. 이전에 '사과를'을 '배를'로 바꿀 경우에 나타나는 OOV는 BPE에서도 나타나겠지만, 이는 Corpus가 늘어나면 해결할 수 있는 문제입니다. 이처럼 여러 가지 방법의 장점을 잘 섞어 놓은 BPE 알고리즘은 최근 NLP의 대표적인 Tokenizer으로 자리매김합니다.

```python
S1 = '나는 책상 위에 사과를 먹었다'
S2 = '알고 보니 그 사과는 Jason 것이었다'
S3 = '그래서 Jason에게 사과를 했다'

token_counts = {}
index = 0

for sentence in [S1, S2, S3]:
    tokens = sentence.split( )
    for token in tokens:
        if token_counts.get(token) == None:
            token_counts[token] = 1
        else:
            token_counts[token] += 1
```

```
token_counts = {" ".join(token) counts for token, counts in token_counts.items( )}
print(token_counts)

# {'나 는': 1, '책 상': 1, '위 에': 1, '사 과 를': 2, '먹 었 다': 1, '알 고': 1, '보 니':
1, '그': 1, '사 과 는': 1, 'J a s o n': 1, '것 이 었 다': 1, '그 래 서': 1, 'J a s o n
에 게': 1, '했 다': 1}
num_merges = 10

for i in range(num_merges):
    pairs = get_stats(token_counts)
    best = max(pairs, key=pairs.get)
    token_counts = merge_vocab(best, token_counts)
    print(f'Step {i + 1}')
    print(best)
    print(token_counts)
    print('\\n')

# Output

Step 1
('사', '과')
{'나 는': 1, '책 상': 1, '위 에': 1, '사과 를': 2, '먹 었 다': 1, '알 고': 1, '보 니': 1,
'그': 1, '사과 는': 1, 'J a s o n': 1, '것 이 었 다': 1, '그 래 서': 1, 'J a s o n 에
게': 1, '했 다': 1}

Step 2
('사과', '를')
{'나 는': 1, '책 상': 1, '위 에': 1, '사과를': 2, '먹 었 다': 1, '알 고': 1, '보 니': 1,
'그': 1, '사과 는': 1, 'J a s o n': 1, '것 이 었 다': 1, '그 래 서': 1, 'J a s o n 에
게': 1, '했 다': 1}

Step 3
('었', '다')
{'나 는': 1, '책 상': 1, '위 에': 1, '사과를': 2, '먹 었다': 1, '알 고': 1, '보 니': 1,
'그': 1, '사과 는': 1, 'J a s o n': 1, '것 이 었다': 1, '그 래 서': 1, 'J a s o n 에
게': 1, '했 다': 1}

Step 4
('J', 'a')
{'나 는': 1, '책 상': 1, '위 에': 1, '사과를': 2, '먹 었다': 1, '알 고': 1, '보 니': 1,
'그': 1, '사과 는': 1, 'Ja s o n': 1, '것 이 었다': 1, '그 래 서': 1, 'Ja s o n 에 게':
1, '했 다': 1}

Step 5
('Ja', 's')
{'나 는': 1, '책 상': 1, '위 에': 1, '사과를': 2, '먹 었다': 1, '알 고': 1, '보 니': 1,
'그': 1, '사과 는': 1, 'Jas o n': 1, '것 이 었다': 1, '그 래 서': 1, 'Jas o n 에 게': 1,
'했 다': 1}

Step 6
('Jas', 'o')
{'나 는': 1, '책 상': 1, '위 에': 1, '사과를': 2, '먹 었다': 1, '알 고': 1, '보 니': 1,
```

```
‘그’: 1, ‘사과 는’: 1, ‘Jaso n’: 1, ‘것 이 었다’: 1, ‘그 래 서’: 1, ‘Jaso n 에 게’: 1, ‘했
다’: 1}


Step 7
('Jaso', 'n')
{‘나 는’: 1, ‘책 상’: 1, ‘위 에’: 1, ‘사과를’: 2, ‘먹 었다’: 1, ‘알 고’: 1, ‘보 니’: 1,
‘그’: 1, ‘사과 는’: 1, ‘Jason’: 1, ‘것 이 었다’: 1, ‘그 래 서’: 1, ‘Jason 에 게’: 1, ‘했
다’: 1}


Step 8
('나', '는')
{‘나는’: 1, ‘책 상’: 1, ‘위 에’: 1, ‘사과를’: 2, ‘먹 었다’: 1, ‘알 고’: 1, ‘보 니’: 1, ‘그’:
1, ‘사과 는’: 1, ‘Jason’: 1, ‘것 이 었다’: 1, ‘그 래 서’: 1, ‘Jason 에 게’: 1, ‘했 다’: 1}


Step 9
('책', '상')
{‘나는’: 1, ‘책상’: 1, ‘위 에’: 1, ‘사과를’: 2, ‘먹 었다’: 1, ‘알 고’: 1, ‘보 니’: 1, ‘그’:
1, ‘사과 는’: 1, ‘Jason’: 1, ‘것 이 었다’: 1, ‘그 래 서’: 1, ‘Jason 에 게’: 1, ‘했 다’: 1}


Step 10
('위', '에')
{‘나는’: 1, ‘책상’: 1, ‘위에’: 1, ‘사과를’: 2, ‘먹 었다’: 1, ‘알 고’: 1, ‘보 니’: 1, ‘그’:
1, ‘사과 는’: 1, ‘Jason’: 1, ‘것 이 었다’: 1, ‘그 래 서’: 1, ‘Jason 에 게’: 1, ‘했 다’: 1}
```

위 두 결과물을 자세히 살펴보면 마지막 Step 10의 결과물이 더 좋지 않다고 생각할 수도 있습니다. ‘사과’나 ‘est’ 등은 분리해 놓는 중간 단계가 더 좋은 성능을 지니고 있다고 볼 수 있기 때문이죠. 하지만 위 내용은 설명을 위해 상당히 적은 양의 Corpus에서 학습한 경우이므로 마지막 스텝이 무조건 완벽한 답변이라 보기는 어렵습니다. 더 큰 Corpus에서 적절한 Iteration을 지정해 만들면 위 결과보다 더 적합한 Vocabulary를 만들 수 있습니다.

[예제 5-2] Pre-Trained Tokenizer 사용하기

다음 설명을 하기 전에 앞에서 설명한 잘 만들어진 Token Vocabulary을 이용해 문장을 어떻게 Tokenization하는지 간단하게 살펴보겠습니다. 앞에서 언급한 BPE Tokenizer는 구글이 제공하는 Sentencepiece를 많이 사용합니다. 좀 더 자세한 정보는 https://github.com/google/sentencepiece에서 확인할 수 있습니다. pip를 이용한 설치와 사용 결과는 다음과 같습니다.

```
pip install sentencepice

import sentencepiece as spm
s = spm.SentencePieceProcessor(model_file='spm.model')
for n in range(5):
    s.encode('New York', out_type=str, enable_sampling=True, alpha=0.1, nbest=-1)

#['_', 'N', 'e', 'w', '_York']
#['_', 'New', '_York']
#['_', 'New', '_Y', 'o', 'r', 'k']
#['_', 'New', '_York']
#['_', 'New', '_York']
```

하지만 여기서 sentencepiece의 사용법을 알아보기보다는 나중에 모델 BERT에서 사용할 Tokenizer 사용법을 알아보겠습니다. 이를 위해서는 transformers라는 라이브러리를 설치해야 합니다(https://github.com/huggingface/transformers). 설치한 후 다음과 같은 코드를 이용해 이미 학습이 완료된 Tokenizer와 Vocabulary를 쉽게 가져올 수 있습니다.

```
# 5-5_model_imdb_BERT.ipynb Code 확인
pip install transformers
from transformers import BertTokenizer
tokenizer = BertTokenizer.from_pretrained('bert-base-uncased')       #(1)

print(len(tokenizer.vocab))                                         #(2)
# 30522
```

(1) 'bert-base-uncased'라는 이름의 이미 학습된 모델을 나중에 사용할 예정인데, 해당 모델을 사용하려면 모델 학습을 위해 사용했던 Tokenizer도 일치시켜야 합니다. 그래서 다음과 같이 연구자가 미리 학습해둔 Tokenizer를 가져와 사용합니다.

(2) vocab을 이용하면 해당 Tokenizer의 크기를 확인해볼 수 있습니다.

그렇다면 해당 Tokenizer는 문장을 어떻게 Tokenization하는지 알아보겠습니다.

```
tokenizer = BertTokenizer.from_pretrained('bert-base-uncased')
sentence = "My dog is cute. He likes playing"
print(tokenizer.tokenize(sentence))                                    #(1)
# ['my', 'dog', 'is', 'cute', '.', 'he', 'likes', 'playing']


tokenizer = BertTokenizer.from_pretrained('bert-base-multilingual-uncased') #(2)
print(len(tokenizer.vocab))
# 105879
print(tokenizer.tokenize(sentence))
# ['my', 'dog', 'is', 'cut', '##e', '.', 'he', 'likes', 'playing']

sentence = '나는 책상 위에 사과를 먹었다. 알고 보니 그 사과는 Jason 것이었다. 그래서 Jason에게
사과를 했다'
print(tokenizer.tokenize(sentence))                                    #(3)
# ['ㄴ ㄴ', 'ㅊ', '##ㅐㄱ', '##상', '위에', 'ㅅ', '##ㅏ', '##과', '##를', 'ㅁ', '##ㅓ',
'##ㄱ', '##었다', '.', '알', '##고', 'ㅂ', '##ㅗ', '##니', '그', 'ㅅ', '##ㅏ', '##과',
'##는', 'jason', '것이', '##었다', '.', '그', '##래', '##서', 'jason', '##에게', 'ㅅ',
'##ㅏ', '##과', '##를', '했다']
```

(1) tokenizer.tokenize 함수에 문장을 넣고 tokenization 결과를 살펴볼 수 있습니다. split과 다르지 않은 결과를 보여줍니다.

(2) 하지만 다양한 언어를 담고 있는 다른 데이터에서 학습한 모델인 'bert−base−multilingual−uncased'의 Tokenizer를 가져와 같은 문장을 Tokenization하면 'cute'가 'cut'과 '##e'로 나뉘는 것을 볼 수 있습니다. 이렇게 학습한 데이터에 따라 Tokenizer가 달라지는 것을 확인할 수 있습니다('##e'는 앞에 띄어쓰기가 아닌 바로 이어지는 Token을 의미합니다).

(3) 위 multilingual model에는 한국어 데이터도 포함돼 있어서 한국어에 대한 Tokenization도 해볼 수 있습니다. 다양한 언어에 대한 Tokenizer이다 보니 매우 제한적인 Vocabulary Size 제약하에서 최적의 Token을 구해야 하기 때문에 Token이 짧아질 수밖에 없어 위와 같이 많이 잘리는 듯한 결과를 보여줍니다.

2.3 Word Embedding

이전에는 문자를 숫자로 바꾸기에 앞서 문장을 어떻게 잘 나눌 것인지에 대한 고민으로 여러 가지 Tokenization을 살펴봤습니다. 그리고 Corpus에 대한 Tokenization을 하고 모은 Token으로 사전을 만들어 숫자로 표현할 수 있는 방식까지 살펴봤습니다. 이전에 사용했던 방식을 다시 한 번 살펴보면 다음과 같습니다.

```
S1 = '나는 책상 위에 사과를 먹었다'        => [0, 1, 2, 3, 4]
S2 = '알고 보니 그 사과는 Jason 것이었다'   => [5, 6, 7, 8, 9, 10]
S3 = '그래서 Jason에게 사과를 했다'         => [11, 12, 3, 13]
```

하지만 이는 문자 그대로 '문장을 숫자로 표현'한 것일 뿐, 부족함이 있습니다. 위처럼 표현된 숫자 나열을 딥러닝 모델에 넣고 학습하면 문제가 생길 것입니다. 1+1=2이지만, '책상' 2개를 더한다고 해서 '위에'를 뜻하지 않게 되고 '위에'와 '사과를' 곱한다고 '보니'('2*3 = 6'이지만)가 되지는 않기 때문입니다. 딥러닝 모델 학습 과정에서 일어나는 모든 연산은 숫자를 기초로 하는 사칙연산을 기본으로 하지만, 숫자가 표현하고 있는 본연의 의미 변화는 전혀 다르기 때문입니다.

```
1+1 =2  →  "책상" + "책상" ≠ "위에"
2*3 =6  →  "위에"  * "사과를" ≠ "보니"
```

이와 같은 문제가 일어나는 이유는 Token을 유한한 개수를 가진 변수로 생각하고 범주형 자료(Categorical Data)로 바로 표현했기 때문입니다. 각 Token을 0에서 len(token vocabulary)−1까지의 숫자 값을 가질 수 있는 변수라 여기고 표현한 셈입니다. 그리고 위와 같은 문제를 해결하기 위해 범주형 자료 변수를 표현하는 방법 중 한 가지가 바로 원–핫 인코딩입니다(통계학에서는 가변수(Dummy Variables)라고도 표현합니다).

2.3.1 원–핫 인코딩

원–핫 인코딩을 위해서는 Corpus를 모두 Tokenization해 Vocabulary를 만들고 각 Token마다 Index를 정해야 합니다. 그리고 단어 사전의 크기를 V = len(token vocabulary)라 하고 V 길이의 모두 0 값을 가진 0 벡터를 생성합니다. 그러면 각 Token은 그에 해당하는 Index의 값만 1의 값을 가진 벡터로 표현합니다. 그렇다면 원–핫 인코딩으로 표현하는 방법을 python list를 이용하는 방식과 numpy를 이용하는 방식 두 가지로 살펴보겠습니다.

Column headers (left to right): '나는' '책상' '위에' '사과를' '먹었다' '알고' '보니' '그' '사과는' 'Jason' '것이었다' '그래서' 'Jason에게' '했다'

	'나는'	'책상'	'위에'	'사과를'	'먹었다'	'알고'	'보니'	'그'	'사과는'	'Jason'	'것이었다'	'그래서'	'Jason에게'	'했다'
그래서	0	0	0	0	0	0	0	0	0	0	0	1	0	0
Jason에게	0	0	0	0	0	0	0	0	0	0	0	0	1	0
사과를	0	0	0	1	0	0	0	0	0	0	0	0	0	0
했다	0	0	0	0	0	0	0	0	0	0	0	0	0	1

[그림 5-4] 원-핫 인코딩 예시(Column이 Vocabulary의 Token, Row가 Input Sentence의 Token)

```
S1 = '나는 책상 위에 사과를 먹었다'
S2 = '알고 보니 그 사과는 Jason 것이었다'
S3 = '그래서 Jason에게 사과를 했다'

token2idx = {}
index = 0

for sentence in [S1, S2, S3]:
    tokens = sentence.split( )
    for token in tokens:
        if token2idx.get(token) == None:
            token2idx[token] = index
            index += 1

print(token2idx)

# {'나는': 0, '책상': 1, '위에': 2, '사과를': 3, '먹었다': 4, '알고': 5, '보니': 6, '그':
7, '사과는': 8, 'Jason': 9, '것이었다': 10, '그래서': 11, 'Jason에게': 12, '했다': 13}
# python list를 이용해 모든 token을 원-핫 인코딩으로 표현하는 방법

V = len(token2idx)

token2vec = [([0 if i != idx else 1 for i in range(V)], idx, token) for token,
idx in token2idx.items( ) ]

for x in token2vec:
    print("\\t".join([str(y) for y in x]))

# [1, 0, 0, 0, 0, 0, 0, 0, 0, 0, 0, 0, 0, 0]       0       나는
# [0, 1, 0, 0, 0, 0, 0, 0, 0, 0, 0, 0, 0, 0]       1       책상
# [0, 0, 1, 0, 0, 0, 0, 0, 0, 0, 0, 0, 0, 0]       2       위에
# [0, 0, 0, 1, 0, 0, 0, 0, 0, 0, 0, 0, 0, 0]       3       사과를
# [0, 0, 0, 0, 1, 0, 0, 0, 0, 0, 0, 0, 0, 0]       4       먹었다
# [0, 0, 0, 0, 0, 1, 0, 0, 0, 0, 0, 0, 0, 0]       5       알고
# [0, 0, 0, 0, 0, 0, 1, 0, 0, 0, 0, 0, 0, 0]       6       보니
# [0, 0, 0, 0, 0, 0, 0, 1, 0, 0, 0, 0, 0, 0]       7       그
# [0, 0, 0, 0, 0, 0, 0, 0, 1, 0, 0, 0, 0, 0]       8       사과는
# [0, 0, 0, 0, 0, 0, 0, 0, 0, 1, 0, 0, 0, 0]       9       Jason
# [0, 0, 0, 0, 0, 0, 0, 0, 0, 0, 1, 0, 0, 0]       10      것이었다
# [0, 0, 0, 0, 0, 0, 0, 0, 0, 0, 0, 1, 0, 0]       11      그래서
# [0, 0, 0, 0, 0, 0, 0, 0, 0, 0, 0, 0, 1, 0]       12      Jason에게
# [0, 0, 0, 0, 0, 0, 0, 0, 0, 0, 0, 0, 0, 1]       13      했다

# python numpy를 이용해 문장을 원-핫 인코딩으로 바꾸는 방법
import numpy as np

for sentence in [S1, S2, S3]:
    onehot_s = []
    tokens = sentence.split( )
    for token in tokens:
        if token2idx.get(token) != None:
            vector = np.zeros((1,V))
            vector[:,token2idx[token]] = 1
            onehot_s.append(vector)
```

```
        else:
                print("UNK")

    print(f"{sentence}: ")
    print(np.concatenate(onehot_s, axis = 0))
    print('\\n')

# 나는 책상 위에 사과를 먹었다:
# [[1. 0. 0. 0. 0. 0. 0. 0. 0. 0. 0. 0. 0. 0. 0.]
#  [0. 1. 0. 0. 0. 0. 0. 0. 0. 0. 0. 0. 0. 0. 0.]
#  [0. 0. 1. 0. 0. 0. 0. 0. 0. 0. 0. 0. 0. 0. 0.]
#  [0. 0. 0. 1. 0. 0. 0. 0. 0. 0. 0. 0. 0. 0. 0.]
#  [0. 0. 0. 0. 1. 0. 0. 0. 0. 0. 0. 0. 0. 0. 0.]]

# 알고 보니 그 사과는 Jason 것이었다:
# [[0. 0. 0. 0. 0. 1. 0. 0. 0. 0. 0. 0. 0. 0. 0.]
#  [0. 0. 0. 0. 0. 0. 1. 0. 0. 0. 0. 0. 0. 0. 0.]
#  [0. 0. 0. 0. 0. 0. 0. 1. 0. 0. 0. 0. 0. 0. 0.]
#  [0. 0. 0. 0. 0. 0. 0. 0. 1. 0. 0. 0. 0. 0. 0.]
#  [0. 0. 0. 0. 0. 0. 0. 0. 0. 1. 0. 0. 0. 0. 0.]
#  [0. 0. 0. 0. 0. 0. 0. 0. 0. 0. 1. 0. 0. 0. 0.]]

# 그래서 Jason에게 사과를 했다:
# [[0. 0. 0. 0. 0. 0. 0. 0. 0. 0. 0. 1. 0. 0.]
#  [0. 0. 0. 0. 0. 0. 0. 0. 0. 0. 0. 0. 1. 0.]
#  [0. 0. 1. 0. 0. 0. 0. 0. 0. 0. 0. 0. 0. 0.]
#  [0. 0. 0. 0. 0. 0. 0. 0. 0. 0. 0. 0. 0. 1.]]
```

문장(또는 문서)을 표현하는 방식으로 위와 같이 각 Token을 원-핫 인코딩으로 표현하는 방식말고도 Frequency-based Method와 Dense Embedding Method로 나눠 살펴볼 수 있습니다.

2.3.2 Frequency-based Method

먼저, 단어의 횟수를 기반으로 표현하는 방식(Frequency-based Method)은 말 그대로 문장에 있는 Token의 등장 횟수를 세어 표현하는 방식을 나타냅니다. Token의 횟수에만 집중하기 때문에 주머니 같은 곳에 Token을 모아 놓고 단어를 뽑아 문장을 표현한다고 해서 'Bag of Words(BoW)'라 표현하기도 합니다. 표현 방법은 Token을 원-핫 인코딩한 결과를 문장마다 합하면 쉽게 나타낼 수 있습니다.

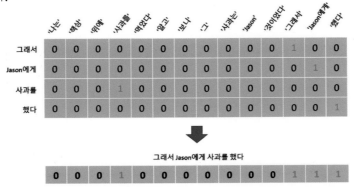

[그림 5-5] 원-핫 인코딩을 이용한 문장 표현 방식

위와 같이 원-핫 인코딩을 거쳐가지 않고 {key: token, value: count} 형식으로 문장이나 문단의 Token을 직접 세어 표현할 수도 있습니다. 이런 표현 방법은 문장의 Token을 세어 표현했다고 해서 '단어 빈도(Term-Frequency, TF)를 이용한 방식'이라고도 합니다. 그래서 Corpus의 모든 Token에 대해 모든 문장(문단)을 위와 같이 BoW 형태로 표현해 만든 Document-Term Matrix 를 모델링에 사용하곤 했습니다. 하지만 이 방법에는 한 가지 문제가 있는데요. 영어의 "a", "an", "of", "the"와 같은 특정 token은 문장이나 문단과 상관없이 많이 등장할 수밖에 없습니다. 따라서 해당 Token의 수치는 매우 높은 값을 갖게 될 것이고, 이는 등장 빈도가 적은 Token에게 나쁜 영향을 미칠 수밖에 없습니다. 그래서 이와 같은 문제를 해결하기 위한 방법으로 TF-IDF(Term Frequency - Inverse Document Frequency)라는 표현 방법이 존재합니다.

$$idf(t,S) = \log\left(\frac{|S|}{|\{s \in S : t \in s\}| + \epsilon}\right)(t : token, s : sentence, S : sentence\ set)$$
$$tf - idf = tf(t,s) \times idf(t,S)$$

TF-IDF의 수식적 정의는 위와 같습니다. 먼저 idf를 살펴보면, 전체 Corpus의 문장 수에서 해당 Token이 등장하는 문장(문서) 수의 비율의 역수라고 볼 수 있는데요. "a"나 "the"와 같은 Token은 당연히 TF가 높겠죠? 하지만 이 Token은 Corpus 속 대부분의 문장과 문단에 등장할 것이기 때문에 IDF는 log(1)에 가까워지고 이는 곧 0에 가까운 수일 것입니다. 따라서 TF-IDF 는 TF와 IDF를 곱함으로써 과도하게 높았던 TF 수치를 낮춰줄 수 있는 것입니다. 반면, 거의 등장하지 않은 희귀한 Token의 경우에는 이와 반대로 부족한 TF를 올려주는 효과를 보일 것입니다(epsilon의 경우, 분모가 0이 돼 무한대가 되지 않게 하기 위한 수치입니다).

횟수 기반의 방법은 문자를 비교적 쉽게 표현할 수도 있고 특정 Task에 대해서는 난이도 대비 좋은 성능을 보일 수도 있습니다. 예를 들어 스팸 문자를 구별하는 문제가 있다고 가정했을 때, 스팸 문자에서만 자주 사용하는 Token이 따로 있다고 가정하면 단순하게 특정 Token의 횟수 차이로만으로도 스팸 문자를 구별할 수 있기 때문입니다.

하지만 여전히 남아 있는 단점은 단어의 순서가 무시된다는 점입니다. 우리가 문장을 구성할 때 특정 Token이 나올 확률은 이전 Token에 영향을 받을 수밖에 없습니다. 하지만 횟수 기반의 표현 방식은 Token의 순서 정보를 전혀 담을 수 없기 때문에 NLG와 같이 새로운 문장을 생성해야 하는 Task에서는 사용하기 어렵습니다.

2.3.3 Dense Representation

원-핫 인코딩을 이용한 문자 표현의 문제점 중 한 가지는 변수의 Sparseness(희소성)입니다. 모든 Token의 개수인 V만큼의 벡터를 만드는 것뿐 아니라 대부분은 0이면서 극소수의 위치에만 값을 갖고 있기 때문에 상당히 큰 메모리 사용량이 필요하지만 대부분은 0으로 돼 있어 비효율적인 사용이라 볼 수 있기 때문입니다(파이썬의 sparse 라이브러리를 이용해 계산이나 메모리 사용을 효율화할 수도 있습니다). 그런데 2013년 구글의 논문 〈Efficient Estimation of Word Representations in Vector Space〉(Tomas Mikolov 등)의 영향으로 NLP에서의 문자 표현 방식은 큰 전환기를 맞게 됩니다.

Word2vec: idea

Word2vec이라는 이름으로 소개된 이 방법은 vector("King") − vector("Man") + vector("Woman") = vector("Queen")이라는 예제를 이용해 관계를 연산으로 설명할 수 있는 벡터 표현이 가능하다는 것을 보여주면서 많은 관심을 받게 됩니다

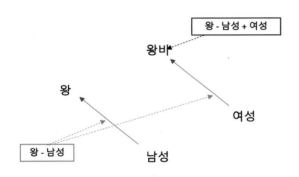

[그림 5-6] word2vec 학습 결과 시각화(vector("King") − vector("Man") + vector("Woman") = vector("Queen"))

먼저, Word2vec 모델 학습에는 'Token의 의미는 주변 Token의 정보로 표현된다'라고 가정합니다. 다시 말하면, 특정 Token을 기준으로 주변에 비슷한 Token이 있다면 해당 Token은 비슷한 위치의 벡터로 표현되도록 학습시킵니다. 예를 들면 "나는 책상 위에 사과를 먹었다", "나는 책상 위에 배를 먹었다", "나는 책상 위에 숙성회를 먹었다"라는 문장의 "사과를", "배를", "숙성회를" 빼고는 모두 주변 Token이 똑같습니다. 이런 데이터를 학습하는 경우 위 3개의 Token은 서로 비슷한 위치의 벡터로 학습시키는 것입니다.

논문에서는 학습하는 과정을 CBOW(Continuous Bag-of-Words Model)와 Skip-Gram이라고 소개했습니다. 이 두 가지 방법 모두 공통적으로는 문장을 윈도우 형태로 부분만 보는 것을 기본으로 시작합니다. 기준 Token의 양옆 Token을 포함한 윈도우가 이동하면서 윈도우 속 Token과 기준 Token의 관계를 학습시키는 과정을 진행합니다. 이때 주변 Token을 Context, 기준 Token을 Target이라 표현하겠습니다. 여기서는 앞에서 소개한 두 가지 방법을 서로 다르게 학습합니다.

CBoW의 목적은 Context Token의 벡터로 변환해 더한 후 Target Token를 맞추는 것이고 Skip-Gram의 목적은 이와 반대로 Target Token을 벡터로 변환한 후 Context Token을 맞추는 것입니다. 좀 더 자세히 비교하기 위해 학습 과정에서 사용하는 모델 구조와 수식을 살펴보겠습니다.

모델 구조

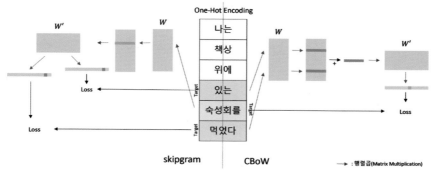

[그림 5-7] word2vec 모델 구조

학습 과정

Notation

$$V: Vocabulary\ Size(the\ number\ of\ tokens)$$
$$D: Embedding\ Dimension$$
$$W_{V \times D}: Weight\ matrix\ (input - hidden)$$
$$W'_{D \times V}: Weight\ matrix(hidden - output)$$

한 문장을 Tokenization한 결과는 다음과 같은 Token의 One-Hot Encoding Vector의 나열로 표현할 수 있습니다.

$$x_1, x_2, \dots, x_T (x_i: ith\ token's\ one - hot\ encoding\ vector)$$

그리고 각 Token을 기준으로 오른쪽으로 이동하면서 미리 정해 놓은 윈도우 크기에 맞춰 기준 Token의 양옆으로 윈도우 안에 있는 Token을 선택합니다(편의상 윈도우의 크기는 '1'이라 하겠습니다).

$$target\ token : x_i$$
$$context\ tokens : x_{i-1}, x_{i+1}$$

더 나아가기 전에 임의의 One-Hot Encoding Vector(x_i)에 대해 W를 곱한 결과인 y의 의미를 알아야 합니다. x_i는 Vocabulary에서 Token의 해당 Index 부분만 '1', 나머지는 모두 '0'인 벡터입니다. 이 벡터와 W를 곱하면 W 행렬의 해당 index 부분의 행만 남게 되는데, 이 행의 값을 'Word Embedding Vector'라 합니다. 이제 이 W 행렬을 잘 학습시킨다면 좋은 성능의 'Word Embedding Vector'를 구할 수 있는 셈입니다.

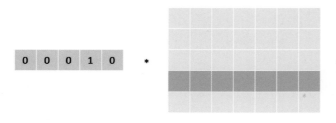

| One-hot Encoding Vector | Weight Matrix | 4th Row vector of Weight Matrix |

[그림 5-8] One-Hot Encoding Vector와 행렬의 곱 연산 결과

설명과 위 그림을 이용해 One-Hot Encoding Vector에 W를 곱하면 해당 Token의 Embedding Vector가 나온다는 것을 이해했다면 CBoW와 Skip-Gram의 학습 과정을 쉽게 이해할 수 있습니다.

CBoW의 경우 Context Token의 Embedding Vector를 다음과 같이 더해 Hidden Layer 값을 만듭니다.

$$hidden\ layer\ =\ x_{i-1} \cdot W + x_{i+1} \cdot W$$

그리고 이 Hidden layer에 W' 행렬을 곱해 Vocabulary Size만큼의 벡터를 만들고, 이 값에 Softmax를 적용하면 어떤 Token이 가장 적합한지를 나타내는 결괏값이 나올 것입니다. 즉, CBoW의 학습 과정은 Context Token을 Input으로 했을 때 Target Token이 나올 수 있도록 하는 것이라 이해할 수 있습니다.

$$P(x_i) = softmax(hidden\ layer \cdot W') = softmax((x_{i-1} \cdot W + x_{i+1} \cdot W) \cdot W')$$

Skip-Gram은 이와 반대로 구하면 됩니다.

Target Token의 Embedding Vector를 구해 Hidden Layer를 구성하고 여기에 W' 행렬을 곱해 Context Token을 예측하는 것입니다. CBoW에서 Context Token의 Embedding Vector를 더하는 과정이 빠지는 대신, Context에 해당하는 Token마다 예측해야 하는 과정이 들어갑니다.

$$hidden\ layer\ =\ x_i \cdot W$$
$$P(x_{i-1}) = softmax(x_i \cdot W \cdot W')$$
$$P(x_{i+1}) = softmax(x_i \cdot W \cdot W')$$

여기까지가 원 논문에 소개된 모델의 학습 과정입니다.

이런 과정에 대한 학습이 진행되면 W와 W' 행렬들의 값은 계속 바뀌면서 W 행렬의 각 열에 해당하는 Embedding Vector가 만들어집니다. Embedding Vector의 경우 원-핫 인코딩과 달리, 대부분이 0이 아닌 값으로 채워지고 벡터의 크기도 원-핫 인코딩의 크기(V)보다 일반적으로 작은 값(D)을 갖고 있습니다. 이 때문에 Embedding Vector를 'Dense Representation'이라 부르기도 합니다.

두 가지 방법이 Input과 Output이 반대라는 점만 보일 수 있지만, 자세히 살펴보면 다른 면이 있습니다. CBoW의 경우 모든 Token의 Embedding Vector를 합해 하나의 Hidden Layer 값을 만들어내고 Weight Matrix를 하나 통과함으로써 Target Token을 예측하는 방식을 사용합니다. 사실상 하나의 윈도우에 대해 한 번의 학습이 이뤄지는 것입니다. 반면 Skip-Gram의 경우 Target Token의 Embedding Vector에 대해 윈도우 내에 있는 Context Token을 모두 예측하는 방식을 취하기 때문에 CBoW에 비해 학습 횟수가 많아집니다. 이 때문에 Skip-Gram의 학습 속도가 CboW에 비해 느리긴 하지만, CBoW처럼 평균을 내는 부분이 없어서 드물게 등장하는 단어들에 대해서는 좀 더 좋은 성능을 보여줍니다.

이후 저자들은 skip-gram의 단점을 보완하는 네거티브 샘플링(Negative Sampling) 기법을 소개하는 논문 〈Distributed Representations of Words and Phrases and their Compositionality〉(Mikolov 등, 2013)을 발표했습니다. 해당 논문의 결과 중에는 본인들의 학습된word2vec를 사용하면 기존 모델을 처음부터 학습시키는 것(from-scratch)보다 좋은 결과를 보여줬고 이를 시작으로 Pre-Trained Word Embedding에 대한 연구가 시작됩니다. 그중 쉽게 구할 수 있고 유명한 몇 가지 모델을 살펴보겠습니다.

GloVe

- 관련 논문: 〈GloVe: Global Vectors for Word Representation〉(Pennington 등, 2014)
- 관련 링크: https://github.com/stanfordnlp/GloVe
- 연구 단체: 스탠퍼드대학
- 핵심 아이디어: 기존의 Representation 기법에서 사용한 문서 내 모든 단어의 통계 정보와 Word2vec의 Local Context Window 정보를 동시에 사용하는 모델링

fasttext

- 관련 논문: 〈Enriching Word Vectors with Subword Information〉(Bojanowski 등, 2016)
- 관련 링크: https://fasttext.cc/
- 연구 단체: 페이스북

- 핵심 아이디어: 1개의 word에 대한 vector로 n-gram character에 대한 vector 평균을 사용

BERT

- 관련 논문: 〈BERT: Pre-training of Deep Bidirectional Transformers for Language Understanding〉(Jacob Devlin 등, 2018)
- 관련 링크: https://github.com/google-research/bert
- 핵심 아이디어: Transformers라는 Module의 성능이 알려지면서 이와 관련된 방대한 양의 연구가 이뤄졌습니다. 이는 문맥에 따라 단어의 Embedding Vector가 바뀔 수 있는 Contextual Embedding이라는 이름으로 기존 Word Representation 영역의 또 다른 큰 변화를 가져왔습니다. 이에 대한 자세한 내용은 모델 설명의 뒷부분에서 설명하겠습니다.

앞에서 소개한 다양한 Word Embedding이 좋은 성능을 보이기 위해서는 모델링 방법뿐 아니라 이를 학습시키는 데이터인 '잘 만들어 놓은 큰 Corpus' 역시 중요합니다. 하지만 좋은 Corpus를 만드는 것과 그 데이터에서 모델을 학습시키는 것은 개인이 하기엔 자금과 시간이 많이 드는 일입니다. 그렇기 때문에 큰 기업이 만들어 놓은 Corpus에서 잘 학습해 놓은 Pre-trained Word Vector를 가져다 쓰는 것이 개인들이 NLP 연구를 하는 데 꼭 필요한 요소입니다. 다음 코드 부분을 이용해 앞에서 소개한 방법인 Pre-Trained Vector를 가져다 쓰는 방법과 모델의 Input으로 만들기 위한 사전 작업을 알아보겠습니다.

[예제 5-3] 데이터 전처리 및 Pre-Trained Embedding Vector를 이용한 Vocabulary 생성하기

앞의 데이터를 불러오는 것부터 다시 시작해보겠습니다.

```
# Code
# 5-2_model_imdb_scratch.ipynb
# 5-3_model_imdb_glove.ipynb
# 5-4_model_imdb_fasttext.ipynb
# 5-5_model_imdb_BERT.ipynb 참고

import torch
from torchtext import data
from torchtext import datasets

# Data Setting
TEXT = data.Field(batch_first = True,
                  fix_length = 500,
                  tokenize=str.split,
                  pad_first=True,
                  pad_token='[PAD]',
                  unk_token='[UNK]')

LABEL = data.LabelField(dtype=torch.float)

train_data, test_data = datasets.IMDB.splits(text_field = TEXT,
                                             label_field = LABEL)
```

앞에서 설명하지 않은 옵션의 설명은 다음과 같습니다.

- fix_length: Sentence의 길이를 미리 제한하는 옵션

- tokenize: Tokenize를 설정하는 옵션 기본값은 띄어쓰기 기반의 파이썬의 string.split 함수

- pad_first: fix_length 대비 짧은 문장의 경우 Padding을 해야 하는데 Padding을 앞에서 줄 것인지에 대한 옵션

- pad_token: 위에서 설명한 Padding에 대한 특수 Token 설정

- unk_token: Token Dictionary에 없는 Token이 나왔을 경우 해당 Token을 표현하는 특수 Token

- dtype: 가져올 데이터에 대한 Type 설정 옵션

이제 불러온 데이터를 살펴보는 방법을 알아보겠습니다.

```
# Data Length
print(f'Train Data Length: {len(train_data.examples)}')
print(f'Test Data Length: {len(test_data.examples)}')

# Train Data Length: 25000
# Test Data Length: 25000

# Data Fields
print(train_data.fields)
# {'label': <torchtext.data.field.LabelField at 0x7fe0b05a9278>,
# 'text': <torchtext.data.field.Field at 0x7fe0b05a9780>}

# Data Sample
print('---- Data Sample ----')
print('Input: ')
print(' '.join(vars(train_data.examples[1])['text']),'\\n')
print('Label: ')
print(vars(train_data.examples[1])['label'])

# Output
# ---- Data Sample ----
# Input:
'''This is definitely an appropriate update for the original, except that "party
on the left is now PARTy on the right." Like the original, this movie rails
against a federal government which oversteps its bounds with regards to personal
liberty. It is a warning of how tenuous our political liberties are in an era of
an over-zealous, and over-powerful federal government. Kowalski serves as a
metaphor for Waco and Ruby Ridge, where the US government, with the cooperation
of the mainstream media, threw around words like "white supremacist" and "right
wing extremists as well as trumped-up drug charges to abridge the most
fundamental of its' citizens rights, with the willing acquiescence of the general
populace. That message is so non-PC, I am stunned that this film could be made -
at least not without bringing the Federal government via the IRS down on the
makers like they did to Juanita Broderick, Katherine Prudhomme, the Western
Journalism Center, and countless others who dared to speak out. "Live Free or
Die" is the motto on Jason Priestly's hat as he brilliantly portrays "the voice,"
and that sums up the dangerous(to some) message of this film.<br /><br />
'''
# Label:
# pos
```

data.examples를 이용하면 데이터의 개수를 확인할 수 있고 vars( ) 함수를 이용하면 데이터 값을 직접 확인해볼 수 있습니다. Text Data는 Tokenize를 하기 전에 Data를 살펴보고 Cleansing 작업을 해야 합니다. 다음과 같은 간단한 Data Cleansing 작업을 진행했습니다(Field의 preprocessing 옵션을 이용해도 미리 작업할 수 있습니다).

```
import re

def PreProcessingText(input_sentence):
    input_sentence = input_sentence.lower( ) # 소문자화
    input_sentence = re.sub('<[^>]*>', repl= ' ', string = input_sentence) #
"<br />" 처리
    input_sentence = re.sub('[!"#$%&\\( )*+,-./:;<=>?@[\\\\]^_'{|}~]', repl= ' ',
string = input_sentence) # 특수 문자 처리("'" 제외)
    input_sentence = re.sub('\\s+', repl= ' ', string = input_sentence) # 연속된
띄어쓰기 처리
    if input_sentence:
        return input_sentence

for example in train_data.examples:
    vars(example)['text'] = PreProcessingText(' '.join(vars(example)['text'])).
split( )

for example in test_data.examples:
    vars(example)['text'] = PreProcessingText(' '.join(vars(example)['text'])).
split( )
```

다음은 주어진 Data를 이용해 Token Vocabulary(이하 Vocab)를 만드는 과정입니다.

```
# pre-trained
TEXT.build_vocab(train_data,
                 min_freq = 2,
                 max_size = None,
                 vectors = "glove.6B.300d")

LABEL.build_vocab(train_data)
```

위에서 작업해둔 Field에 build_vocab을 이용해 Text Data와 Label Data의 Vocab을 손쉽게 만들수 있습니다. 간단한 옵션을 알아보겠습니다.

▪ min_freq: Vocab에 해당하는 Token에 최소한으로 등장하는 횟수에 제한을 둘 수 있습니다.

▪ max_size: 위와 같이 Token의 최소 등장 횟수로 Vocab의 Size 조절을 하는 것 외에 전체 Vocab Size 자체에도 제한을 둘 수 있습니다.

▪ vectors: Pre-Trained Vector를 가져와 Vocab에 세팅하는 옵션입니다. 원하는 Embedding을 정해 string 형태로 설정하면 됩니다. 옵션에서 지원하는 Embedding의 종류는 다음과 같습니다(하지만 fasttext는 Pre-Trained Vector를 가져올 때 에러가 나는 경우가 있으므로 직접 데이터를 가져와 설정하는 코드로 변경했습니다. 5-4_model_imdb_fasttext.ipynb 코드 확인).

```
charngram.100d
fasttext.en.300d
fasttext.simple.300d
glove.42B.300d
glove.840B.300d
glove.twitter.27B.25d
glove.twitter.27B.50d
glove.twitter.27B.100d
glove.twitter.27B.200d
glove.6B.50d
glove.6B.100d
glove.6B.200d
glove.6B.300d
```

vocab에 대한 정보는 다음과 같이 확인해볼 수 있습니다.

```python
# Vocabulary Info
print(f'Vocab Size: {len(TEXT.vocab)}')

print('Vocab Examples: ')
for idx,(k, v) in enumerate(TEXT.vocab.stoi.items( )):
    if idx >= 10:
        break
    print('\\t', k, v)

print('---------------------------------')

# Label Info
print(f'Label Size: {len(LABEL.vocab)}')

print('Lable Examples: ')
for idx,(k, v) in enumerate(LABEL.vocab.stoi.items( )):
    print('\\t', k, v)

## Output
'''
Vocab Size: 51956
Vocab Examples:
                [UNK] 0
                [PAD] 1
                the 2
                and 3
                a 4
                of 5
                to 6
                is 7
                in 8
                it 9
---------------------------------
Label Size: 2
Lable Examples:
                neg 0
                pos 1
'''

# Check embedding vectors
print(TEXT.vocab.vectors.shape)

# torch.Size([51956, 300])
```

이제 Validation Set 구분과 Iterator를 이용해 Batch Data를 만들면 모델 학습을 위한 데이터 설정은 모두 끝납니다. 이 부분의 형식은 PART 04의 컴퓨터 비전의 코드와 비슷하고 특별하게 살펴봐야 할 부분은 없어 자세한 설명은 하지 않겠습니다.

```python
import random

# Spliting Valid set
train_data, valid_data = train_data.split(random_state = random.seed(0),
                                           split_ratio=0.8)

device = torch.device('cuda' if torch.cuda.is_available( ) else 'cpu')

train_iterator, valid_iterator, test_iterator = data.BucketIterator.
splits(datasets=(train_data, valid_data, test_data),

batch_size=30, device=device)
```

문자 데이터를 사용한 모델링에서 고려해야 할 요소는 무엇일까요? 사진, 동영상, 정형 데이터와 문자 데이터의 가장 큰 차이가 되는 부분이 무엇일까요? 문장을 보고 인간이 자연스럽게 인지하는 방법이 무엇일까요? 여러 답변이 가능하겠지만, 연속된 데이터(단어)의 정보 처리가 아닐까 싶습니다. 인간이 말을 하거나 글을 쓸 때, 단어가 나올 확률은 이전 단어나 주변 단어의 따라 정해지는 경우가 많습니다. 즉, 한 문장에 나오는 단어는 주변 단어의 영향을 받는 연속적인 관계를 갖고 있습니다. 그래서 우리가 어렸을 때 배웠던 국어책에는 '다음 빈칸에 가장 알맞은 단어는?'과 같은 형태의 질문으로 단어 간의 연결을 지속적으로 배워왔습니다.

나는 회가 먹고 싶습니다.
나는 육회가 먹고 싶습니다.
나는 피자가 먹고 싶습니다.

나는 회사가 먹고 싶습니다(x).
나는 치킨가 먹고 싶습니다(x).

위 예제에서 '나는 … 먹고 싶습니다'라는 표현의 중간에 들어갈 요소는 '먹을 수 있는 것'이 와야 하며 단어에 따라 조사가 변해야 한다는 것을 알 수 있습니다. 왜 먹을 수 있는 것이 와야 할까요? 왜 '회사가' 오면 안 되고 '치킨가'가 아니라 '치킨이'가 와야 할까요? 뒤에 있는 '먹고 싶습니다'라는 요소 때문에 앞에는 '먹을 것'이 와야 하며 '치킨'에 받침이 있기 때문이라는 이유를 모두 알고 있습니다. 이런 언어적 약속(Rule)을 배우기 위해 인간은 수년간 반복 훈련을 합니다. 그렇다면 기계에게는 이런 언어적 약속을 어떻게 가르쳐야 할까요?

NLP 모델은 이런 언어적 약속을 모델링해야 했고 Classic Model은 이를 통계적으로 접근하려고 했습니다. Probability Language Model은 문장이 나타날 수 있는 확률을 각 단어가 동시에 나타나는 확률이라 나타냈고 이를 이용해 통계학적 모델을 만들기 시작했습니다. 그중 한 가지 모델이 문장의 부분에 대한 조건부 확률로 근사시켜 표현한 n-gram Language Model입니다. 다음이 해당 모델을 사용해 문장의 확률을 구하는 예제입니다(사실 이전에 설명한 Skip-Gram 모델도 이와 같은 지역성 조건부 확률을 활용해 Embedding Vector만든 것이라 볼 수 있습니다).

```
P(나는, 회가, 먹고, 싶습니다)
= P(나는, 회가, 먹고, 싶습니다)
= P(나는 | <SOS>) * P(회가 | 나는) * P(먹고 | 나는, 회가) * P(싶습니다 | 나는, 회가,먹고) *
P( <EOS> | 나는, 회가, 먹고, 싶습니다)

bigram approximation => P(나는 | <SOS>) * P(회가 | 나는) * P(먹고 | 회가) * P(싶습니다 |
먹고) * P(<EOS> | 싶습니다)
<SOS>: 문장 처음을 알리는 Token, <EOS>: 문장 끝을 알리는 Token

# 조건부 확률(Conditional Probabilty)
P(A,B,C,D) = P(B | A) * P(C | B,A) * P(D | A,B,C)
```

3.1 Deep Learning Models

위 내용을 종합하면 문장이나 문단과 같은 문자 데이터는 주변 단어에 대한 연속적인 관계를 모델링에 잘 담아야 합니다. 이런 연속성의 정보를 담을 수 있는 딥러닝 모델은 어떤 것이 있는지 살펴보겠습니다.

3.1.1 RNN(Recurrent Neural Network), 1986

딥러닝 모델 구조의 가장 기본적인 형태라고 할 수 있는 2-layer NN을 모델의 구조가 아닌 모델의 Input과 Output에 대한 관점에서 살펴보겠습니다. 이 형태의 모델 구조는 1개의 데이터에 대해 1개의 결괏값을 예측하며 하나의 Label에 대한 학습을 진행하도록 돼 있습니다. Input과 Output 모두 1개의 데이터(벡터)라고 볼 수 있습니다(Batch에 대한 이야기가 아니라 데이터 자체에 대한 이야기입니다). 이를 One-To-One 문제라 표현합시다.

하지만 위에서 말했던 것처럼 문장과 같은 문자 데이터의 경우 여러 개의 연관성 깊은 Token으로 분할돼 표현할 수 있습니다. 즉, 문장을 Input이나 Output으로 사용할 경우 1개의 벡터(One) 형태가 아니라 다수의 벡터(Many) 형태로 사용해야 합니다. 그래서 이런 형태의 Sequential Data(순차 데이터)를 다루는 경우를 One-to-One이 아닌 Many-to-One 또는 One-to-Many 문제라 표현합니다(그뿐 아니라 Input과 Output이 모두 Sequential Data인 Many-to-Many 문제도 있습니다). 그리고 각각의 분류에 해당하는 가장 대표적인 Task에는 다음과 같은 것이 있습니다(다음과 같은 분류 방식은 karpathy의 〈The Unreasonable Effectiveness of Recurrent Neural Networks〉를 참고했습니다).

- Many-to-One: 댓글의 악플 가능성 정도를 측정하는 Sentence Classification
- One-to-Many: 사진 속 내용을 설명하는 글을 만들어내는 Image Captioning
- Many-to-Many(token-by-token) 문장의 모든 Token에 대한 품사를 예측하는 Pos Tagging
- Many-to-Many(Encoder-Decoder) 입력 문장에 대한 번역문을 만들어주는 Translation

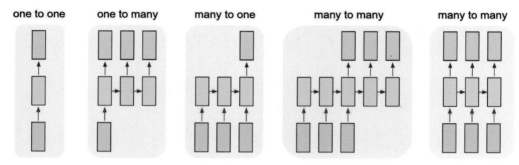

[그림 5-9] NLP Task를 Input, Output 형태에 따라 구분한 모습
출처: http://karpathy.github.io/2015/05/21/rnn-effectiveness/

Sequential Data를 다루는 가장 대표적인 모델은 RNN입니다. 〈Nature〉에 게재된 논문 〈Learning representations by back-propagating errors〉(Rumelhart 등, 1986)에서 처음 소개된 RNN 모델은 단어를 순서대로 입력해 Hidden Layer를 반복 업데이트하면서 학습하는 구조로 설계됐습니다. 마치 사자성어나 속담 이어 말하기 게임처럼 "'어물전 망신은'이나 '과유'까지의 정보를 Hidden Layer에 담고 있으면 다음에 이어질 말은?"이라 묻는 게임을 한다고 볼 수 있습니다. 문장을 생성하는 Task에 대한 모델 학습 과정을 예로 들어 설명하겠습니다.

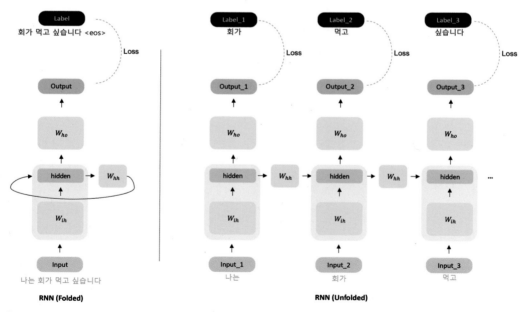

[그림 5-10] RNN의 기본 구조와 학습 과정

RNN은 간단하게 표현해 놓은 Folded Form과 데이터마다의 반복적인 업데이트를 쉽게 볼 수 있는 형태인 Unfolded Form으로 표현합니다. 많은 값이 있는 것처럼 보이지만, 사실상 학습이 되는 부분은 W_{ih}, W_{hh}, W_{ho} 행렬이 전부입니다. RNN은 하나의 Hidden Layer에 대해 반복적으로 데이터를 축적해 학습시키는 방식으로, Token의 연속적인 정보를 담도록 구성했습니다.

우선 각 Input에서 현재 입력 데이터의 정보를를 거쳐 가져오고 추가로 이전 Hidden Layer 정보를를 거쳐 가져옴으로써 이전까지 담고 있던 정보를 합산해 현재 Hidden Layer의 정보를 구성합니다.

$$h_t = tanh(h_{t-1} \cdot W_{hh} + x_t \cdot W_{ih} + b_{hh})$$
$$h_t : t - th \; hidden \; layer$$
$$x_t : t - th \; token \; input$$

이런 방식의 구성은 수열의 점화식(Recurrence Relation)과 비슷합니다. 각 정보는 이전 정보를 참고함으로써 데이터의 순서에 대한 정보를 담을 수 있다는 장점이 있으므로 문장, 음성과 같은 연속성을 가진 데이터를 다루는 데 탁월한 효과가 있습니다.

문장을 예로 들어 RNN의 학습 과정을 살펴보죠. '나는 회가 먹고 싶습니다'라는 문장에 대해 Tokenization을 진행하고 각각의 Embedding Vector가 있다고 가정해보겠습니다. 그렇다면 맨 처음 Input에 대한 처리는 다음과 같은 형태로 진행될 것입니다.

```
Emb("나는")
=> hidden layer
    = tanh(Emb("나는") * W_ih + hidden_layer(=h0) * W_hh)    ..(1)
=> output layer = ActivationFn(hidden layer * W_ho)        ..(2)
=> loss = LossFn(output_later, Emb("회가"))                 ..(3)
```

입력 정보와 이전 Token에 대한 정보인 h_0에 대해 Hidden Layer 정보를 구성하고(1), Hidden Layer 정보에 Weight를 곱해주고 Activation 함수(Softmax) 처리를 해 다음 Token을 예측하는 Score를 생성하고(2), '나는' 다음에 나온 Token 정답인 '회가' Token과의 Loss를 구합니다(3). 그리고 다음 Input Token에 대한 정보 처리로 넘어갑니다.

참고로 PyTorch torch.nn.RNN module을 기준으로 시작 Token 이전의 Token 정보를 나타내는 의 경우 기본값이 zero 벡터를 사용하기 때문에 사실상 없는 항입니다(https://pytorch.org/docs/stable/nn.html#torch.nn.RNN).

```
Emb("회가")
=> hidden layer
   = tanh(Emb("회가") * W_ih + hidden_layer("나는") * W_hh)          ··(4)
=> output layer = ActivationFn(hidden layer * W_ho)
=> loss += LossFn(output_later, Emb("먹고"))

Emb("먹고")
=> hidden layer
   = tanh(Emb("먹고") * W_ih + hidden_layer("회가"(+"나는")) * W_hh)    ··(5)
=> output layer = ActivationFn(hidden layer * W_ho)
=> loss += LossFn(output_later, Emb("싶습니다"))                       ··(6)
```

다음 과정에서 현재 Token에 대한 정보와 이전 Token("〈나는〉")의 정보를 합해 Hidden Layer를 생성하는 것을 볼 수 있습니다(4). 그리고 이를 반복한다면 문장의 끝에 다가갈수록 Hidden Layer는 이전 Token들의 정보가 자동으로 축적될 수 있다는 사실을 알 수 있습니다(5). 그리고 파라미터 학습을 위한 Loss는 Token별로 나오는 Loss를 더한 총합에 대한 값을 이용합니다(6).

Sequential Data에서의 RNN 모델의 성능은 뛰어났지만, 단점도 존재했습니다. 우선 과도한 Back Propagation으로 Gradient이 발산하거나 없어지는 현상인 Gradient Vanishing(또는 Exploding) 현상이 일어날 확률이 높습니다. 문장의 초반 Token에 대한 Weight를 업데이트하기 위한 Gradient는 Chain Rule에 의해 문장 후반의 Gradient까지 모두 곱해 만들어집니다. 따라서 문장이 길어지면 Gradient가 너무 작아지거나 커지는 Gradient Vanishing(또는 Exploding) 현상으로 이어지고 이 경우 정상적인 학습이 어려워집니다. 이를 해결하기 위해 해당 Token의 과거 지정 개수의 Token까지만 부분적으로 업데이트하는 Truncated Back Propagation이나 너무 큰 Gradient은 조정해 업데이트하는 Gradient clipping 방법을 사용하거나, 초깃값을 잘 설정하거나, Activation 함수를 ReLU로 설정하는 방법 등이 사용됐습니다.

위 문제와도 이어질 수 있는 또 한 가지 문제점은 장기 기억력이 떨어진다는 점입니다. 연속된 정보를 기억할 수 있는 모델 구조인데도 위와 같이 너무 작은 Gradient의 영향으로 모든 문장의 정보를 담기 어려웠습니다. 따라서 문장의 길이가 길어지는 경우 RNN 모델을 학습하는 것이 오래 걸릴 뿐 아니라 성능이 떨어진다는 것을 확인할 수 있습니다.

위 단점을 보완한 모델이 이어서 소개할 LSTM(Long Short-Term M)입니다.

LSTM(Long Short-Term Memory), 1997

LSTM은 1997년 Sepp Hochreiter & Jürgen Schmidhuber의 논문 〈Long Short-Term Memory〉에 처음 소개됐습니다. LSTM 모델은 기존 RNN 모델의 순서 정보를 Hidden Layer에 담는 과정을 발전시켜 RNN의 큰 단점이었던 단기 기억만 가능하다는 부분을 개선했습니다. 이 과정에는 장기 기억과 단기 기억 그리고 잊어버림 개념까지 담겨 있어 인간의 기억 관리와 비슷한 부분이 있습니다. NLP에서는 RNN과 함께 자주 사용한 모델이기 때문에 어떻게 구성돼 있는지 자세히 살펴보겠습니다.

다음은 LSTM 모듈의 그림과 관련된 식입니다. LSTM의 핵심은 Cell이라 불리는 c_t와 다수의 Gate($i_t, f_t, \tilde{c}_t, o_t$)를 통한 정보 필터링이라 볼 수 있습니다. 특정 시점 t에 대한 데이터 x_t와 그 이전 시점까지의 정보 h_{t-1}로 각각의 Gate와 현재 시점의 Cell 정보 c_t를 만들고 여기에 한 번의 처리를 거쳐 최종 형태의 정보 h_t를 만들어냅니다. 각 과정을 좀 더 자세히 살펴보겠습니다.

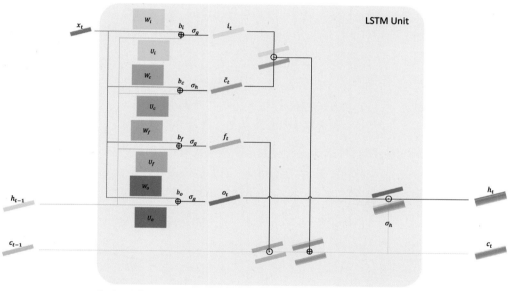

⊕ : element-wise sum
⊙ : element-wise product (Hadamard product)
σ_g : sigmoid function
σ_h : hyperbolic tangent function

[그림 5-11] LSTM Unit 설명

$$f_t = \sigma_g\left(W_f x_t + U_f h_{t-1} + b_f\right)$$
$$i_t = \sigma_g\left(W_i x_t + U_i h_{t-1} + b_i\right)$$
$$o_t = \sigma_g\left(W_o x_t + U_o h_{t-1} + b_o\right)$$
$$\tilde{c}_t = \sigma_h\left(W_c x_t + U_c h_{t-1} + b_c\right)$$
$$c_t = f_t \circ c_{t-1} + i_t \circ \tilde{c}_t$$
$$h_t = o_t \circ \sigma_h(c_t)$$

$$\tilde{c}_t = \sigma_h\left(W_c x_t + U_c h_{t-1} + b_c\right)$$
$$c_t = f_t \circ c_{t-1} + i_t \circ \tilde{c}_t$$

참고

초기 LSTM에는 Forget Gate가 없었지만, 〈Learning to forget: Continual prediction with LSTM〉(Gers, F.A(1999)라는 논문을 통해 Forget Gate를 추가한 LSTM이라는 것이 널리 알려지게 됐습니다.

먼저 현재 Token 기준의 Cell(c_t)을 만드는 식을 살펴보겠습니다. c_t는 이전 정보까지의 정보를 담고 있는 Cell(c_{t-1})에서 얼마나 잊을 것인지를 나타내는 Gate f_t를 통과한 값과 현재 Token에 대한 정보($\tilde{c}_t$)를 얼마나 가져올 것인지를 정하는 Gate i_t를 통과한 값의 합산입니다. 이를 간단히 표현하면 과거의 모든 정보 중 불필요하다고 판단되는 것은 지우고 현재 Token에 대한 정보를 적당히 합산해 정보를 만드는 과정이라 볼 수 있습니다.

$$f_t = \sigma_g\left(W_f x_t + U_f h_{t-1} + b_f\right)$$
$$i_t = \sigma_g\left(W_i x_t + U_i h_{t-1} + b_i\right)$$

그리고 정보의 필터링을 담당하는 Gate들인 f_t와 i_t를 자세히 살펴보면, 이전까지의 정보 h_{t-1}과 현재 Token x_t값을 조합해 구한다고 볼 수 있습니다. 그리고 Activation 함수가 약간 다른 것을 볼 수 있는데, Sigmoid 함수를 사용해 Component마다 0~1의 값을 갖게 되고 이를 Component-Wise하게 곱해 벡터 각각의 Component 정보를 얼마나 쓸 것인지 정한다고 볼 수 있습니다.

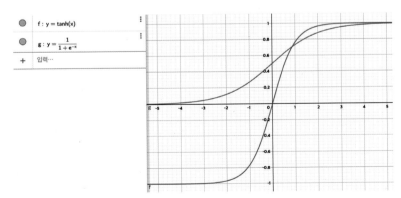

[그림 5-12] tanh 함수와 Sigmoid 함수 그래프

출처: https://www.geogebra.org/

$$o_t = \sigma_g\big(W_o x_t + U_o h_{t-1} + b_o\big)$$
$$h_t = o_t \circ \sigma_h(c_t)$$

그리고 이렇게 구한 Cell 정보는 Output Gate를 거치면서 또 한 번의 정보 수정을 진행해 최종 적인 Hidden Layer(h_t)를 구합니다.

RNN Unit와의 비교

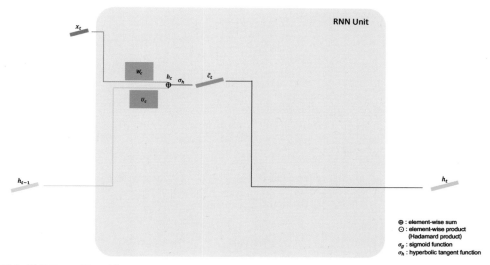

[그림 5-13] RNN Unit 구조 그림

RNN과의 차이를 비교하기 위해 LSTM 구조와 비슷하게 그려봤습니다. RNN과 달리, 다수의 Gate로 정보를 제한했고 Hidden Layer가 아닌 Cell을 거쳐가는 과정을 만들어뒀습니다. 그런데 이런 차이가 어떻게 RNN의 Gradient Vanishing 문제를 어떻게 해결하게 됐을까요?

일단 RNN에서 Gradient Vanishing이 일어나게 되는 주된 문제는 Token 사이의 거리가 먼 경우의 Hidden Layer h_t 간의 Chain Rule 연산에서 나타납니다. 문장 앞의 Token에 대한 Hidden Layer에 대한 Gradient를 구하려면 해당 Token 뒤로 나오는 Token만큼의 W_{hh}를 곱하는 것은 물론이고 tanh함수에 대한 미분 값인 (0, 1) 사이의 값들도 여러 번 곱해야 하는 상황이 벌어집니다. 이로 인해 Token 간의 사이가 멀어질수록 Gradient가 사라지는 형태가 돼 학습이 잘되지 않는 현상이 나타납니다.

하지만 LSTM은 Cell ct를 이용해 곱해지는 값의 차이가 심각하지 않게 만듭니다. 위와 같은 상황에서 LSTM의 경우에는 f_t 값만 계속 곱하게 되는 형태인데, f_t의 Activation 함수인 시그모이드 값이 1에 가까울수록 Gradient 값이 작아지는 상황을 줄여줄 것입니다. 그리고 곧 이는 f_t의 Gate가 모두 열린다는 뜻으로 과거 데이터를 모두 가져오겠다는 뜻과 비슷하다고도 해석할 수 있습니다. 이에 대한 자세한 수식에 의한 증명이나 해석이 필요하다면 다음 링크를 확인하길 바랍니다.

- https://medium.com/datadriveninvestor/how-do-lstm-networks-solve-the-problem-of-vanishing-gradients-a6784971a577

- https://stats.stackexchange.com/a/263956

RNN과 LSTM의 등장 이후 다양한 변형이 나왔는데, 이 중 알아두면 좋을 변형 모델을 간단히 살펴보겠습니다.

Bidirectional Recurrent Neural Networks(Bi-RNNs), 1997

- 논문: 〈Bidirectional Recurrent Neural Networks〉(M. Schuster and K. K. Paliwal, 1997)
  - 기존 RNN류의 모델이 모두 왼쪽에서 오른쪽 방향으로 정보를 담는 형태의 모델이었다면 오른쪽에서 왼쪽으로의 정보도 함께 담아 양방향 정보를 모두 이용하자는 것이 핵심 아이디어
  - 양방향의 Hidden Layer(Forward, Backward)를 Concatenate해 사용

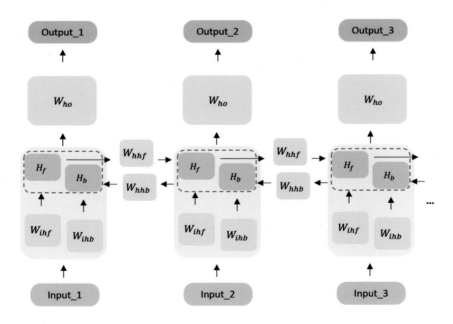

[그림 5-14] Bi-RNN의 구조

Gated recurrent units(GRUs), 2014

▪ 논문: 〈Empirical Evaluation of Gated Recurrent Neural Networks on Sequence Modeling〉(Cho 등, 2014)

   –LSTM의 Output 부분을 제거한 간소화 버전으로 알려진 모델

   –최종 Hidden Layer를 과거의 누적 정보(h_{t-1})와 현재 정보($\hat{h}_t$)의 Weighted Average를 이용해 표현

$$z_t = \sigma_g\left(W_z x_t + U_z h_{t-1} + b_z\right)$$
$$r_t = \sigma_g\left(W_r x_t + U_r h_{t-1} + b_r\right)$$
$$\hat{h}_t = \phi_h\left(W_h x_t + U_h\left(r_t \odot h_{t-1}\right) + b_h\right)$$
$$h_t = \left(1 - z_t\right) \odot h_{t-1} + z_t \odot \hat{h}_t$$

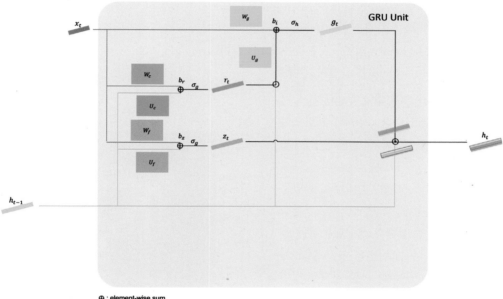

⊕ : element-wise sum
⊙ : element-wise product (Hadamard product)
⊙ : element-wise weighted average
σ_g : sigmoid function
σ_h : hyperbolic tangent function

[그림 5-15] GRU Unit 구조

Attention Mechanism, 2015

▪ 논문: 〈NEURAL MACHINE TRANSLATION BY JOINTLY LEARNING TO ALIGN AND TRANSLATE〉(Bahdanau 등, 2015)

NLP에서 Attention Mechanism을 활용하기 시작했다는 것을 알린 논문

Neural Machine Translation을 만드는 경우 주로 RNN Encoder-Decoder 구조의 모델을 사용했는데 다음 두 가지의 모듈로 구성

- 번역하고자 하는 문장 Source Sentence의 정보를 저장하는 RNN Encoder
- 위에서 저장된 정보를 바탕으로 번역된 문장을 생성하는 RNN Decoder

■ 결과

- 이때 번역문을 만드는 Decoder에서 원 문장의 어떤 단어에 집중해 단어를 만들어낼 것인지에 대한 정보인 Attention Score를 이용함으로써 긴 문장에서도 좋은 성능을 보여줌.
- Attention을 이용해, 다른 언어이지만 같은 뜻을 나타내는 Pair에 대한 정보를 활용할 수 있었고 이를 시각화를 통해 증명함.
- 해당 논문을 시작으로 NLP에서 Attention Mechanism이 활발히 연구됐으며 NLP에서 딥러닝 모델의 큰 변화를 가져온 Transformer 모듈의 핵심 아이디어가 되기도 했음.
- Attention Mechanism의 연구 흐름은 https://lilianweng.github.io/lil-log/2018/06/24/attention-attention.html을 확인하기 바람.

[그림 5-16]은 논문에서 제시하고 있는 시각화 중 한 부분입니다. 사진에서 번역하고자 하는 문장(영어)과 번역한 문장(불어)의 각 Token별 Attention Score가 높은 부분을 밝게 표현했는데요. 한마디로 번역문의 Token을 생성할 때 번역하기 전 문장의 어떤 Token에 집중해 생성했는지를 알 수 있습니다. 대부분 어순에 따라 Score가 높은 것을 볼 수 있는데, 논문 저자는 영어 'the'를 불어 'l'로 번역되는 부분을 주의 깊게 살펴봤습니다. 'the'를 바꿔주는 과정에서 뒷 단어가 'man'임을 Attention으로 동시에 보고 있었고, 이를 불어로 번역하는 과정에서 남자에 대한 관사 'l'을 선택했다는 것이 흥미로운 부분입니다.

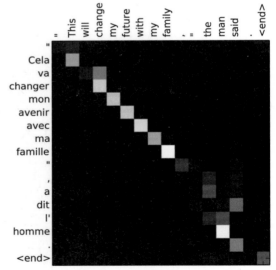

[그림 5-16] 위쪽 Token이 번역하고자 하는 문장(영어) 왼쪽 Token이 번역문(불어)을 의미하고 행렬 값은 각 Token별 Attention Score가 높으면 밝게 표현함.
출처: NEURAL MACHINE TRANSLATION BY JOINTLY LEARNING TO ALIGN AND TRANSLATE(https://arxiv.org/abs/1409.0473)

Convolution Neural Network for Text classification, 2014

NLP에서의 딥러닝 모델은 RNN 종류의 사용이 주를 이뤘습니다. 하지만 이미지 데이터에서 애용하던 CNN을 NLP에 적용해 좋은 결과를 보여준 모델도 있었습니다. 다음에 소개한 논문을 시작으로 RNN 계열이 아닌 CNN의 좀 더 복잡한 모형으로의 발전과 적용 등으로 연구가 이어졌습니다.

- 논문: 〈Convolutional Neural Networks for Sentence Classification〉(Yoon Kim, 2014)

- RNN의 구조적 한계로 할 수 없었던 병렬 처리를 CNN을 이용해 해결

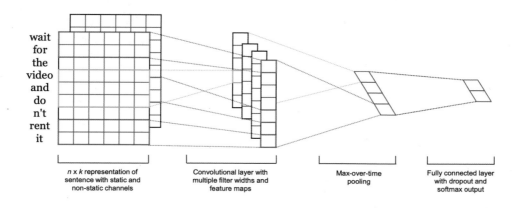

Figure 1: Model architecture with two channels for an example sentence.

[그림 5-17] CNN을 이용한 문장 분류기 모델 구조
출처: Convolutional Neural Networks for Sentence Classification(https://www.aclweb.org/anthology/D14-1181/)

- 특징
  - 2, 3, 4의 Window Size를 가진 Convolution Filters의 사용은 마치 n-gram Feature와 비슷함.
  - 다양한 분류 Task에서는 RNN의 종류보다 비슷하거나 좋은 성능을 지님.
  - 하지만 구조 특성상 문장 생성이 필요한 Task에는 적용하기 어려움.

> **참고**
> CNN은 기본적으로 이미지나 비디오 처리에서 많이 사용하는 모델입니다. 이 논문의 저자는 CNN 학습의 특징을 이용해 마치 텍스트를 이미지처럼 만들어 텍스트를 분류하는 모델을 제안했습니다. CNN은 무조건 이미지 처리에서만 활용한다는 기존의 개념을 깨는 논문으로 시사하는 바가 큽니다. PART 04에서 강조했던 딥러닝의 특징인 Graphical Representation Learning의 특징을 해당 모델 구조에서도 볼 수 있습니다.

앞서 설명한 RNN, LSTM, GRU를 파이토치에서는 어떻게 사용하는지 알아보겠습니다.

```python
# Code
# 5-2_model_imdb_scratch.ipynb
# 5-3_model_imdb_glove.ipynb
# 5-4_model_imdb_fasttext.ipynb 참고

class SentenceClassification(nn.Module):
    def __init__(self, **model_config):
        super(SentenceClassification, self).__init__()

        if model_config['emb_type'] == 'glove' or 'fasttext':
            self.emb = nn.Embedding(model_config['vocab_size'],          #(1)
                                    model_config['emb_dim'],
                                    _weight = TEXT.vocab.vectors)
        else:
            self.emb = nn.Embedding(model_config['vocab_size'],
                                    model_config['emb_dim'])

        self.bidirectional = model_config['bidirectional']
        self.num_direction = 2 if model_config['bidirectional'] else 1
        self.model_type = model_config['model_type']

        self.RNN = nn.RNN(input_size = model_config['emb_dim'],          #(2)
                          hidden_size = model_config['hidden_dim'],
                          dropout = model_config['dropout'],
                          bidirectional = model_config['bidirectional'],
                          batch_first = model_config['batch_first'])

        self.LSTM= nn.LSTM(input_size = model_config['emb_dim'],
                           hidden_size = model_config['hidden_dim'],
                           dropout=model_config['dropout'],
                           bidirectional = model_config['bidirectional'],
                           batch_first = model_config['batch_first'])

        self.GRU = nn.GRU(input_size = model_config['emb_dim'],
                          hidden_size = model_config['hidden_dim'],
                          dropout=model_config['dropout'],
                          bidirectional = model_config['bidirectional'],
                          batch_first = model_config['batch_first'])

        self.fc = nn.Linear(model_config['hidden_dim'] * self.num_direction,
                            model_config['output_dim'])                  #(3)

        self.drop = nn.Dropout(model_config['dropout'])


    def forward(self, x):
        # x :(Batch_Size, Max_Seq_Length)

        emb = self.emb(x)                                               #(1)
        # emb :(Batch_Size, Max_Seq_Length, Emb_dim)

        if self.model_type == 'RNN':
```

```
        output, hidden = self.RNN(emb)
    elif self.model_type == 'LSTM':
        output,(hidden, cell) = self.LSTM(emb)
    elif self.model_type == 'GRU':
        output, hidden = self.GRU(emb)
    else:
        raise NameError('Select model_type in [RNN, LSTM, GRU]')

    # output :(Batch_Size, Max_Seq_Length, Hidden_dim * num_direction)
    # hidden :(num_direction, Batch_Size, Hidden_dim)

    last_output = output[:,-1,:]                                    #(2)

    # last_output :(Batch_Size, Hidden_dim * num_direction)
    return self.fc(self.drop(last_output))                         #(3)
```

코드의 간소화를 위해 한 모델에 RNN, LSTM, GRU를 모두 설정한 후 골라서 사용하는 형태로 만들었습니다. 이로써 코드의 가독성이 떨어질 수 있는데, 특정 모델에 대해서만 구성하고자 하는 분은 해당 모듈 부분만 남기고 다른 모듈은 지우는 형태로 코드를 수정해 사용할 것을 추천합니다.

(1) nn.Embedding을 통해 임베딩을 쉽게 설정할 수 있습니다. Input은 Token Index 값을 가진 Vector이므로 해당 모듈은 Vocab_size * Embedding_dimension 행렬을 만들어 학습시킨다고 보면 됩니다. 이에 대한 옵션은 다음과 같습니다.

▪ num_embeddings: Vocab Size로 설정합니다.

▪ embedding_dim: 원하는 Embedding Dimension을 설정합니다(Pre-Trained Vector 사용 시 해당 차원과 일치시켜야 합니다.)

▪ _weight: Pre-Trained Vector를 Embedding 행렬의 Initial Value로 설정합니다. 모델 학습을 이대로 진행하면 해당 Embedding Layer의 행렬도 학습합니다(해당 Embedding Layer를 학습시키지 않는 freeze 상태를 만들고 싶다면 embedding = nn.Embedding.from_pretrained(TEXT.vocab.vectors)를 사용하기 바랍니다). 이 옵션이 없는 경우 정규 분포에서 생성한 값을 Initial Value로 설정하고 학습합니다(이와 같이 Pre-Trained Vector를 가져오지 않고 처음부터 학습하는 모델을 from-scratch 라고 표현합니다).

해당 Layer의 forward 결괏값 Shape를 살펴보면(Batch_Size, Max_Seq_Length, Emb_dim)로 뒤에 Embedding Dimension이 추가된 것을 확인할 수 있습니다.

(2) RNN, LSTM, GRU 모두 필수 옵션이 거의 비슷합니다. 각각 nn.RNN, nn.LSTM, nn.GRU를 통해 모델을 손쉽게 가져올 수 있습니다.

- input_size: 입력받을 Data의 크기이므로 Embedding Dimension을 설정합니다.

- hidden_size: Hidden Layer의 Dimension을 설정합니다.

- dropout: Dropout의 확률을 설정합니다.

- bidirectional: 양방향 모델을 사용할 경우에 설정합니다.

- batch_first: Data의 제일 처음 Axis에 Batch_Size가 오도록 설정합니다.

문장 분류를 위해 사용하고자 하는 모델의 문장 정보는 문장 가장 끝 Token의 RNN Module Output을 사용하겠습니다. Output Shape는(Batch_Size, Max_Seq_Length, Hidden_dim * num_direction)이므로 Token의 위치를 설명하는 두 번째 차원에서 마지막 값을 가져와 사용합니다(모든 Output을 가져와 Concatenate를 하는 방법도 있고 Task에 따라 Output을 어떻게 쓸지 Custom할 수 있습니다).

(3) 위 정보를 이용해 분류 문제를 푸는 Task를 할 예정이므로 Class에 대한 Score를 생성하기 위해 FC Layer를 1개 만들어 통과시킵니다. 추가 시그모이드가 없는 이유는 추후 Loss Function에 포함돼 있기 때문입니다.

모델을 만들었으므로 해당 모델이 실제 데이터를 Feed-Forward하는지 확인해보겠습니다. 먼저, Iteration에서 1개 Batch Data만 가져와 살펴보겠습니다. 데이터가 index로 잘 변환됐는지 shape 등을 확인해봅니다.

```
sample_for_check = next(iter(train_iterator))
print(sample_for_check)
print(sample_for_check.text)
print(sample_for_check.label)

# output
# [torchtext.data.batch.Batch of size 30]
#         [.text]:[torch.cuda.LongTensor of size 30x500(GPU 0)]
#         [.label]:[torch.cuda.FloatTensor of size 30(GPU 0)]
# tensor([[    1,      1,      1,  ...,     43,      5,    155],
#         [    1,      1,      1,  ...,     25,      6,    132],
#         [    1,      1,      1,  ...,     40,   1041,     75],
#         ...,
#         [    1,      1,      1,  ...,      5,     65,   1258],
#         [  100,    462,     58,  ...,      3,    148,     56],
#         [    1,      1,      1,  ...,    979,    719,    123]], device='cuda:0')
# tensor([0., 1., 0., 1., 0., 0., 1., 0., 0., 0., 0., 0., 1., 0., 1., 1., 0.,
0.,
#         0., 1., 1., 1., 0., 0., 1., 1., 1., 1., 1., 1.], device='cuda:0')
```

model과 loss 함수를 정의하고 정확도까지 정상적으로 나오는지 확인합니다.

```
model_config.update(dict(batch_first = True,
                         model_type = 'RNN',                    #(1)
                         bidirectional = True,                  #(2)
                         hidden_dim = 128,                      #(3)
                         output_dim = 1,                        #(3)
                         dropout = 0))                          #(3)

model = SentenceClassification(**model_config).to(device)
loss_fn = nn.BCEWithLogitsLoss( ).to(device)

def binary_accuracy(preds, y):
    rounded_preds = torch.round(torch.sigmoid(preds))
    correct =(rounded_preds == y).float( )
    acc = correct.sum( )/len(correct)
    return acc

predictions = model.forward(sample_for_check.text).squeeze( )
loss = loss_fn(predictions, sample_for_check.label)
acc = binary_accuracy(predictions, sample_for_check.label)

print(predictions)
print(loss, acc)

# tensor([ 0.0277,  0.1755,  0.1101,  0.1844,  0.1224,  0.0432,  0.0808,  0.1359,
#          0.1876,  0.2485, -0.1904,  0.2088,  0.0112, -0.1296,  0.1382,
-0.0276,
#         -0.0993,  0.0076,  0.2053,  0.2591,  0.0259, -0.0386,  0.0600,
0.0376,
#          0.2082,  0.1412, -0.0776,  0.2972, -0.0063,  0.0902],
device='cuda:0',
#        grad_fn=<SqueezeBackward0>)
# tensor(0.6876, device='cuda:0', grad_fn=<BinaryCrossEntropyWithLogitsBackward>)
tensor(0.4667, device='cuda:0')
```

(1) 어떤 모델을 사용할지 정합니다. RNN, LSTM, GRU 중 하나를 선택합니다.

(2) 양방향 모델을 사용할 것인지 설정할 수 있습니다. 이후 실험은 True 값을 기본으로 두고 실험합니다.

(3) hidden_layer Dimension과 Dropout 확률은 모델의 하이퍼파라미터로 바꿔가면서 최적의 모델을 찾기 위해 튜닝해줘야 합니다. 하지만 실습에서는 각각 128과 0으로만 고정해 진행했습니다. IMDb의 분류는 Binary Classification이므로 output_dim은 1로 설정했습니다.

Feed-Forwarding이 문제 없는 것을 확인했다면 모델 학습을 진행하면 됩니다. 모델 학습 과정 코드와 결과는 모델에 대한 설명을 마치고 정리하는 과정에서 설명하겠습니다.

3.2 Pre-Trained Model의 시대 - Transformer, BERT의 등장

NLP 연구 분야의 큰 흐름 중 하나는 Attention Mechanism의 활용이었습니다. Attention을 Decoder에만 적용하던 것을 Encoder에도 적용해 전체 모델의 성능을 향상시키거나 Attention Score를 만드는 다양한 방법이나 Attention을 이용해 딥러닝 모델의 설명력을 챙기는 등과 같은 다양한 연구가 진행됐습니다. 다양한 Attention Mechanism의 연구는 2017년 구글에서 공개한 논문을 시작으로 NLP 분야의 또 다른 큰 변화를 가져옵니다.

3.2.1 Attention is all you need(The Transformer), 2017

논문 제목이 꽤나 자극적입니다(사실 이 논문 이후 이를 활용한 NLP에서의 발전이 더욱 자극적이지만요). 'Attention만 있으면 된다'라는 제목답게 이 논문에서 제시하고 있는 기계 번역 모델은 오직 Attention 개념만으로 만들었습니다. Attention은 보통 RNN류 모델의 보조 정보 또는 보조 장치로써 좋은 성능을 보여왔습니다. 하지만 이 모델은 RNN 계열의 모듈을 아예 쓰지 않는 형태로 구조를 설계했습니다. 그럼에도 불구하고 기존 최고의 성능을 보였던 모델 결과 대비 좋은 성능을 보여줬습니다. 그럼 이들이 제시하고 있는 The Transformer 모델을 자세하게 살펴보겠습니다.

모델 구조 및 이해

모델의 큰 구조는 기계 번역에서 자주 사용하는 Encoder-Decoder 형식을 갖고 있습니다. 번역하고자 하는 문장(Source Sentence)을 Input으로 입력해 Encoder가 특정 벡터로 정보를 저장한 후 Decoder가 해당 정보를 이용해 번역문을 만들어내면 정답 번역 문장(Label)과 Loss를 구해 학습하는 구조입니다. 하지만 보통의 Encoder와 Decoder는 RNN류의 LSTM이나 GRU 모듈을 사용하고 Attention을 적용하는 방식을 사용했는데, The Transformer는 해당 부분을 RNN을 전혀 쓰지 않고 여러 개의 Attention 모듈을 이어 만들었습니다. 또한 모든 Token을 순서대로 입력받는 RNN과 달리, 모든 Token을 한 번에 받아 처리하는 방식을 사용하기 때문에 학습이 빠르다는 장점이 있습니다.

The Transformer 모델은 기본적으로 Multi-Head Attention이라는 모듈과 Feed Forward Layer를 ResNet에서 사용했던 Shortcut으로 묶은 것을 기본 모듈로 사용합니다. [그림 5-18]에서 볼 수 있듯이 The Transformer는 여러 개의 해당 모듈을 N번 쌓아둔 Encoder와 해당 정보를 받아 비슷한 구조의 모듈을 또 여러 겹 쌓아둔 Decoder로 구성돼 있습니다.

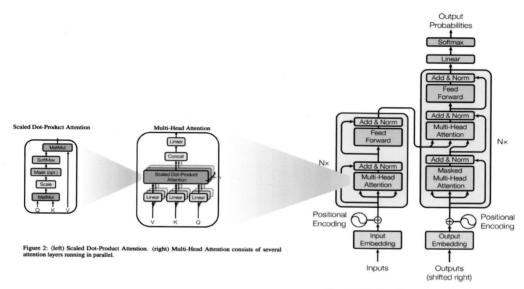

Figure 2: (left) Scaled Dot-Product Attention. (right) Multi-Head Attention consists of several attention layers running in parallel.

Figure 1: The Transformer - model architecture.

[그림 5–18] The Transformer 구조
출처: Attention is all you need, Ashish Vaswani 등, 2017(https://arxiv.org/abs/1706.03762)

논문에는 Token의 위치를 알려주기 위해 추가한 Positional Encoding, Layer Normalization, 1 Conv Feed Forward Module, Decoder 구조 등을 좀 더 살펴보면 좋은 내용이 많이 설명돼 있지만, 여기서는 핵심적인 요소인 Multi-Head Attention 모듈을 자세히 살펴보고 이해하는 것을 목표로 잡겠습니다(혹시 모델의 다른 요소에 대해 좀 더 자세히 알아보고 싶다면 해당 논문을 참고하기 바랍니다).

Multi-Head Attention Module은 [그림 5–18]에서 알 수 있듯이 여러 개의 모듈로 이뤄져 있다는 것을 알 수 있습니다. 해당 모듈은 Scaled Dot-Product Attention이라는 이름의 모듈로, Multi-Head Attention을 이해하기 위해서는 이 모듈을 먼저 이해해야 합니다.

$$Attention(Q, K, V) = softmax\left(\frac{QK^T}{\sqrt{d_k}}\right)V$$

위 식에서 볼 수 있는 Scaled Dot-Product Attention의 구성 요소는 각각 Query(Q), Key(K), Value(V)라는 값입니다. 먼저 Tokenized된 문장에 Token별로 Embedding Vector와 Position Encoding Vector를 합해 Input으로 사용합니다. 그리고 Input에 서로 다른 3개의 Weight 행렬을 곱해 Q, K, V 행렬로 변환합니다([그림 5–19]). 이렇게 만들어진 Q, K, V는 같은 문장에 서로 다른 표현 방법으로 표현된 행렬이라 생각하면 됩니다(Query, Key, Value의 명확한 의미가 논문에는 설명돼 있진 않지만, 검색 환경을 이용해 많이 설명되고 있습니다. 검색하고자 하는 내용의 검색어를

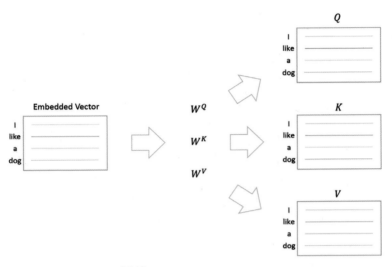

[그림 5-19] Scaled Dot-Product Attention 과정 (1)

Query, 그 결과로 나온 문서의 제목을 Key, 문서의 실제 내용을 Value라고 설명하는 방식입니다).

이번에는 Q, K, V를 이용한 Attention 계산을 살펴보겠습니다([그림 5-20]). 우선 Q와 K 행렬의 행렬 곱 연산에 대한 해석으로 시작하겠습니다. 행렬 곱 연산을 한 결과 행렬의 요소는 각 Token Vector의 Dot-Product라 볼 수 있고 일반적으로 벡터 간 거리를 의미한다고 볼 수 있습니다(그리고 나눠주는 벡터의 크기 (d_k) 값은 벡터 크기에 대한 영향력을 줄여주는 요소입니다). Vector끼리의 거리를 나타낸 행렬에 Row-By-Softmax를 취해줌으로써 나온 결과물은 각 Token Q Vector에 대한 다른 Token의 K Vector 간의 유사도를 나타내는 상대 점수라고 해석할 수 있습니다. 다음 예제를 통해 보면 "I"라는 Token Q Vector에 대해 "I" Token의 K Vector는 0.7 정도의 유사성, "like"라는 Token에 대해서는 0.3 정도의 유사성을 갖고 있다고 볼 수 있는 셈입니다.

그렇게 만들어진 상대 점수 행렬과 V 행렬을 다시 한번 행렬 곱 연산하는데요. 이때 V 행렬을 Row 측면에서 바라보면 각 Token V Vector 입장에서 볼 수 있게 됩니다. 그럼 해당 연산의 결과는 Token Vector에 대한 상대 점수 Weighted Average라고 해석할 수 있게 됩니다. [그림 5-20]을 보면 위 설명했던 "I" vs. ["I", "like"] 간의 상대 점수 0.7, 0.3만큼의 Weighted Vector로 최종 결과가 나타나는 것을 확인할 수 있습니다.

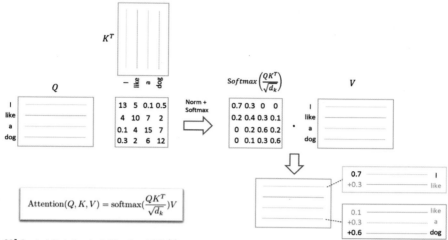

[그림 5-20] Scaled Dot-Product Attention 과정 (2)

이 과정을 다시 정리하면, '문장 벡터가 Scaled Dot-Product Attention 모듈을 통과한다'라는 의미는 문장 내 다른 Token의 정보를 적절히 포함하고 있는 Weighted Vector로 변환하는 과정이라 해석할 수 있습니다. 수학적으로 증명할 순 없지만, Word2vec의 아이디어인 목적 Token의 표현을 주변 Token의 정보의 합산으로 표현하는 것과 비슷하다고도 볼 수 있습니다.

다시 Multi-Head Attention 모듈의 해석으로 돌아와보겠습니다. [그림 5-21]과 식에서는 여러 개의 Scaled Dot-Product Attention 모듈을 볼 수 있는데, 서로 다른 h개의 Scaled Dot-Product Attention 모듈은 서로 다른 h개의 Token 간 Weighted Average 결과물을 만들어낼 것입니다. 그리고 학습을 통해 이 h개의 Attention은 서로 다르게 학습됨으로써 문장 속 Token끼리의 복잡한 관계를 표현할 수 있게 될 것입니다. 이 다양한 정보를 붙여 (Concatenate) Linear Layer에 한 번 더 통과시키고, 그 다양한 정보를 다시 정제함으로써 최종 Output을 만들어냅니다.

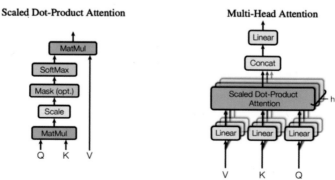

[그림 5-21] Scaled Dot-Product Attention과 Multi-Head Attention 구조
출처: Attention is all you need(https://arxiv.org/abs/1706.03762)

다시 한번 정리하면 Multi-Head Attention을 통과하는 과정은 'Token끼리의 다양한 관계에 대한 Weight Average 결과를 종합'하는 것이라 볼 수 있습니다. 그리고 The Transformer의 Encoder는 이와 같은 모듈을 여러 겹 이어 정보를 여러 번 재조합하도록 했고, 끝에 나오는 Output을 Decoder에게 넘겨주는 방식으로 구성돼 있습니다.

연구 성과

해당 논문의 큰 성과는 기존 기계 번역 모델에서 사용하는 RNN류의 모듈을 벗어났다는 점과 Attention 정보만 갖고도 좋은 성능을 낼 수 있다는 점이라 볼 수 있습니다. 하지만 이 논문의 마지막에 나와 있는 다른 Task로의 일반화 가능성을 보여주는 결과로 이후 The Transformer 모듈을 이용한 다양한 연구가 진행되는 것이 이 논문의 큰 연구 성과라고 볼 수 있습니다.

> **참고**
>
> 모델 구조를 자세히 살펴보면 Decoder 부분에서는 Encoder의 정보를 받아 번역문을 만들어냅니다. 학습 시 번역문 정보를 이용하기 위해 Decoder의 가장 앞부분에는 Multi-Head Attention이 아닌 Masked Multi-Head Attention이라는 Mask 정보를 추가한 모듈을 이용해 구합니다. Multi-Head Attention과의 차이는 Mask를 적용해 뒷 부분의 정보를 차단하는 부분인데, 이에 대한 자세한 설명은 생략하겠습니다 (왜냐하면 추후 BERT 설명을 위해서 자세한 설명이 필요한 부분은 Encoder부분이기 때문입니다).

> **참고**
>
> 모델에 대한 시각화가 잘돼 있는 사이트는 https://github.com/jessevig/bertviz입니다. 깃허브의 Neuron View(Colab)를 이용하면 학습된 Transformer 모델의 핵심인 Scaled Dot-product Attention Module을 더 잘 이해할 수 있습니다. 이 사이트를 이용해 Token별 Q, K 표현의 관계가 어떻게 변하는지, 추가로 Layer와 Head별 차이는 무엇인지 눈으로 확인해보길 바랍니다.

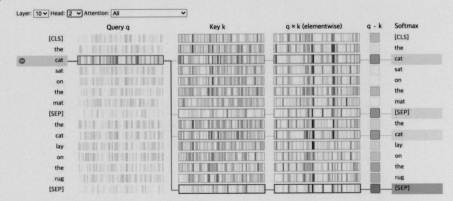

[그림 5-22] Scaled Dot-product Attention 시각화 예제
출처: https://github.com/jessevig/bertviz

딥러닝 분야의 두 가지 영역인 NLP와 Computer Vision 간의 큰 차이 중 하나는 Pre-training Model의 접근이었습니다. Vision에서는 큰 데이터에서 이미 학습을 완료해 놓은 모델(Pre-trained Model)을 공개해 공유하면 해당 모델의 끝단만 새로 만들어 내가 가진 데이터와 Task에 맞게 재학습시키는 Fine-tuning 방법을 사용할 수 있었습니다. 이런 방법을 'Transfer Learning' 이라 하는데, NLP에서는 Word Embedding과 같은 Feature Learning을 활용하는 경우가 많았습니다. 그리고 2018년에는 이와 관련된 연구가 주목을 받았습니다.

- Deep contextualized word representations(ELMo), 2018
  - Allen Institute에서 발표한 논문
  - 기존의 각 단어에 대한 고정된 Word Embedding이 아닌 bi-LSTM을 이용해 문맥에 맞게 변하는 Word Representation으로 활용
- Generative Pre-trained Transformer(OpenAI GPT), 2018
  - OpenAI에서 발표한 논문
  - Unsupervised Pre-training을 통해 일반적인 모델을 만든 후 각 Task에서 Fine-tuning하는 방식을 제안

3.2.2 Pre-training of Deep Bidirectional Transformers for Language Understanding(BERT), 2018

위 논문과 같은 해에 구글에서 발표한 〈BERT: Pre-training of Deep Bidirectional Transformers for Language Understanding〉을 이용해 NLP에서의 Pre-trained 모델을 학습하고 이를 Fine-tuning하는 모델의 가능성과 동시에 높은 성능을 보여줬습니다. 논문 발표할 당시의 BERT는 11개 Task에서 state-of-the-art의 성능을 달성했고, 기존 성능 대비 높은 향상을 보여주면서 많은 관심을 받게 됐습니다.

모델 구조와 학습

학습은 크게 일반 문서에서 Feature를 학습하는 Unsupervised Pre-training 과정과 Pre-trained 모델을 갖고 각각의 특정 Task에서 한 번 더 학습시키는 Fine-tuning 과정을 거칩니다.

Unsupervised Pre-training 과정에서는 일반 문장만 Input으로 사용하고 특정한 답이 없기 때문에 Task와 정답 Label을 만들어야 합니다. BERT는 크게 2개의 Task를 만들어 학습을 진행했습니다. 문장에서 랜덤으로 몇 개의 Token을 가리고 주변 문맥으로 해당 Token을 맞추는 Task인 Masked Language Model(MLM)과 연이은 문장 Pair인지, 랜덤으로 매칭시킨 Pair 문장인지를 구분하는 Task인 Next Sentence Prediction(NSP)에 대한 학습을 진행시켰습니다. Pre-training 과

정에서는 모델에게 단어 간의 관계와 문장 단위의 이해를 중점적으로 학습시키고, Fine-tuning 에서 주어진 Task에 대한 새로운 데이터를 다시 Input으로 받아 모델을 재학습시켜 Task별 최종 모델을 만들었습니다. 그렇다면 BERT 모델은 어떻게 구성했는지 확인해보겠습니다.

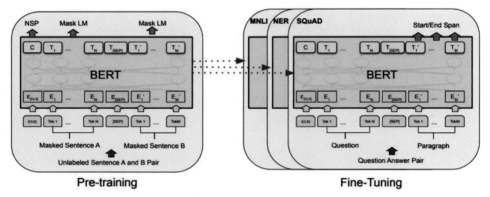

[그림 5-23] BERT의 학습 구조. Pre-Training 과정에서는 일반 문장에 대해 NSP, Mask LM Task를 수행하면서 모델 학습을 진행하고, Fine-Tuning에서는 각 Task에 맞게 재학습을 진행
출처: BERT: Pre-training of Deep Bidirectional Transformers for Language Understanding(https://arxiv.org/abs/1810.04805)

우선, 기본적으로 BERT는 The Transformer를 사용했습니다. 하지만 BERT는 번역을 위한 모델이었던 Transformer와 달리, 일반적인 Language Model이기 때문에 Transformer의 Encoder 부분만 떼어 모델을 구성했습니다. 모델 구조적으로는 전에 설명한 The Transformer의 내용만 이해하셨다면 새로 이해할 내용은 없습니다. 문장 내 Token끼리의 다양한 연관성을 학습해 적절히 섞여 있는 정보 벡터로 표현하는 결과물을 내는 것만 다시 떠올리면 됩니다.

하지만 이전 Transformer과는 Input을 처리하는 면에서 조금 다른 부분이 있었습니다. 이전과 같이 Token Embedding과 Position Embedding은 그대로 사용하고 2개의 문장을 이어서 Input을 받기 때문에 문장을 구분할 수 있는 Segment Embedding을 추가했습니다. 그리고 또 한 가지 [CLS], [SEP]라는 특별한 Token을 추가하는데, [SEP]는 문장의 끝을 알리는 문장 구분의 목적으로 [CLS]는 문장의 시작을 알리는 용도로 추가했습니다. 그리고 [CLS] Token은 학습하는 동안 문장 전체의 정보를 담는 목적으로 사용합니다.

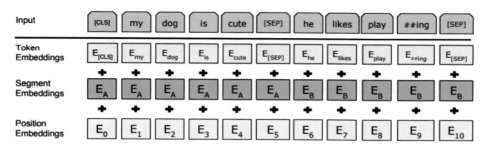

[그림 5-24] BERT의 Input 처리: 문장의 시작에는 [CLS], 문장의 끝에는 [SEP] Token 추가, Token Embeddings, Segment Embeddings(문단 구분), Position Embeddings(Token의 위치 구분)의 합을 BERT의 Input으로 사용
출처: BERT: Pre-training of Deep Bidirectional Transformers for Language Understanding(https://arxiv.org/abs/1810.04805)

앞의 Transformer의 모듈 설명을 이해하셨다면 문장을 Transformer의 인코더에 넣은 후에 나온 Output(Last Hidden Layer 값)의 의미를 이해할 수 있을 겁니다. Output은 Token 개수만큼의 벡터로 구성돼 있고, 이 값은 각 Token마다 해당 문장에서 연관성 있는 Token끼리의 정보를 잘 혼합해 놓은 것입니다. 그리고 연구진은 각 Token의 Output으로는 Mask가 돼 있는 Token을 예측하는 MLM Task를 해결하는 데 사용했고, [CLS] Token의 Output 값은 Sentence끼리의 관계를 맞추는 NSP Task를 해결하는 데 사용했습니다. 이와 비슷하게 Fine-tuning 과정에서도 Token 정보를 이용하는 Task에서는 Token Output, 문장의 정보를 이용하는 Task에서는 [CLS] Token Output에 대부분 한 번의 Fully Connected Layer만 추가해 재학습시켰습니다(하지만 그렇다고 해서 [CLS]의 Last Hidden Layer가 Sentence Representation이라 볼 수는 없다고 표현돼 있습니다).

위에서 설명한 모델과 데이터를 통해 Pre-Training이 된 모델의 결과물은 새로운 형태의 Embedding이라 볼 수 있습니다. 서로 다른 Task마다 디테일한 구성은 다르지만, Pre-Trained Model Output에 간단한 Fully Connected Layer만 추가해 좀 더 학습시키는 Fine-tuning을 거치면 각 Task마다 좋은 성능을 내는 최종 모델을 얻을 수 있었기 때문입니다. 이런 점이 NLP에서 자주 사용했던 Pre-Trained Embedding과 비슷했지만, BERT는 기존 word2vec 형태의 Fixed Embedding과는 달리, 문장의 문맥에 따라 Embedding Vector가 달라지는 특성 때문에 Contextual Embedding이라 표현하고 있습니다. 이 덕분에 서로 다른 문맥에서 사용되는 동음이의어 문제도 해결할 수 있었습니다.

BERT의 연구 성과

BERT 모델은 모델의 성능이 SOTA를 여러 개 갱신했다는 점과 몇 개의 Task에서는 인간의 능력을 넘어섰다는 점에서도 큰 성과를 냈다고 볼 수 있습니다. 하지만 BERT의 진짜 성과는 NLP 영역에서의 Pre-Training & Fine-tuning 형태의 학습 방법을 성공적으로 보여줬다는 점입니다.

Computer Vision 영역에서만 적용되는 것이 아니라 NLP에서도 잘 적용된다는 모습을 보여줬을 뿐 아니라 이 이후 활발한 연구를 이끌어냅니다.

글을 쓰고 있는 2020년 기준으로 BERT 이후의 많은 Language Model은 대부분 BERT의 기본 모델 형태나 학습 방법을 응용한 것입니다. Pre-Training 기법을 바꿔보거나, 데이터를 더욱 키워 일반화시킨다거나, Optimization 방식에 변화를 준다는 등 워낙 많은 파라미터를 갖고 있는 모델이다보니 모델의 크기를 줄이는 방법을 연구하는 등 정말 많은 후속 연구를 이끌었습니다. BERT 이후에 BERT보다 당연히 좋은 성능의 모델은 많이 나왔지만, 대부분의 모델은 BERT의 핵심적인 요소를 포함하고 있습니다. 이렇게 BERT는 최신 NLP 연구를 위해서는 반드시 알고 넘어가야 하는 요소가 됐습니다.

다음 링크는 BERT와 연관된 Paper를 모아 놓은 깃허브입니다(https://github.com/tomohideshibata/BERT-related-papers#survey-paper). 위에서 설명한 연구를 포함해 약 500개 이상의 논문이 적혀 있고 BERT의 인용 횟수는 2020년 6월 기준 7,320회입니다. 이번 NLP를 소개하던 처음에 보여드렸던 2018, 2019년 연구가 급격하게 늘어난 이유도 이 BERT의 영향이 컸다고 볼 수 있습니다. 최신 NLP 연구를 해야 하는 사람이라면 적어도 앞에서 다룬 2개의 논문만큼은 반드시 읽어보는 것이 좋다고 생각합니다.

[예제 5-5] Pre-Trained BERT Model을 이용한 모델 만들기

Tokenizer의 Code 부분에서 잠깐 언급한 transformers라는 라이브러리를 통해 Pre-Trained BERT Model를 가져온 후 이를 이용해 문장 분류 모델을 만들어보겠습니다. 위에서 살펴봤던 복잡해 보이는 BERT 모델을 코드 몇 줄로 간편하게 불러와 사용할 수 있습니다.

```python
# pip install transformers                                # 미설치 시 실행

from transformers import BertModel

bert = BertModel.from_pretrained('bert-base-uncased')        #(1)
model_config['emb_dim'] = bert.config.to_dict( )['hidden_size']
print(model_config['emb_dim'])                              #(2)
# 768

class SentenceClassification(nn.Module):
    def __init__(self, **model_config):
        super(SentenceClassification, self).__init__( )
        self.bert = bert
        self.fc = nn.Linear(model_config['emb_dim'],
                            model_config['output_dim'])

    def forward(self, x):
        pooled_cls_output = self.bert(x)[1]                  #(3)
        return self.fc(pooled_cls_output)
```

(1) 원하는 BERT 모델 이름만 입력하면 Pre-Trained Model을 손쉽게 가져와 사용할 수 있습니다. 지원하고 있는 모델은 https://huggingface.co/transformers/pretrained_models.html에서 확인할 수 있습니다.

(2) BERT 모델의 Output은 Token별로 지정된 Hidden Layer Size의 Vector로 나오는데, 우리는 이 Vector에 FC Layer를 하나 더 태워야 하기 때문에 Hidden Layer Size를 미리 구해둬야 합니다. 결과에서 보듯이 bert-base-uncased 모델의 Hidden Layer Size는 768입니다.

(3) BERT를 이용해 문장을 분류하는 데 필요한 정보는 문장 시작에 있는 [CLS] Token의 BERT Output입니다. 그런데 논문에는 제시돼 있지 않고 저자의 Github Issue Comment(https://github.com/google-research/bert/issues/43)에 따르면, [CLS] Token의 BERT Output을 바로 쓰는 것이 아니라 여기에 1개의 FC와 tanh 함수를 적용한 값을 이용해 Pre-Training을 했다고 설명했습니다. 공식 코드상 pooled_output이라 표현돼 있는 이 값을 사용하려면 Output의 두 번째 값을 가져오면 됩니다(self.bert(x)의 결과는([CLS] output, [CLS] Pooled output, token_1_output, token_2_output,....)로 돼 있습니다.)

위 BERT 모델을 추가로 학습시키기 위해 신경 써야 하는 부분은 다음과 같습니다.

Google Colab의 GPU를 이용해 코드를 돌릴 경우 batch_size를 작게 설정해야 합니다. 모델의 파라미터가 1억 개가 넘는 무거운 모델이기 때문에 GPU 카드의 메모리를 많이 요구합니다. 그래서 예제 코드 속 batch_size는 8로 설정돼 있습니다.

BERT는 몇 가지 특수 Token을 이용했는데요. [CLS], [SEP]와 같은 Token을 사용했기 때문에 이와 관련된 사전 전처리를 수행해야 합니다. 이 부분에 대한 코드는 예제 코드 파일과 다음 Recap에서의 코드 설명을 확인하세요.

> **참고**
>
> 위와 같이 모델을 직접 만드는 방법 외에 해당 라이브러리는 BertForSequenceClassification을 이용해 손쉽게 문장 분류 모델을 만들 수도 있습니다. 이 부분이 궁금하신 분은 https://huggingface.co/transformers/model_doc/bert.html#transformers.BertForSequenceClassification을 확인하기 바랍니다.

> **참고**
>
> 위에서 설명한 방법 외에 BERT를 Freeze시키고 마지막 FC만 학습시키는 방법, 중간 Layer 정보를 이용해 모델링하는 방법, Token별 Output을 Embedding이라 생각하고 다시 한번 RNN류 모델에 입력하는 방법도 있습니다. 다양한 방법과 그 결과의 차이가 궁금하다면 〈How to Fine-Tune BERT for Text Classification?〉(Chi Sun 등, 2020)을 확인해보세요.

많은 내용을 다뤄 헷갈리는 부분이 많을 것입니다. 그래서 실제로 모델링하는 과정과 같은 순서로 살펴봤던 내용을 다시 정리해보겠습니다.

- Data 및 Task 선택
  - 풀어야 할 문제와 문제에 맞는 데이터 선택하기
- Tokenization(+ Data Cleansing)
  - 먼저 문장의 더러운 부분을 정리해주는 Data Cleansing 작업하기
  - 문장을 쪼개 Token으로 만들어줄 적합한 Tokenizer를 선택해 Tokenization 작업
- Pre-Trained Embedding 선택
  - 이미 잘 학습된 Word Embedding을 골라 다운로드하기
- Model 선택
  - RNN, LSTM, GRU, CNN, BERT 등 다양한 모델 중 필요한 모델 설계하기
- 학습 및 성능 측정
  - 필요한 하이퍼파라미터를 정리해 모델 학습하기
  - Task에 맞는 적합한 성능 측정하기

위 내용을 바탕으로 IMDb 데이터를 사용한 Sentimental Analysis를 하는 딥러닝 모델을 만들어 보겠습니다. 간단한 모델부터 최근 많이 사용되는 BERT를 가져와 사용하는 방법까지 적용해 내가 선택한 모델에 따라 어떤 성능 차이가 있는지까지 한번 확인해보겠습니다.

4.1 '5-3_model_imdb_glove.ipynb' 코드에 대한 설명

5-2_model_imdb_scratch.ipynb, 5-3_model_imdb_glove.ipynb, 5-2_model_imdb_fasttext. ipynb는 Embedding 부분만 다르기 때문에 다른 2개 코드에 대한 설명은 생략하겠습니다. 모든 코드의 실행 환경에서는 GPU를 사용하는 것을 추천합니다. Google Colab을 사용하는 경우, 런타임 타입 변경을 이용해 'GPU'로 설정하길 바랍니다.

```
! pip list | grep "torch"

torch                    1.5.1+cu101
torchsummary             1.5.1
torchtext                0.3.1
torchvision              0.6.1+cu101
```

파이코치와 관련된 라이브러리 버전은 위와 같습니다.

```
# Data Setting
TEXT = data.Field(batch_first = True,
                  fix_length = 500,
                  tokenize=str.split,
                  pad_first=True,
                  pad_token='[PAD]',
                  unk_token='[UNK]')

LABEL = data.LabelField(dtype=torch.float)

train_data, test_data = datasets.IMDB.splits(text_field = TEXT,
                                             label_field = LABEL)
```

앞서 설명했던 IMDb 데이터를 가져오는 환경 설정과 코드입니다. Fix_length는 문장의 길이를 보고 다르게 설정해도 됩니다. Tokenizer는 Default인 split을 사용했고, 나중에 데이터를 확인하기 쉽도록 batch_first로 설정했습니다.

```
def PreProcessingText(input_sentence):
    input_sentence = input_sentence.lower( ) # 소문자화
    input_sentence = re.sub('<[^>]*>', repl= ' ', string = input_sentence) # "<br />" 처리
    input_sentence = re.sub('[!"#$%&\( )*+,-./:;<=>?@[\\]^_'{|}~]', repl= ' ', string =
    input_sentence) # 특수 문자 처리("'" 제외)
    input_sentence = re.sub('\s+', repl= ' ', string = input_sentence) # 연속된 띄어쓰기 처리
    if input_sentence:
        return input_sentence

for example in train_data.examples:
    vars(example)['text'] = PreProcessingText(' '.join(vars(example)['text'])).split( )

for example in test_data.examples:
    vars(example)['text'] = PreProcessingText(' '.join(vars(example)['text'])).split( )
```

일반적으로 Text를 다룰 때는 전처리 과정이 많이 필요합니다. 특히 웹 문서를 크롤링할 경우 더 중요하고요(Data Analysis Competition으로 유명한 케글의 상위 프로젝트들을 보면 엄청난 양의 전처리를 진행하곤 합니다). 하지만 IMDb처럼 널리 알려진 데이터의 경우에는 비교적 많은 전처리를 할 필요는 없습니다. 예제에서는 간단한 특수 문자 처리와 소문자화 그리고 가끔 있는 〈br〉 텍스트를 처리하는 전처리만 진행했습니다.

```
model_config = {'emb_type': 'glove', 'emb_dim': 300}
# making vocab
TEXT.build_vocab(train_data,
                min_freq = 2,
                max_size = None,
                vectors = f"glove.6B.{model_config['emb_dim']}d")

## vector list
# charngram.100d
# fasttext.en.300d
# fasttext.simple.300d
# glove.42B.300d
# glove.840B.300d
# glove.twitter.27B.25d
# glove.twitter.27B.50d
# glove.twitter.27B.100d
# glove.twitter.27B.200d
# glove.6B.50d
# glove.6B.100d
# glove.6B.200d
# glove.6B.300d

LABEL.build_vocab(train_data)

model_config['vocab_size'] = len(TEXT.vocab)
```

Vocabulary를 만드는 과정입니다. 본인 모델의 Vocab Size를 조절하고 싶다면 min_freq나 max_size를 이용하면 됩니다. 그뿐 아니라 torchtext는 Pre-Trained Word Embedding들을 손쉽게 가져올 수 있는 옵션도 마련해뒀습니다. 차원 수나 모델의 종류를 골라 가져오면 됩니다. 처음부터 임베딩을 학습시키겠다는 생각이라면 vectors 옵션은 사용하지 않으면 됩니다(fasttext의 경우, 버그가 있어서 직접 다운로드해 가져오는 코드로 수정했습니다).

여기서 주의할 점은 Tokenizer를 일치시켜야 한다는 점인데, 앞서 Tokenizer를 split가 아닌 다른 Tokenizer를 사용할 경우와 Pre-Trained Word Embedding에서 사용한 Tokenizer와 일치하지 않을 경우 많은 Token이 Vector로 매칭될 수 없습니다. 이 부분에 유의하시기 바랍니다.

```
# Spliting Valid set
train_data, valid_data = train_data.split(random_state = random.seed(0), split_
ratio=0.8)
```

해당 예제는 Train 데이터에서 Validation 데이터를 따로 뽑아 학습을 진행할 예정입니다. Pre-Trained Embedding Vector를 사용하고 데이터가 많지 않기 때문에 과적합이 일어날 수 있으므로 Validation Loss가 가장 낮을 때 모델을 사용하는 Early Stopping을 사용할 예정입니다.

```
model_config['batch_size'] = 30

device = torch.device('cuda' if torch.cuda.is_available( ) else 'cpu')

train_iterator, valid_iterator, test_iterator = data.BucketIterator.splits(
    (train_data, valid_data, test_data),
    batch_size=model_config['batch_size'],
    device=device)
```

Device 설정은 gpu가 있으면 자동으로 cuda로 설정하게 선언하고 BucketIterator를 이용해 손쉽게 Batch 데이터를 생성할 수 있습니다. Batch size는 '30'으로 진행했습니다.

```
# Check batch data
sample_for_check = next(iter(train_iterator))
print(sample_for_check)
print(sample_for_check.text)
print(sample_for_check.label)

# output
[torchtext.data.batch.Batch of size 30]
        [.text]:[torch.cuda.LongTensor of size 30x500(GPU 0)]
        [.label]:[torch.cuda.FloatTensor of size 30(GPU 0)]
tensor([[    1,     1,     1,  ...,    43,     5,   155],
        [    1,     1,     1,  ...,    25,     6,   132],
        [    1,     1,     1,  ...,    40,  1041,    75],
        ...,
        [    1,     1,     1,  ...,     5,    65,  1258],
        [  100,   462,    58,  ...,     3,   148,    56],
        [    1,     1,     1,  ...,   979,   719,   123]], device='cuda:0')
tensor([0., 1., 0., 1., 0., 0., 1., 0., 0., 0., 0., 0., 1., 0., 1., 1., 0., 0.,
        0., 1., 1., 1., 0., 0., 1., 1., 1., 1., 1., 1.], device='cuda:0')
```

Iterator의 데이터가 적합하게 바뀌었는지 살펴보는 과정을 거치면 좀 더 Debugging이 수월해질 것입니다. 이 데이터로 모델의 Feed-Forward가 잘되는지도 확인해보겠습니다.

```
class SentenceClassification(nn.Module):
    def __init__(self, **model_config):
        super(SentenceClassification, self).__init__( )

        if model_config['emb_type'] == 'glove' or 'fasttext':
            self.emb = nn.Embedding(model_config['vocab_size'],
                                    model_config['emb_dim'],
                                    _weight = TEXT.vocab.vectors)
        else:
            self.emb = nn.Embedding(model_config['vocab_size'],
                                    model_config['emb_dim'])

        self.bidirectional = model_config['bidirectional']
        self.num_direction = 2 if model_config['bidirectional'] else 1
        self.model_type = model_config['model_type']
        self.RNN = nn.RNN(input_size = model_config['emb_dim'],
                          hidden_size = model_config['hidden_dim'],
                          dropout=model_config['dropout'],
```

```
                          bidirectional = model_config['bidirectional'],
                          batch_first = model_config['batch_first'])

        self.LSTM= nn.LSTM(input_size = model_config['emb_dim'],
                          hidden_size = model_config['hidden_dim'],
                          dropout=model_config['dropout'],
                          bidirectional = model_config['bidirectional'],
                          batch_first = model_config['batch_first'])

        self.GRU = nn.GRU(input_size = model_config['emb_dim'],
                          hidden_size = model_config['hidden_dim'],
                          dropout=model_config['dropout'],
                          bidirectional = model_config['bidirectional'],
                          batch_first = model_config['batch_first'])

        self.fc = nn.Linear(model_config['hidden_dim'] * self.num_direction,
                          model_config['output_dim'])

        self.drop = nn.Dropout(model_config['dropout'])

    def forward(self, x):

        emb = self.emb(x)
        # emb :(Batch_Size, Max_Seq_Length, Emb_dim)

        if self.model_type == 'RNN':
            output, hidden = self.RNN(emb)
        elif self.model_type == 'LSTM':
            output,(hidden, cell) = self.LSTM(emb)
        elif self.model_type == 'GRU':
            output, hidden = self.GRU(emb)
        else:
            raise NameError('Select model_type in [RNN, LSTM, GRU]')

        # output :(Batch_Size, Max_Seq_Length, Hidden_dim * num_direction)
        # hidden :(num_direction, Batch_Size, Hidden_dim)

        last_output = output[:,-1,:]

        # last_output :(Batch_Size, Hidden_dim * num_direction)
        return self.fc(self.drop(last_output))
```

모델 부분의 코드에서 설명했듯이 RNN류의 모듈은 nn.RNN, nn.LSTM, nn.GRU 등을 이용해 손쉽게 사용할 수 있습니다. 여기서 주목해야 할 점은 nn.Embedding의 _weight 옵션으로 Pre-Trained Embedding Vector 설정을 해야 한다는 점과 각 모듈의 Output이 어떻게 나오는지 Shape와 함께 의미를 이해해야 한다는 점입니다. Output에 대한 이해가 이뤄져야 모델을 구성하거나 개조할 수 있기 때문에 이에 대한 정보를 PyTorch Document를 이용해 찾는 습관이 필요합니다.

```
def train(model, iterator, optimizer, loss_fn, idx_Epoch, **model_params):

    Epoch_loss = 0
    Epoch_acc = 0

    model.train( )
    batch_size = model_params['batch_size']

    for idx, batch in enumerate(iterator):

        # Initializing
        optimizer.zero_grad( )

        # Forward
        predictions = model(batch.text).squeeze( )
        loss = loss_fn(predictions, batch.label)
        acc = binary_accuracy(predictions, batch.label)

        sys.stdout.write(
                "\r" + f"[Train] Epoch: {idx_Epoch:^3}"\
                f"[{(idx + 1) * batch_size} / {len(iterator) * batch_size}
                ({100. *(idx + 1) / len(iterator) :.4}%)]"\
                f"  Loss: {loss.item( ).4}"\
                f"  Acc: {acc.item( ).4}"\
                )

        # Backward
        loss.backward( )
        optimizer.step( )

        # Update Epoch Performance
        Epoch_loss += loss.item( )
        Epoch_acc += acc.item( )

    return Epoch_loss/len(iterator) , Epoch_acc/len(iterator)

def evaluate(model, iterator, loss_fn):

    Epoch_loss = 0
    Epoch_acc = 0

    # evaluation mode
    model.eval( )
    with torch.no_grad( ):
        for batch in iterator:
            predictions = model(batch.text).squeeze(1)
            loss = loss_fn(predictions, batch.label)
            acc = binary_accuracy(predictions, batch.label)

            Epoch_loss += loss.item( )
            Epoch_acc += acc.item( )

    return Epoch_loss / len(iterator), Epoch_acc / len(iterator)
```

Epoch마다 Training, Evaluation을 하는 코드입니다. 대부분은 앞 PART 04에서 설명한 내용과 동일합니다. 다시 한번 강조할 부분은 model.train( ), model.eval( )은 절대 잊어버리지 말아야 한다는 점과 Evaluate에서는 torch.no_grad( )까지 추가로 사용해야 한다는 점입니다. Loss function인 Loss_fn은 nn.BECWithLogitsLoss( )를 사용했는데, 이 모듈은 내부에서 시그모이드를 적용하기 때문에 Sigmoid Layer를 통과시키지 않은 값을 Input으로 사용합니다.

```python
model_config.update(dict(batch_first = True,
                         model_type = 'RNN',
                         bidirectional = True,
                         hidden_dim = 128,
                         output_dim = 1,
                         dropout = 0))
model_config['model_type'] = 'RNN'

model = SentenceClassification(**model_config).to(device)
optimizer = torch.optim.Adam(model.parameters( ))
loss_fn = nn.BCEWithLogitsLoss( ).to(device)


N_EPOCH = 5


best_valid_loss = float('inf')
model_name = f"{'bi-' if model_config['bidirectional'] else ''}{model_
config['model_type']}_{model_config['emb_type']}"


print('--------------------------------')
print(f'Model name: {model_name}')
print('--------------------------------')


for Epoch in range(N_EPOCH):
    train_loss, train_acc = train(model, train_iterator, optimizer, loss_fn,
Epoch, **model_config)
    valid_loss, valid_acc = evaluate(model, valid_iterator, loss_fn)
    print('')
    if valid_loss < best_valid_loss:
        best_valid_loss = valid_loss
        torch.save(model.state_dict( ), f'./{model_name}.pt') #(1)
        print(f'\t Saved at {Epoch}-Epoch')

    print(f'\t Epoch: {Epoch} | Train Loss: {train_loss:.4} | Train Acc: {train_
acc:.4}')
    print(f'\t Epoch: {Epoch} | Valid Loss: {valid_loss:.4} | Valid Acc: {valid_
acc:.4}')
```

모델 옵션 설정과 model, optimizer, loss_fn을 설정한 후에 학습을 진행합니다. 앞서 말했듯이 Early Stopping을 위해 Validation Loss가 최저일 때의 모델을 저장해두고, 이를 나중에 불러와 Test Set에서 적용해 성능을 측정합니다(1).

```
#output
--------------------------------
Model name: bi-RNN_glove
--------------------------------
[Train] Epoch:  0 [20010 / 20010(100.0%)]   Loss: 0.7114   Acc: 0.5333
        Saved at 0-Epoch
        Epoch: 0 | Train Loss: 0.6581 | Train Acc: 0.6003
        Epoch: 0 | Valid Loss: 0.6463 | Valid Acc: 0.602
[Train] Epoch:  1 [20010 / 20010(100.0%)]   Loss: 0.5973   Acc: 0.7333
        Saved at 1-Epoch
        Epoch: 1 | Train Loss: 0.5982 | Train Acc: 0.672
        Epoch: 1 | Valid Loss: 0.6225 | Valid Acc: 0.6377
[Train] Epoch:  2 [20010 / 20010(100.0%)]   Loss: 0.5563   Acc: 0.6667
        Epoch: 2 | Train Loss: 0.5166 | Train Acc: 0.7397
        Epoch: 2 | Valid Loss: 0.6226 | Valid Acc: 0.6489
[Train] Epoch:  3 [20010 / 20010(100.0%)]   Loss: 0.3558   Acc: 0.7667
        Epoch: 3 | Train Loss: 0.4328 | Train Acc: 0.7874
        Epoch: 3 | Valid Loss: 0.6395 | Valid Acc: 0.6697
[Train] Epoch:  4 [20010 / 20010(100.0%)]   Loss: 0.474   Acc: 0.8333
        Epoch: 4 | Train Loss: 0.3694 | Train Acc: 0.8235
        Epoch: 4 | Valid Loss: 0.6731 | Valid Acc: 0.6962
```

학습 과정의 Output을 살펴보면 두 번째 Epoch 이후 Train Loss는 계속 줄어들지만, Validation Loss는 오히려 상승하는 과적합이 나타난다는 것을 알 수 있습니다.

```
# Test set
model.load_state_dict(torch.load(f'./{model_name}.pt'))
test_loss, test_acc = evaluate(model, test_iterator, loss_fn)
print(f'Test Loss: {test_loss:.4} | Test Acc: {test_acc:.4}')

# Test Loss: 0.6279 | Test Acc: 0.6376
```

저장해둔 모델의 정보를 다시 가져와 Test 데이터에서의 성능을 측정합니다.

```
model_config['model_type'] = 'RNN'
model = SentenceClassification(**model_config).to(device)
model.load_state_dict(torch.load(f"./{'bi-' if model_config['bidirectional'] else
''}{model_config['model_type']}_{model_config['emb_type']}.pt"))

def predict_sentiment(model, sentence):
    model.eval()
    indexed = TEXT.numericalize(TEXT.pad([TEXT.tokenize(PreProcessingText(senten
ce))]))  #(1)
    input_data = torch.LongTensor(indexed).to(device)
    prediction = torch.sigmoid(model(input_data))
    return prediction.item()

test_sentence = 'this movie is FUN'
predict_sentiment(model = model, sentence = test_sentence)

# 0.8924493193626404
```

학습이 완료된 모델을 가져와 임의의 문장에 대한 결과를 확인할 수 있습니다.

(1) 새로운 문장에도 학습 과정에서 처리해줬던 전처리와 tokenize, padding, index로 변환을 해야 모델에 적용할 수 있습니다.

4.2 '5-5_model_imdb_BERT.ipynb' 코드에 대한 설명

```
! pip install transformers # transformers install
from transformers import BertTokenizer, BertModel
```

파이토치에서 Pre-Trained BERT를 쉽게 사용하는 데에는 앞서 설명한 transformers 라이브러리를 사용하는 방법이 있습니다.

```
tokenizer = BertTokenizer.from_pretrained('bert-base-uncased')

print(len(tokenizer.vocab)) #30522

max_input_length = tokenizer.max_model_input_sizes['bert-base-uncased']
print(max_input_length) # 512                                          #(1)

def new_tokenizer(sentence):
    tokens = tokenizer.tokenize(sentence)
    tokens = tokens[:max_input_length-2]                               #(2)
    return tokens
```

BERT를 사용하려면 IMDb 데이터를 BERT가 학습됐던 Input과 동일하게 맞춰야 합니다. 그중 첫 번째로 Max_Sequence_Length를 맞춥니다. (1)을 통해 볼 수 있듯이 BERT는 Max_Sequence_Length가 512입니다. 그럼 바로 512로 max_length를 설정하는 것이 아닌 2개를 뺀 문장 앞부터 Token 510개만 가져옵니다(2). 그 이유는 BERT 학습 과정에서 Input 처리를 할 때, 문장의 앞에는 [CLS], 문장의 맨 뒤에는 [SEP] Token을 추가하기 때문입니다. 따라서 IMDb Data도 이와 같은 과정을 거쳐야 하기 때문에 2개의 Special Token이 들어갈 자리 2개를 미리 빼두는 것입니다.

```
def PreProcessingText(input_sentence):
    input_sentence = input_sentence.lower( ) # 소문자화
    input_sentence = re.sub('<[^>]*>', repl= ' ', string = input_sentence)
    # "<br />" 처리
    input_sentence = re.sub('[!"$%&\( )*+,-./:;<=>?@[\\]^_'{|}~]', repl= ' ',
    string = input_sentence) # 특수 문자 처리("'" 제외)
    input_sentence = re.sub('\s+', repl= ' ', string = input_sentence) # 연속된
    띄어쓰기 처리
    if input_sentence:
        return input_sentence

def PreProc(list_sentence)
    return [tokenizer.convert_tokens_to_ids(PreProcessingText(x)) for × in list_
    sentence]                                                          #(1)

TEXT = data.Field(batch_first = True,
                  use_vocab = False,                                   #(1)
                  tokenize = new_tokenizer,                            #(2)
                  preprocessing = PreProc,                             #(1)
                  init_token = tokenizer.cls_token_id,                 #(3)
                  eos_token = tokenizer.sep_token_id,                  #(3)
                  pad_token = tokenizer.pad_token_id,                  #(3)
                  unk_token = tokenizer.unk_token_id)                  #(3)

LABEL = data.LabelField(dtype = torch.float)
```

이번에는 data.Field의 preprocessing 옵션을 이용해 전처리와 Indexing를 한 번에 처리해보겠습니다.

(1) 기본적인 전처리와 Token을 index로 바꿔주는 과정을 tokenizer.convert_tokens_to_ids를 이용해 동시에 수행합니다. 이전 RNN에서는 직접 Vocab을 만들어 index로 바꿔주는 방법을 사용했지만, 이번에는 BERT가 이미 갖고 있는 Vocab을 사용해야 하기 때문에 전처리 과정에서 아예 벡터로 변환까지 시켜주는 것입니다. 그래서 Field의 user_vocab 옵션도 False로 설정하고 preprocessing 옵션에 위에서 정의한 함수를 지정합니다.

(2) Tokenizer는 앞서 불러온 Pre-Trained BERT의 Tokenizer를 가져와 사용한 후 앞 510개의 Token만 골라 가져오는 함수로 수정해 대체합니다.

(3) init_token은 문장의 시작을 알리는 BERT의 [CLS] Token으로 eos_token은 문장의 끝을 알리는 BERT의 [SEP] Token을 각각 지정합니다. 그리고 [PAD]와 [UNK] Token도 BERT tokenizer의 것과 동일하게 설정해둡니다.

Input Data에 대해 신경 쓰고 나면 뒷부분은 거의 이전 RNN류와 동일합니다.

```
model_config['batch_size'] = 10

device = torch.device('cuda' if torch.cuda.is_available() else 'cpu')

train_iterator, valid_iterator, test_iterator = data.BucketIterator.splits(
    (train_data, valid_data, test_data),
    batch_size=model_config['batch_size'],
    device=device)
```

BERT 모델은 매우 무겁기 때문에 batch_size는 작게 두고 학습시키는 것이 좋습니다. 메모리 에러가 나기 때문입니다. Colab 기준 10으로 설정하면 모델 학습을 진행할 수 있습니다(GPU 메모리 14GB기준). 물론 최근에는 DistillBERT와 같이 경량화 BERT도 나와 좋은 성능의 비교적 가벼운 모델을 쉽게 사용할 수 있습니다.

```
bert = BertModel.from_pretrained('bert-base-uncased')
model_config['emb_dim'] = bert.config.to_dict()['hidden_size']
print(model_config['emb_dim']) # 768

class SentenceClassification(nn.Module):
    def __init__(self, **model_config):
        super(SentenceClassification, self).__init__()
        self.bert = bert
        self.fc = nn.Linear(model_config['emb_dim'],
                            model_config['output_dim'])

    def forward(self, x):
        pooled_cls_output = self.bert(x)[1]
        return self.fc(pooled_cls_output)
```

앞에서 설명한 내용과 동일하게 BertModel.from_pretrained를 이용해 학습된 BERT를 가져와 우리가 학습할 모델을 새로 만듭니다. BERT의 [CLS] Token의 Output을 이용해 모델을 만드는데, 이때는 Output 자체를 쓰는 것이 아니라 pooled_output을 사용해야 하며 BertModel 기준 두 번째 값을 사용하면 됩니다.

```
model = SentenceClassification(**model_config)
optimizer = torch.optim.Adam(model.parameters( ), lr=3e-5)              #(1)
loss_fn = nn.BCEWithLogitsLoss( ).to(device)
model = model.to(device)

def count_parameters(model):
    return sum(p.numel( ) for p in model.parameters( ) if p.requires_grad)

count_parameters(model) # 109483009                                      #(2)
```

(1) Fine-tuning을 할 경우에는 Learning Rate를 낮춰야 합니다. 이미 잘 학습된 BERT 모델의 파라미터를 크게 변하게 하면 안 되니까요. 논문에서 제시한 수치 중 하나인 3e-5를 설정했습니다.

(2) 모델의 학습할 파라미터가 몇 개인지 확인할 수 있습니다. BERT에서 학습시켜야 할 파라미터는 약 1억 개가 넘는다는 것을 알 수 있습니다. BERT 부분을 Freeze하고 마지막 FC Layer만 학습시키면 학습 파라미터를 줄일 수 있지만, BERT에서 제시하는 Fine-tuning 방법에서는 BERT 모델의 모든 파라미터를 학습시켰다고 가정합니다(그리고 Freeze하고자 할 경우에는 성능이 좋지 않습니다).

```
N_EPOCH = 4

best_valid_loss = float('inf')
model_name = "BERT"

print('--------------------------------')
print(f'Model name: {model_name}')
print('--------------------------------')

for Epoch in range(N_EPOCH):
    train_loss, train_acc = train(model, train_iterator, optimizer, loss_fn,
    Epoch, **model_config)
    print('')
    print(f'\t Epoch: {Epoch} | Train Loss: {train_loss:.4} | Train Acc: {train_
    acc:.4}')
    valid_loss, valid_acc = evaluate(model, valid_iterator, loss_fn, Epoch,
    **model_config)
    print('')
    print(f'\t Epoch: {Epoch} | Valid Loss: {valid_loss:.4} | Valid Acc: {valid_
    acc:.4}')
    # print('')
    if valid_loss < best_valid_loss:
        best_valid_loss = valid_loss
        torch.save(model.state_dict( ), f'./{model_name}.pt')
        print(f'\t Model is saved at {Epoch}-Epoch')
```

학습 과정의 코드는 이전과 동일합니다.

```
#output
--------------------------------
Model name: BERT
--------------------------------
[Train] Epoch:  0 [20000 / 20000(100.0%)]  Loss: 0.249   Acc: 0.9
        Epoch: 0 | Train Loss: 0.2949 | Train Acc: 0.8676
[Eval]  Epoch:  0 [5000 / 5000(100.0%)]  Loss: 0.2122  Acc: 1.0
        Epoch: 0 | Valid Loss: 0.2053 | Valid Acc: 0.919
        Model is saved at 0-Epoch
[Train] Epoch:  1 [20000 / 20000(100.0%)]  Loss: 0.1408  Acc: 0.9
        Epoch: 1 | Train Loss: 0.152 | Train Acc: 0.9451
[Eval]  Epoch:  1 [5000 / 5000(100.0%)]  Loss: 0.2892  Acc: 0.9
        Epoch: 1 | Valid Loss: 0.2603 | Valid Acc: 0.9176
[Train] Epoch:  2 [20000 / 20000(100.0%)]  Loss: 0.05448  Acc: 1.0
        Epoch: 2 | Train Loss: 0.08783 | Train Acc: 0.9692
[Eval]  Epoch:  2 [5000 / 5000(100.0%)]  Loss: 0.1772  Acc: 0.9
        Epoch: 2 | Valid Loss: 0.2506 | Valid Acc: 0.9128
[Train] Epoch:  3 [20000 / 20000(100.0%)]  Loss: 0.01352  Acc: 1.0
        Epoch: 3 | Train Loss: 0.05724 | Train Acc: 0.9815
[Eval]  Epoch:  3 [5000 / 5000(100.0%)]  Loss: 0.2698  Acc: 0.9
        Epoch: 3 | Valid Loss: 0.2739 | Valid Acc: 0.9248
```

첫 번째 Epoch 이후에는 과적합이 일어납니다. 그래서 최종 모형으로 선택한 1-Epoch 모델의 Test Set 성능은 다음과 같습니다.

```
# Test set
model.load_state_dict(torch.load(f'./{model_name}.pt'))
Epoch = 0
test_loss, test_acc = evaluate(model, test_iterator, loss_fn, Epoch, **model_
config)
print('')
print(f'Test Loss: {test_loss:.4} | Test Acc: {test_acc:.4}')

# [Eval] Epoch:  0 [25000 / 25000(100.0%)]  Loss: 0.2246  Acc: 0.9
# Test Loss: 0.1899 | Test Acc: 0.9262
```

4.3 모델 성능 비교

다음은 RNN, LSTM, GRU, Pre-Trained Embedding Vector를 조합해 만든 여러 모델의 결과입니다. 다음과 같은 환경에서 모델을 학습했고 다음 표는 IMDb Test Set의 Accuracy 결과를 정리한 것입니다. 이 표만 보면 BERT가 압도적인 성능을 보여주고 있고 GRU도 RNN류에서 전반적으로 좋은 성능을 보여줍니다.

하지만 각 모델별로 Hyperparameter Tuning이 된 것도 아니고 한 번의 학습 시행 결괏값을 나타낸 것이기 때문에 이 결과만 보고 일반화해 판단할 것은 아닙니다. 예제 코드를 수정해가면서 다음 결과보다 훨씬 좋은 결과를 내는 새로운 모델을 구현하고 학습시키는 기회를 가져보길 바랍니다.

- Batch size: 30(BERT: 10)
- RNN류 모델의 Hidden Layer: 128
- BERT 제외 Embedding Dimension: 300
- Max Epoch: 5(BERT: 4)
- Optimizer: Adam(default options)(BERT: Adam with learning rate: $3e-5$)

Validation Loss가 최저인 모델에 대한 결과(Early Stopping)

	From-Scratch	GloVe	fasttext	BERT
Bi-RNN	0.6659	0.6376	0.7163	
Bi-LSTM	0.8285	0.8818	0.8687	0.9262
Bi-GRU	0.8117	0.8774	0.8868	

PART 06
Other Topics

딥러닝은 이미지와 텍스트뿐 아니라 다양한 분야와 Task 부분의 많은 발전을 이뤘습니다. PART 06에서는 딥러닝이 쓰이거나 연구되고 있는 다양한 분야를 간략하게 알아보겠습니다. 여기서 다루는 Topic 외에도 딥러닝은 다양한 분야로 발전하고 있습니다.

GAN은 데이터를 만들어내는 Generator와 만들어진 데이터를 평가하는 Discriminator가 서로 대립(Adversarial)적으로 학습해가며 성능을 점차 개선해 나가자는 개념으로, 예측의 목적을 뛰어넘어 생성을 목적으로 합니다. GAN의 등장은 딥러닝의 새로운 패러다임을 이끌었습니다.

GAN을 처음으로 제안한 Ian Goodfellow는 Generator와 Discriminator를 각각 지폐 위조범과 경찰에 비유해 설명하고 있습니다. 지폐위조범(Generator)은 경찰을 최대한 열심히 속이려고 하고 다른 한편에서는 경찰(Discriminator)이 이렇게 위조된 지폐를 진짜와 감별하려고(Classify) 노력합니다. 이런 경쟁 속에서 두 그룹 모두 속이고 구별하는 서로의 능력이 발전하고 결과적으로 진짜 지폐와 위조 지폐를 구별할 수 없을 정도(구별할 확률=0.5)에 이른다는 것입니다.

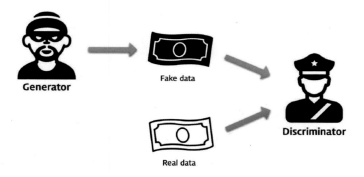

[그림 6-1] GAN의 개념도
출처: https://dreamgonfly.github.io/2018/03/17/gan-explained.html

GAN은 다음과 같은 Value Function에 대해 Minimax Problem을 풀게 됩니다. Generator 입장에서는 Minimize하려 노력하고 Discriminator D의 입장에서는 maximize하려 노력하게 되는 것이죠. Ian Goodfellow는 다음 Value Function에 대해 G와 D의 입장에서 각각 자신의 역할을 수행할 때 진짜 분포와 가짜 분포가 같아진다는 것을 이론적으로 증명했습니다.

$$minmax V(D, G) = E_{x \sim P_{data(X)}}[log D(X)] + E_{z \sim P_{z(Z)}}[log(1 - D(G(z)))]$$

D의 입장에서는 $D(x)$가 1이고(진짜 데이터를 1로 구분) $D(G(z))$가 0일 때(가짜 데이터를 0으로 구분) V는 최댓값을 갖게 되고, G의 입장에서는 $D(G(z))$가 1일 때(가짜 데이터를 1로 속임) V는 최솟값을 갖게 되죠.

▪ Discriminator의 학습 과정: Discriminator의 역할은 진짜 데이터를 진짜로, 가짜 데이터를 가짜로 분류하는 것입니다. 그렇기 때문에 Input으로서 가짜/진짜 데이터가 모두 필요합니다. Input Noise를 G에 넣어 가짜 데이터를 만들고 진짜 데이터를 각각 D에 넣어 가짜는 0, 진짜는 1로 Label을 설정해 학습을 진행합니다

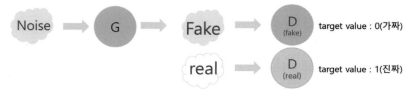

[그림 6-2] Discriminator의 Feed Forward 과정

▪ Generator의 학습 과정: GAN의 최종 목적은 데이터를 '생성'해내는 것이기 때문에 Generator를 학습시키는 것입니다. Generator G를 잘 학습시키기 위해는 Discriminator D를 잘 속여야 합니다. 먼저 Noise로부터 G를 통해 가짜 데이터를 만들고 이를 D에 Input으로 넣습니다. 여기까지가의 Feed Forward의 과정입니다.

일반적인 Neural Network의 Feed Forward를 생각해 보면 약간 헷갈릴 수 있습니다. 일반적인 Neural Network는 Input과 Hidden Layer를 거쳐 Output을 계산하는 것까지를 Feed Forward라 하는데, Generator는 Generator의 Output을 다시 Discriminator의 Input으로 넣어 Output까지 계산해야 합니다. G의 목적이 D를 속이는 것이고 D의 에러를 통해 G의 Back Propagation을 계산하기 때문에 G의 Feed Forward는 D까지 거치게 되는 것입니다.

[그림 6-3] Generator의 Feed Forward과정

G의 Back Propagation 과정은 좀 더 어려울 수 있습니다. G의 입장을 다시 상기시켜보면 G의 목적은 D를 속이기 위해서입니다. 그렇기 때문에 앞의 Feed Forward 과정에서 G의 Input으로부터의 Output까지 계산을 하는 것이죠. G는 D를 속이는 방향으로 G의 Weight를 업데이트해야 합니다. 다시 말해, D의 입장에서 G가 만들어낸 가짜 데이터를 진짜로 판단하도록 G의 Weight를 업데이트하는 것입니다.

이 과정을 위해 다음 그림처럼 D의 에러에서부터 G까지 weight를 Back Propagation시킵니다. 이때 D의 Weight는 업데이트하지 않습니다. D는 단지 G의 Weight를 구하기 위해 에러를 전파시키기만 할 뿐, Weight는 업데이트하지 않습니다. 이 과정을 Weight Freezing이라 합니다.

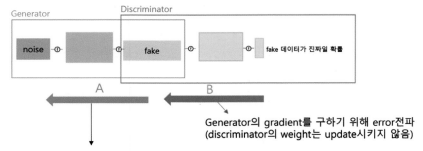

[그림 6-4] Generator의 Back Propagation과정

GAN은 이와 같이 D와 G가 번갈아 가면서 학습을 진행합니다. 이 과정을 무수히 많이 반복하면의 입장에서 진짜 데이터와 가짜 데이터를 구분할 확률이 0.5에 수렴합니다.

- GAN의 단점: G의 목적은 D를 속이는 것인데, 이는 D가 속기만 하면 된다는 것으로도 해석할 수 있습니다. 즉, G가 '어떤 특정 데이터를 만들더니 D가 속더라.'라는 것을 알게 되면 G의 입장에서는 그 특정 데이터만 만들려고 노력할 것입니다. 이런 현상을 'Mode Collapse'라 합니다. GAN의 가장 큰 단점으로는 이런 Mode Collapse를 꼽을 수 있는데, 이론적으로는 그럴 듯해 보이지만, 학습 과정에서 발생할 수 있는 문제점이 많은 것이죠.

- GAN의 발전 방향: GAN은 크게 두 가지 방향으로 발전했습니다. 첫 번째로 GAN의 성능을 높이기 위한 방향입니다. 좀 더 고품질의 데이터를 만드는 GAN, 데이터가 적을 때 쓸 수 있는 GAN, 다양성을 확보할 수 있는 GAN 등 다양한 형태로 발전하고 있습니다. 두 번째로 GAN의 Application 부분입니다. GAN의 학습 특징을 이용해 Domain Adaptation, Style Transfer 등 다양한 분야로 발전하고 있습니다.

다양한 GAN 모델

- BigGAN: BigGAN(Large Scale GAN Training for High Fidelity Natural Image Synthesis, Brock 등, 2018) 은 매우 고품질의 이미지를 생성해낼 수 있는 GAN 모델로, 2019년도에 제안됐습니다. 초기에 개발된 GAN이 만들어낸 이 이미지는 고품질의 데이터를 만들기 어려웠고 인간이 보기에는 가짜라고 판단할 수 있을 정도였습니다. 그러나 GAN 모형이 점점 발전하면서 현재는 인간이 봐도 가짜인지, 진짜인지 판단하기 어려울 만큼 고품질의 이미지를 생성하고 있습니다. 2020년 6월을 기준으로, BigGAN보다 발전된 모델이 있습니다.

[그림 6-5] BigGAN이 만들어낸 가짜 이미지
출처: Large Scale GAN Training for High Fidelity Natural Image Synthesis(https://arxiv.org/abs/1809.11096)

- CycleGAN: GAN은 데이터를 생성해내는 모델로 발전했지만, GAN의 학습 알고리즘 특성을 이용해 다양한 방면으로 발전하고 있습니다. 그중 대표적인 예로는 Style Transfer를 들 수 있습니다. [그림 6-6]처럼 Input과 Output의 서로 간의 도메인을 바꿔주는 모델을 만들 수 있습니다. [그림 6-6]은 CycleGAN(Unpaired Image-to-Image Translation using Cycle-Consistent Adversarial Network, Zhu 등, 2017)의 예제로, 특정 화가의 그림을 사진으로, 여름 사진을 겨울 사진으로, 굴을 사과로 등 다양한 도메인을 Transfer시킬 수 있는 GAN 모델입니다.

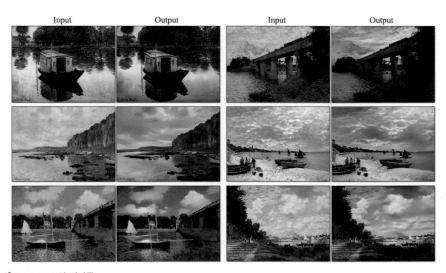

[그림 6-6] CycleGAN의 결과물
출처: Unpaired Image-to-Image Translation using Cycle-Consistent Adversarial Network(https://arxiv.org/abs/1703.10593)

- Deep Photo Style Transfer: CycleGAN은 Style Transfer 분야에서 가장 많이 쓰이는 모델인데, CycleGAN을 기반으로 다양한 모델이 나오기 시작했습니다. Deep Photo Style Transfer(Luan 등, 2017)는 다음 그림처럼 고해상도의 사진에 대해 Transfer시키는 모델입니다. 맨 왼쪽 그림의 Contents에 중간 그림의 Style을 입히는 GAN 모형입니다.

[그림 6-7] Deep Photo Transfer의 결과물
출처: Deep Photo Style Transfer(https://arxiv.org/abs/1703.07511)

- Style Transfer for Anime Sketches: Style Transfer의 특징을 이용해 다음 그림처럼 연필이나 펜으로 그린 그림에 자동으로 채색해주는 GAN 모형이 개발됐습니다.

[그림 6-8] Style Transfer for Anime Sketches의 결과물
출처: Style Transfer for Anime Sketches with Enhanced Residual U-net and Auxiliary Classifier GAN(https://arxiv.org/pdf/1706.03319)

- StarGAN: StarGAN(Unified Generative Adversarial Networks for Multi-Domain Image-to-Image Translation, Choi 등, 2018)은 [그림 6-9]처럼 Input 이미지에 대해 참조 이미지의 피부 표정 등을 Transfer시키는 GAN 모형입니다.

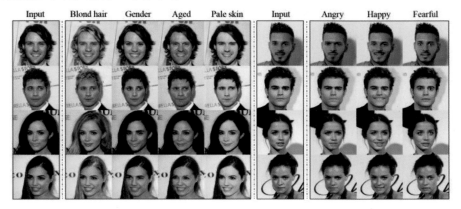

[그림 6-9] StarGAN의 결과물
출처: StarGAN: Unified Generative Adversarial Networks for Multi-Domain Image-to-Image Translation(https://arxiv.org/abs/1711.09020)

- CAN: CAN(Creative Adversarial Networks, Elgammal 등, 2017)은 예술품을 생성해내는 GAN 모형입니다. Generator는 가짜 예술품을 생성하고 Discriminator는 생성해낸 가짜 예술품이 진짜인지, 가짜인지 판단합니다. [그림 6-10]이 CAN이 만들어낸 그림인데, 많은 사람에게 설문조사를 실시했더니 실제 예술품과 비슷한 점수를 받았다고 합니다.

[그림 6-10] CAN의 결과물
출처: CAN: Creative Adversarial Networks, Generating "Art" by Learning About Styles and Deviating from Style Norms(https://arxiv.org/abs/1706.07068)

▪ SRGAN: SRGAN(Photo-Realistic Single Image Super-Resolution Using a Generative Adversarial Network, Ledig 등, 2017)은 저해상도 이미지에서 고해상도 이미지로 복원하는 GAN 모형입니다. Generator는 이미지를 가짜 고해상도 이미지를 만들고 Discriminator는 진짜 고해상도 이미지인지, 가짜 고해상도 이미지인지 판단합니다.

[그림 6-11] SRGAN의 결과물
출처: Photo-Realistic Single Image Super-Resolution Using a Generative Adversarial Network(https://arxiv.org/abs/1609.04802)

▪ Globally and Locally Consistent Image Completion: 사진 속을 랜덤하게 지워버렸을 때 이를 채워주는 GAN 모델입니다. Generator는 빈 부분을 채워 넣으려 하고, Discriminator는 가짜로 채워진 이미지인지 원본 이미지인지 구분하려고 노력합니다. 다음과 같은 성능을 내기 위해서는 엄청나게 많은 GAN 학습 시간이 필요합니다.

[그림 6-12] Image Completion의 결과물
출처: Globally and Locally Consistent Image Completion(http://iizuka.cs.tsukuba.ac.jp/projects/completion/data/completion_sig2017.pdf)

우리는 강화학습(Reinforcement Learning)이라는 단어보다 알파고(Alphago)라는 단어에 익숙합니다. 딥러닝을 전혀 모르더라도 알파고라는 단어는 대부분 들어보셨을 겁니다. 2016년 바둑을 두는 인공지능 알파고가 한국의 이세돌 기사와 대국에서 4승 1패로 승리하며 많은 사람을 놀라게 했습니다. 이 바둑 인공지능 알파고의 기본 원리가 Reinforcement Learning입니다.

알파고 등장 이후 Reinforcement Learning 분야는 GAN과 함께 많은 발전을 하고 있습니다. Reinforcement Learning은 현재 상태(State)에서 어떤 행동(Action)을 취해야 먼 미래에 보상(Reward)을 최대로 받을지를 학습합니다. 따라서 수많은 시뮬레이션이 필요합니다. 이는 Reinforcement Learning의 기초가 되는 알고리즘으로, Q-learning과 SARSA 알고리즘 등이 있으며, 딥러닝과 결합하면서 심층 강화학습(Deep Reinforcement Learning)이 개발됐습니다. Reinforcement Learning을 위해서는 수많은 Episode(Current State, Action, Reward, Next State)가 필요하다 보니 주로 Game 환경에서 개발되고 있습니다. 아타리(Atari)라는 고전 게임과 슈퍼마리오 등과 같은 게임 환경을 이용해 Reinforcement Learning Model의 성능을 측정하곤 합니다.

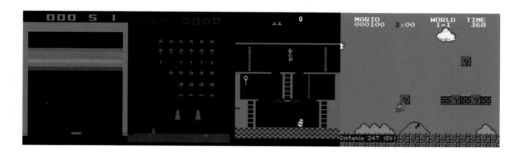

[그림 6-13] 강화학습 개발에 이용되는 다양한 게임
출처: https://sunghan-kim.github.io/ml/3min-dl-ch12/#

[그림 6-14]의 Start 지점에서 Goal 지점까지 간다고 가정해봅시다. 인간에게 물어본다면 화살표처럼 간다고 이야기하겠죠. 왜냐고 물어본다면 당연히 "최단거리로 장애물을 피해서 갈 수 있으니까!"라고 대답할 것입니다. 그럼 이제 다음 그림의 문제를 3차원 상황으로 인식해 인간이 Start지점에 있다고 가정해봅시다. 즉, 현재 인간은 맵의 지도를 보지 못하고 그 상황 안에 있는 것이죠. 여기서 Goal로 가고 싶다면 일단 움직여야 할 것입니다. 일단 움직여 장애물이 있는지 없는지, 목표 지점이 보이는지 아닌지를 판단해야 하는 것이죠. 컴퓨터도 이와 마찬가지입니다.

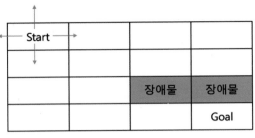

[그림 6-14] 간단한 강화학습 환경   [그림 6-15] 간단한 강화학습 환경

컴퓨터에게 Start 지점에서 Goal로 최단거리로 가도록 하고 싶다면 일단 컴퓨터에게 움직여 보라고 해야 할 것입니다.

컴퓨터가 Start 지점(1, 1)에서 취할 수 있는 행동은 위, 아래, 왼쪽, 오른쪽으로 이동하는 네 가지입니다. 이때의 행동을 Action, 현재의 위치(1, 1)을 State(상태)라고 합니다. 그런데 (1, 1)에서 왼쪽 혹은 위로 가는 Action은 좋은 행동이 아닐 것입니다.

이동하더라도 그 자리인 상황이기 때문이죠. 각 Action이 좋은 행동인지, 아닌지 판단할 수 있는 근거(Feedback)가 필요하고 이때의 Feedback을 'Reward(보상)'라고 정의합니다. 강화학습은 Reward를 통해 현재 State에서 어떤 Action을 취하는 것이 좋은지 학습하는 과정으로 이해할 수 있습니다. 이때 어떤 Action을 취하는 것이 좋은지에 대한 의문이 생기게 되는데, 각 Action마다 그 Action이 취했을 때 얼마나 좋은지를 측정하는 값(Q-value)이 학습됩니다. 이 Q-value가 높으면 그 Action을 선택했을 때 더 좋은 Reward를 받는다고 이해할 수 있죠. 즉, 선택은 Action의 Q-value 중 가장 높은 Q-value를 갖는 Action을 취하는 것입니다.

이제 Reward를 설정해 봅시다. 이동했을 때 제자리이면(벽에 부딪혀서) −2, 그게 아니면 −1이라 가정해봅시다. 이동했는데 장애물이 있다면 −10이라 가정해보죠. 이 상황에서 강화학습을 진행하면 Start 지점에서 아래, 오른쪽으로 가는 것이 좋다고 학습될 것이고 (1, 2)에서는 위로 가는 것을 제외한 나머지 Action이 좋다고 학습될 것입니다. (2, 3), (2, 4)에서는 아래로 가는 것을 제외한 나머지 Action이 좋다고 학습되겠죠. 즉, 어떤 Optimal한 Action을 구하는 것이 아니라 각 상태마다 최악의 Action을 제외한 나머지 Action을 선택하라고 학습되는 거죠. 하지만 우리의 목적은 Goal에 갈 수 있는 가장 좋은 Action을 취하는 것입니다. 즉, 지금 당장 좋은 것도 좋은 것이지만, 궁극적으로는 먼 미래의 목표를 달성할 수 있는 Action을 선택해야 하는 거죠. (1, 1)에서 아래쪽과 오른쪽으로 가는 것은 동일한 Reward를 받고 동일한 Q-Value를 갖게 된다면 합리적인 결과라고 볼 수 없습니다. 우측으로 간다면 장애물에 도달할 확률이 더 높아지기 때문이죠.

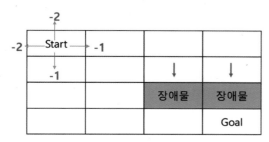

[그림 6-16] 간단한 강화학습 환경

먼 미래에 더 좋은 상황을 가져오는 Action을 선택하도록 하기 위해, 다시 말해 이 Action을 취하면 먼 미래에 더 좋다는 Feedback을 주기 위해 Discount Factor(할인율)를 도입합니다. [그림 6-17]처럼 현재 우측으로 갔을 때 장애물에 도달할 확률이 있다는 것을 Feedback으로 주는 것이죠. 이를 위해 각 State가 받는 보상은 현재 Action을 통해 받는 Reward + 다음 State에서 받을 Reward * Discount Factor + 그다음 State에서 받을 Reward * Discount Factor^2 …가 됩니다. 즉, 당장 받을 수 있는 Reward + 미래 보상의 합이라 보면 됩니다.

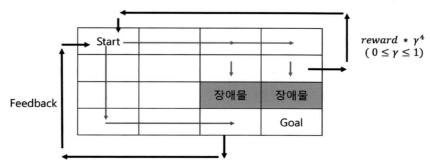

[그림 6-17] 간단한 강화학습 환경

다시 강화학습에 대해 정의하면 달성하고자 하는 목표에 대해 각 State에서 Action에 대한 최적의 Q-value를 학습하는 것이라 할 수 있고, 이는 현재 State에서 미래 보상의 합이 최대가 되도록 학습하는 것입니다. 어떤 State(s_t)에 대한 Value Function V은 다음과 같이 정의할 수 있습니다(미래 보상의 누적 합이라 보면 됩니다). 그리고 우리가 학습하고자 하는 정책 π의 Optimum은 모든 State에 대해 각 Value Function을 최대로 하는 Action을 선택하는 것입니다.

$$V^\pi(s_t) = r_t + \gamma r_{t+1} + \gamma^2 r_{t+2} + \cdots = \sum_{i=0}^{\infty} \gamma^i r_{t+i}$$
$$\pi^* = argmax_\pi V^\pi(s) \quad forall s$$

Notation(State s, Action a, Reward r, 즉 Reward $r(s,a)$, Discount Factor γ, 정책(학습하고자 하는) 파이)을 다시 적으면 다음과 같고, Value Function은 그 다음과 같습니다.

$$V^*(s) = max_a[r(s,a) + \gamma V^*(\delta(s,a))]$$
$$\pi^*(s) = argmax_a[r(s,a) + \gamma V^*(\delta(s,a))$$

$$V^*(s) = max_a Q(s,a)$$

$$\pi^*(s) = argmax_a Q(s,a)$$

즉, 각 State마다의 Value Function은(미래 보상의 누적 합) 현재 Reward + 다음 State에서 받을 Reward의 합으로 볼 수 있고. 여기서 가장 큰 값을 선택하는 것이기 때문에 이를 Q-Value로 정의할 수 있습니다. 당연히 Optimal한 Policy는 모든 State에 대해 Q-Value를 최대로 하는 Action을 선택하는 것이죠. 이를 학습하도록 해주는 것이 Q-Learning이고, Q-Learning은 다음과 같은 수식으로 간단하게 학습할 수 있습니다.

$$\hat{Q}(s,a) \leftarrow r(s,a) + \gamma\, max_{a'}\, \hat{Q}(s',a')$$
즉시 Reward + 다음 State에서의 가장 큰 q 값 * Discount Factor

현재 State의 Action에 대한 Q-Value 값은 현재 받는 Reward와 다음 State에서의 Maximum Q-Value값 * Discount Factor로 업데이트하게 됩니다. 처음에는 랜덤한 Action을 취하게 되지만, 이 과정을 무수히 반복하면 Optimum Policy를 얻을 수 있게 되는 것입니다.

하지만 게임과 같은 환경을 생각해보면 모든 Frame을 State로 두면 수많은 경우의 수가 존재하기 때문에 단순히 Q-Learning으로만 학습하기는 불가능합니다. 그래서 Q-Learning과 딥러닝을 접목해 Deep Q-Learning(Deep Reinforcement Learning) 이 개발되기 시작했습니다. 알파고 또한 Deep Q-Learning의 일종으로 볼 수 있습니다.

Domain Adaptation은 특정 도메인 내에 있는 데이터가 부족할 때, 특정 도메인과 매우 유사한 도메인 정보를 이용해 문제를 해결하는 방법을 의미합니다. 특정 도메인의 데이터가 부족할 때, 대량의 데이터로 학습된 모델의 구조와 파라미터를 이용해 특정 도메인의 소량의 데이터를 학습시키는 전이 학습(Transfer Learning) 방법이 일반적으로 사용되지만, Transfer Learning을 진행할 때 최소한의 레이블 정보가 있는 데이터가 필요합니다. 사람이 데이터를 직접 보면서 레이블을 작성하기엔 비용이 너무 많이 들기 때문에 특정 도메인과 비슷한 도메인에 접근해 데이터를 활용하는 방식이 생겨났습니다.

우리가 풀어야 할 도메인을 Target Domain, 이용할 수 있는 비슷한 도메인을 Source Domain이라 명명했을 때 레이블 정보가 포함돼 있는 대규모의 Source Domain의 데이터를 이용해 Classifier를 학습했다고 가정해봅시다. 이 Classifier를 이용해 Target Domain의 데이터를 입력해보면 Target Domain 데이터에 대한 분류 결과를 알 수 있겠죠? 분류 결과에는 당연히 위험성이 존재합니다. Target Domain의 데이터를 이용해 학습한 것이 아니라 Source Domain의 데이터를 이용해 학습한 것이기 때문이죠. '그렇다면 Source 데이터를 이용해 학습한 Classifier를 Target Domain의 데이터에 대한 리스크를 최소화하는 방향을 고려해 학습하는 것이 어떨까?'라는 생각을 바탕으로 Domain Adaptation 개념이 생겨났습니다.

이에 대한 대표적인 예시로 〈Domain-Adversarial Training of Neural Network〉(DANN; Y Ganin 등, 2015)라는 논문에서 제시한 방법론을 설명한 그림을 첨부하겠습니다.

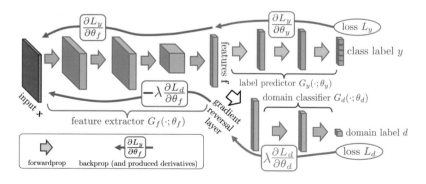

[그림 6-18] DANN 논문에서 제안된 알고리즘
출처: Domain-Adversarial Training of neural Network(https://arxiv.org/pdf/1708.01547.pdf)

- 초록색 레이어는 Input에 대해 특징을 추출할 수 있는 구조라고 보면 됩니다.

- 파란색 레이어는 우리가 이용할 수 있는 레이블 정보가 포함돼 있는 대규모의 Source Domain 의 데이터를 이용해 학습하는 과정을 의미합니다.

- 빨간색 레이어는 우리가 풀고 싶은 Target Domain의 데이터에 대한 데이터를 이용해 학습하는 과정을 의미합니다.

- 여기서 파란색 레이어에서 발생하는 Loss 값에 대한 Gradient 값은 올바르게 전달되며 빨간색 레이어에서 발생하는 Loss 값에 대한 Gradient 값은 음수 값으로 전달돼 Source Domain 데이터와 Target Domain 데이터를 구분할 수 없도록 초록색 레이어가 학습되는 방법을 제안합니다.

이를 통해 Domain Adaptation에 대한 핵심은 Source Domain 데이터와 Target Domain 데이터를 구분할 수 없게 만드는 방향으로 학습하는 것이라 할 수 있습니다. 이에 대한 추가 내용이 궁금하다면 H-Divergence, VC-Dimension과 같은 개념을 바탕으로 검색해 공부하는 것을 추천합니다.

Continual Learning은 말 그대로 지속적으로 학습하는 방법론을 의미합니다. 예를 들어, Benchmark Dataset A에 대해 클래스를 분류할 수 있는 모델을 학습해 보유하고 있다고 가정해 봅시다. 여기서 Benchmark Dataset A에 속해 있지 않은 새로운 클래스를 분류할 수 있는 모델이 필요하다고 할 때, 새로운 클래스에 대한 데이터와 레이블을 기존에 학습된 모델에 추가로 학습을 진행한다면, 기존에 Benchmark Dataset A에 대해 분류할 수 있는 능력이 사라집니다. 이를 'Catastrophic Forgetting'이라 합니다. 특정 데이터로 이미 학습된 모델이 새로운 데이터를 바탕으로 추가로 학습을 진행했을 때 과거에 학습된 데이터에 대한 능력이 사라지는 것이죠.

이 Catastrophic Forgetting을 방지하고자, 최소화하고자 하는 학습 방식이 'Continual Learning'입니다. 새로운 클래스가 생겼을 때, 모델을 처음부터 다시 학습하면 되지 않느냐고 반문할 수 있지만, 모델을 처음부터 학습하기 어려운 상황이 생길 수 있습니다. 예를 들어, 거대한 컴퓨팅 자원을 활용해 대규모 데이터를 바탕으로 1년 동안 학습해 얻은 모델이 있다고 가정했을 때, 새로운 클래스 1개가 추가됐다고 해서 1년 동안 새로 학습하는 것은 매우 비효율적입니다. 사람들은 기존에 학습된 모델에 새로운 클래스를 추가로 학습하되, 기존에 학습된 능력을 잊지 않게 하고 싶은 것입니다. Continual Learning은 현재에도 활발히 연구되고 있으며 다양한 방법론이 제시되고 있습니다.

이에 대한 대표적인 예시로 〈Lifelong Learning with Dynamically Expandable Networks〉(Jaehong Yoon 등, 2017)이라는 논문에서 제시한 방법론을 설명한 그림을 첨부하겠습니다.

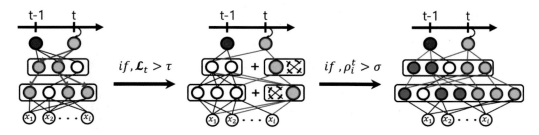

[그림 6-19] Lifelong Learning with Dynamically Expandable Networks 논문에서 제안된 알고리즘
출처: https://arxiv.org/pdf/1708.01547.pdf

- 첫 번째 그림은 Selective Retraining 단계로 동일한 모델 구조에 대해 (t-1) 시점까지 Task1에 대해 학습한 모델의 파라미터와 t 시점에서 Task2에 대해 학습한 모델의 파라미터 간 관계가 높은 파라미터를 따로 추출해 다시 학습을 진행하는 단계를 의미합니다. 이는 Task1과 Task2를 공통으로 잘할 수 있는 파라미터를 따로 추출해 해당 파라미터 값을 새로 학습하는 방식입니다.

- 두 번째 그림은 Dynamic Network Expansion 단계로, 첫 번째 단계에서 학습이 원활하게 진행되지 않아 Loss 값이 Threshold 값보다 낮아지지 않았을 때, 파라미터 값이 비교적 작은 값으로 연결된 노드를 제거하고 모델의 크기를 늘리는 방향을 도입해 Selective Retraining 단계를 원활하게 진행할 수 있는 방식을 의미합니다.

- 세 번째 그림은 Network Split/Duplication 단계로 Selective Retraining과 Dynamic Network Expansion 단계를 진행하면서 기존 노드의 값이 크게 변했을 때 Catastrophic Forgetting 현상이 발생해 노드의 원래 역할을 수행하지 못할 수 있기 때문에 기존 노드 값을 복사해 모델 구조에 변화를 주는 방식을 의미합니다.

Continual Learning 방식은 현재에도 활발히 연구되고 있고 Continual Learning이 완벽하게 수행될 수 있다면 다양한 Task를 수행하고 있으며 새로운 환경에서 학습을 이어가며 궁극적인 인공지능 모델을 구현하는 데 큰 도움이 될 것이라 기대됩니다

Object Detection은 이미지, 비디오 내 특정 객체를 탐지하는 연구 분야를 의미합니다. 어떤 이미지나 비디오 자체를 특정 클래스로 분류하는 Classification Task를 수행함과 동시에 해당 클래스가 이미지나 비디오 내 어느 위치에 있는지 위치 정보까지 예측하는 것을 의미합니다. 여기서 언급하는 위치 정보는 주로 물체의 특정 지점을 표현하는 (x, y) 좌표와 특정 지점으로부터 가로, 세로를 의미하는 (width, height)를 함께 예측합니다. 즉, 이미지나 비디오를 Input으로 이용해 특정 클래스로 분류하며 이와 동시에(x, y, w, h)를 예측하는 것이 Object Detection 연구 분야의 개념입니다. 또한 예측된(x, y, w, h)를 통해 물체에 대한 네모를 그릴 수 있으며, 이 네모를 보통 'Boundary Box'라고 지칭합니다. PART 02 AI Background에서 잠깐 언급했던 것 기억나시나요?

[그림 6-20] Object Detection 예시 그림
출처: https://www.researchgate.net/figure/Object-detection-in-a-dense-scene_fig4_329217107

제시된 이미지에서 자동차, 트럭, 우산, 사람을 탐지했으며 각 물체에 대해 (x, y, w, h)를 예측해 Boundary Box를 그린 결과를 보여주고 있습니다.

Object Detection은 이미지나 비디오 내에서 물체의 위치 정보를 추출하는 Regional Proposal 단계와 추출한 위치 정보의 물체를 분류하는 방식인 Classification 단계, 즉 Regional Proposal + Classifiaction의 2 Stage 방식, Regional Proposal 단계와 Classification 단계를 동시에 처리하는 1

Stage 방식이 있습니다. 2 Stage 방식은 Regional Proposal을 진행하기 위해 다른 알고리즘을 이용해 정보를 추출한 후 추출된 정보에 위치한 물체를 분류하는 단계입니다. Input과 Output을 하나의 딥러닝 모델로 해결하는 이른바 end-to-end 방식이 아닌 것이죠. 반면, 1 Stage 방식은 Regional Proposal 단계와 Classifiaction 단계를 하나의 딥러닝 모델로 해결하는 이른바 end-to-end 방식입니다. 당연히 2개의 과정을 처리하는 2 Stage 방식이 1개의 과정을 처리하는 1 Stage 방식보다 처리 속도가 느립니다. 하지만 Regional Proposal 과정을 통해 정확한 물체의 위치를 찾고 해당 정보를 바탕으로 분류하는 Task를 진행하기 때문에 정확도가 높습니다. 1 Stage 방식은 2 Stage 방식에 비해 속도가 빠르지만, Regional Proposal 단계가 없으며 물체의 위치를 여러 이미지의 픽셀 정보를 바탕으로 찾아내기 때문에 정확도가 비교적 낮습니다. 하지만 비교적 낮은 정확도는 2 Stage에 비해 낮은 편이며 물체를 탐지하는 속도가 실제 산업에서 매우 중요하기 때문에 1 Stage 방식으로 많이 연구되고 있습니다. 연구 과정은 PART 02 AI Background에 있는 이호성님의 블로그 자료를 참고하기 바랍니다.

1 Stage 방식, 2 Stage 방식은 모두 Convolutional Neural Network(CNN)에 기반을 둔 모델입니다. ImageNet Benchmark에서 발표된 다양한 기본 CNN 모델을 바탕으로 새로운 알고리즘을 제안하는데, 여기서 이용되는 기본 CNN 모델을 흔히 'Backbone 모델'이라 합니다. Convolutional 과정은 주변 픽셀의 정보를 이용해 위치 정보를 추출하는 데 매우 효과적이기 때문에 Object Detection 분야에서 기본으로 사용되는 딥러닝 구조입니다.

1 Stage 방식은 주로 You only look once(YOLO) 계열의 알고리즘이 주축을 이루고 있으며 2 Stage 방식은 주로 Regional Convolutional Neural Network(RCNN) 계열의 알고리즘이 연구되고 있습니다.

Segmentation은 앞서 Object Detection보다 정교한 탐지를 요구하는 연구 분야입니다. 앞서 제시한 Object Detection 연구 분야는 특정 물체를 사전에 정의된 특정 클래스로 분류하며 Input으로 이용된 이미지 또는 비디오 화면 내에 어떤 위치에 존재하는지 파악하는 연구 분야입니다. 여기서 어느 위치에 존재하는지 파악하고자 할 때, (x, y, w, h) 정보를 이용해 Boundary Box를 그리게 되는데, 이 Boundary Box 내에 물체가 꽉 차 있을 순 있지만, 해당 물체가 아닌 영역이 존재할 수 있습니다. Segmentation은 특정 위치에 Boundary Box로 물체 존재 유무로 표현하는 것의 한계를 극복하기 위해 이미지 및 비디오 내에 있는 모든 픽셀에 대해 특정 클래스로 예측하는 방식으로 진행합니다. 이미지 및 비디오를 표현하는 최소 단위인 픽셀 수준으로 접근해 각 픽셀별로 특정 클래스를 예측한다면 예측된 정보를 바탕으로 픽셀에 색을 다르게 표현해 이미지로 표현한다면 이미지 및 비디오 내 모든 영역이 특정 클래스로 표현됩니다. 이해를 돕기 위해 그림을 첨부하겠습니다.

  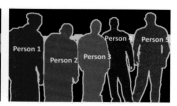

| Object Detection | Semantic Segmentation | Instance Segmentation |

[그림 6-21] Object Detection, Semantic Segmentation, Instance Segmentation 비교
출처: https://arclab.tistory.com/220

특정 클래스로 분류된 물체에 대해 (x, y, w, h)로 위치 정보를 표현해 Boundary Box를 그린 Object Detection 분야는 [그림 6-21] 자료를 통해 확인할 수 있듯이 사람이 아닌 다른 영역도 Boundary Box가 포함하고 있습니다. 하지만 이미지 내에 있는 모든 픽셀에 대해 클래스로 분류한 후 클래스별로 색을 다르게 표현해 이미지로 형상화한 Semantic Segmentation을 보면 사람의 위치에 해당하는 픽셀은 분홍색, 사람이 아닌 위치의 픽셀은 검은색으로 표현해 이미지에 대해 물체의 클래스 및 위치 정보를 Object Detection에 비해 정확히 추출할 수 있는 장점을 갖고 있습니다.

하지만 동일한 클래스로 분류된 복수 물체의 픽셀 값이 바로 옆에 존재해 연결돼 있는 경우, 여러 물체가 하나의 물체로 인식될 수 있는 문제가 존재합니다. 위의 그림에서 Semantic Segmentation 이미지를 살펴보면 Person이 5명의 사람이라서 우리는 바로 알아차릴 수 있지만, 컴퓨터의 입장에서는 머리가 5개이고, 다리가 7개인 사람 1명이라고 판단합니다. 따라서 각 물체별로 해당하는 픽셀 값을 구분하고 구분된 픽셀 값에 대해 클래스를 예측하는 Instance Segmentation 방식의 연구 분야도 존재합니다.

Meta Learning은 '학습하는 방법을 학습하는 것'을 의미합니다. 딥러닝 모델을 가장 활용하기 좋은 상황은 대규모의 레이블 정보가 담겨 있는 데이터셋을 이용할 수 있을 때입니다. 이때는 지도학습을 이용하며 Input을 Output에 매핑할 수 있는 능력을 가질 수 있는 크기의 딥러닝 모델을 구현하면서 학습하면 됩니다. 딥러닝 모델을 이용하면 아무리 복잡하고 어려운 함수라 하더라도 근사화를 이용해 구현할 수 있습니다. 하지만 데이터는 우리 주변에서도 많이 존재하지만, 해당 데이터가 특정 클래스를 표현하는 데 적절하지 않은 노이즈(Noise)인 데이터일 수 있고 레이블 정보가 존재하지 않아 지도학습을 진행하기 어려운 상황이 일반적입니다. 이런 경우 비지도학습을 이용해 문제를 해결할 수 있지만, 적은 레이블 정보를 바탕으로 이뤄진 데이터 수를 활용해 문제를 해결하는 준지도학습(Semi-Supervised Learning)이 발전했습니다. 이러한 학습 종류가 아닌 Meta Learning은 다양한 Task에 대해 각 Task별로 소량의 데이터를 이용해 어느 정도 학습 효과를 나타낼 수 있는 방법론을 연구하는 분야입니다.

Meta Learning에는 다양한 방법론이 존재하지만, 그 중 대표적인 방법론은 Gradient Descent를 이용해 Back Propogation을 진행할 때, 최소한의 업데이트로 최소의 Loss 값을 가질 수 있도록 하는 것을 목표로 하며, 이에 대한 방법론은 '학습이 빠르게 되는 초기 파라미터 분포를 찾는 것'입니다. 이에 대한 대표적인 연구 방법론은 〈Model Agnostic Meta Learning for Fast Adaptation of Deep Network(MAML)〉〈C Finn 등, 2017〉이라는 논문입니다.

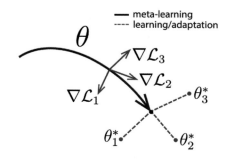

[그림 6-22] Model Agnostic Meta Learning for Fast Adaptation of Deep Network 논문 자료
출처: Model Agnostic Meta Learning for Fast Adaptation of Deep Network(https://arxiv.org/pdf/1703.03400.pdf)

- 그림으로 설명하면 Task1, Task2, Task3 각각에 대한 Loss Term을 ∇L_1, ∇L_2, ∇L_3이라 하고 각 Task1, Task2, Task3의 최소 Loss 값을 갖는 파라미터 값을 각각 θ_1^*, θ_2^*, θ_3^*이라 했을 때, θ_1^*, θ_2^*, θ_3^*으로 쉽게 이동할 수 있는 Point로 Meta-Learning의 값을 업데이트하는 것을 의미합니다.

- 이렇게 업데이트를 진행하면서 최종적으로 완성된 값을 특정 Task를 수행할 때 시작되는 Weight Initialization 지점으로 설정하면 각 Task1, Task2, Task3으로 쉽게 업데이트할 수 있겠죠. 이러한 방식으로 Weight Initialization Point를 찾는 방법을 제안한 MAML 논문이 Meta-Learning의 하나의 종류라고 볼 수 있습니다.

흔히 딥러닝 모델을 설계할 때는 각 레이어의 구성에 MLP 계열을 이용할지, CNN 계열을 이용할지, RNN 계열을 이용할지, Transformer 계열을 이용할지 등을 고민하며 노드 수, 레이어 개수 등과 같은 다양한 하이퍼파라미터는 사용자가 설정해 모델을 설계합니다. 이런 방식으로 사람이 딥러닝 모델을 직접 설계하는 것은 비효율적이며, '사람이 설계하는 것이 아니라 컴퓨터가 스스로 모델을 설계하는 것은 어떨까?'라는 생각으로 하게 된 연구가 바로 'AutoML'입니다. 이를 'Auto 머신러닝'이라 하며, 자동으로 머신러닝 Model을 설계하는 것을 말합니다. AutoML에는 다양한 영역이 존재합니다. 그중 대표적인 예로는 PART 05에서 배운 Data Augmentation 기법을 자동으로 설계해 학습 효율을 최대로 끌어올리는 Auto Augmentation, 특정 Task를 풀기 위해 딥러닝 모델 구조를 자동으로 설계하는 Neural Architecture Search를 들 수 있습니다.

Auto Augmentation은 말 그대로 자동으로 Augmentation을 진행한다는 의미입니다. 대표적인 예로는 구글 브레인에서 작성한 〈AutoAugment: Learning Augmentation Strategies from Data〉(Ekin D. Cubuk 등, 2018)라는 논문을 들 수 있습니다.

[그림 6-23]은 Operation Type, Probability, Magnitude로 구성된 Strategy S를 샘플링한 후 이를 바탕으로 자식 네트워크를 학습시키며, Validation Set에 대한 정확도를 보상으로 설정해 RNN Controller에게 알려줍니다. RNN Controller는 Validation set에 대한 정확도를 보상으로 이용해 파라미터를 업데이트하며, 보상을 최대화하는 방식의 강화학습으로 진행합니다.

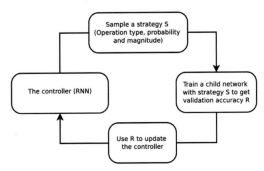

[그림 6-23] Auto Augmentation 논문 내 자료
출처: Auto Augmentation(https://arxiv.org/pdf/1805.09501.pdf)

Auto Augmentation 논문에서는 최적의 Augmentation 방법을 찾기 위해 Recurrent Neural Network 기반의 RNN Controlloer를 이용해 최적의 Augmentation Policy를 찾는 강화학습을 도입해 문제를 해결했습니다. 강화학습에서 학습의 지표로 사용되는 보상 값은 분류 모델에서의 성능 지표인 Accuracy 값으로 지정한 후 위의 루프를 이용해 최적의 Augmentation Policy를 찾는 방법론을 제안했습니다.

AutoAugment 논문의 방법론과 비슷한 방식의 Neural Architecture Search 방법론을 제안한 〈Neural Architecture Search with Reinforcement Learning〉(Barret Zoph 등, 2016)라는 논문도 살펴보겠습니다.

[그림 6-24]를 보면, RNN Controller의 Output 값을 이용해 RNN Controller 다음 시점의 Input으로 이용합니다. 각 레이어별로 Filter Height, Filter Width, Stride Height, Stride Width, Number of Filters를 출력해 자식 네트워크의 세부 내용을 조정하고, 이를 이용해 얻게 된 Validation set의 정확도를 보상으로 이용해 RNN Controller를 업데이트하는 학습 과정을 보여주는 것입니다.

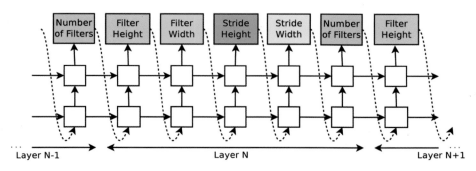

[그림 6-24] Neural Architecture Search with Reinforcement Learning 논문 내 자료
출처: Neural Architecture Search with Reinforcement Learning(https://arxiv.org/pdf/1611.01578.pdf)

이 논문은 Auto Augmentation과 비슷한 방식으로, RNN Controller를 이용해 각 시점마다 Output으로 계산되는 Filter 개수, Filter 크기, Stride 크기 등을 이용해 모델을 설계하고, 이 모델을 이용해 학습을 진행했을 때 계산되는 Accuracy 값을 Reward로 지정해 딥러닝 모델의 구조를 설계하는 연구 방법론을 제안했습니다.

AutoML 연구 분야는 컴퓨터가 직접 딥러닝 모델을 설계하기 때문에 사람의 개입 없이 좋은 성능을 보여주는 모델을 얻을 수 있는 매우 큰 장점이 있는 반면, 그에 상응하는 어마어마한 컴퓨팅 자원을 이용해 찾는 시간 역시 오래 소요되는 치명적인 단점이 있습니다.

찾아보기

A

AutoEncoder 099
Autograd 023
AutoML 294

B

Back Propagation 052
Bag of Words(BoW) 220
Batch Normalization 089
BERT 253
BPE(Byte Pair Encoding) 210

C

Catastrophic Forgetting 287
CBOW 222
CIFAR-10 Dataset 126
CNN 121
Continual Learning 287
Convolution Layer 121
CPU 011
CUDA 011
cuDNN 013

D

Data Augmentation 147
Denoising AutoEncoder(DAE) 101
DenseNet 157
Discriminator 275
Domain Adaptation 285
Dropout 080

E

Epoch 057

F

F1-Measrue 075
Feature 039
Feed Forward 052

from-scratch 245
Fully Connected Layer 125

G

GAN 274
Generator 275
G-FLOP 011
GoogLeNet 154
GPGPU 011
GPU 011
Gradient Descent Method 054
Gradient Vanishing Problem 072

I

ImageNet 152
Initialization 092

K

kaiming_uniform_ 094
K-Fold Cross Validation 049
k-NN 043

L

Learning Rate 058
LSTM(Long Short-Term Memory) 237

M

MAPE 074
Meta Learning 293
MLP(Multi Layer Perceptron) 051
MNIST 059
Momentum 095
MSE(Mean Squared Error) 074

O

Object Detection 289
Optimizer 058
Out-of-Vocabulary(OOV) 203

P

Padding 123

Pooling 124

R

Region Feature 120

ReLU 함수 085

ResNet 156

RNN(Recurrent Neural Network) 233

S

Segmentation 291

Skip—Gram 222

Stacked AutoEncoder 099

Stride 122

T

TF—IDF(Term Frequency — Inverse Document Frequency) 221

The Transformer 248

Token 201

Tokenization 201

U

Universal Approximation Theorem 072

V

VGG 153

W

Word2vec 222

Word Embedding Vector 223

ㄱ

가상 환경 006

강화학습 032, 039, 281

객체 탐지 031

검증 데이터 048

과적합 046

ㄷ

데이터셋 061

도커(Docker) 014

독립 변수 039

딥러닝 078

ㄹ

러닝 037

ㅁ

말뭉치(Corpus) 203

머신러닝 037

모델(Pre—Trained Model) 171

ㅂ

반응변수 039

벡터 017

분류(Classification) 039

비선형 함수 026

비용 함수 038

비지도학습 039

ㅅ

선형 회귀 모델 040

손실 함수 038

스칼라 016

시그모이드 함수 053

신경망 043

찾아보기

ㅇ

원-핫 인코딩	218
의사 결정 나무	043
인공지능	030

ㅈ

자연어 생성(Natural Language Generation, NLG)	192
자연어 이해(Natural Language Understanding, NLU)	192
자연어 처리(Natural Language Processing, NLP)	192
재학습(Fine-tuning)	171
전이 학습(Transfer Learning)	171
정확도	074
종속 변수	039
준지도학습(Semi-Supervised Learning)	293
지도학습	038

ㅌ

타깃변수	039
테스트 데이터	048
텐서(Tensor)	016
텐서플로	005

ㅍ

파이썬	002
파이토치	015, 036
퍼셉트론(Perceptron)	050

ㅎ

하이퍼파라미터	025
학습 데이터	048
합성곱 신경망	010
행렬(Matrix)	018
활성화 함수	050
회귀(Regression)	039
회귀 계수 축소 모델	042